受益一生的

北大人文课

徐兵智　谢寒梅◎主编

中华工商联合出版社

图书在版编目（CIP）数据

受益一生的北大人文课 / 徐兵智, 谢寒梅主编. —
北京：中华工商联合出版社，2014.4（2024.1重印）
ISBN 978-7-5158-0876-5

Ⅰ. ①受… Ⅱ. ①徐… ②谢… Ⅲ. ①人文科学–通
俗读物 Ⅳ. ①C49

中国版本图书馆 CIP 数据核字（2014）第 047097 号

受益一生的北大人文课

主　　编：徐兵智　谢寒梅
责任编辑：吕　莺　郑承运
装帧设计：吴小敏
责任审读：李　征
责任印制：迈致红
出版发行：中华工商联合出版社有限责任公司
印　　刷：河北浩润印刷有限公司
版　　次：2014年7月第1版
印　　次：2024年1月第2次印刷
开　　本：710mm×1000mm　1/16
字　　数：200千字
印　　张：17.5
书　　号：ISBN 978-7-5158-0876-5
定　　价：68.00元

服务热线：010-58301130
销售热线：010-58302813
地址邮编：北京市西城区西环广场A座
　　　　　 19–20层，100044
http://www.chgslcbs.cn
E-mail:cicap1202@sina.com(营销中心)
E-mail:gslzbs@sina.com(总编室)

序

北大，在风风雨雨中走过了近百年的沧桑岁月，见证了中国绵延不断的悠久历史。

北大，由新文化运动温养又反哺中国文化，至今依然坚定地屹立在文化阵地的前沿。

北大，可以说是传统文化与沧桑历史的完美结合。日积月累的文化底蕴逐渐塑造了特有的人文魅力。

当同龄人乘着时代的列车前进时，许多北大人已一跃成为时代的领航者，他们的成功在一定程度上源于北大精神！

在全国，多少莘莘学子寒窗苦读只为有朝一日能徜徉于"一塔湖图"之间，聆听学界大师的教诲，但仅有少数佼佼者能有幸踏足未名湖畔。

俗话说："站在前人的肩膀上，我们可以看得更高、更远。"

为了帮助那些在生活中不甘心平庸，渴望成功，对理想有所追求的人也一样能聆听到他们的精彩课程，能走入它们的历史和文化，能从中学到百年名校的成功智慧，我们特此策划编写了这套北大丛书。

一

人文精神的核心就是"以人为本"。也就是说，要把人放在最重要的位置上，要尊重人的价值。

人文精神是一种普遍的人类自我关怀，表现为对人的尊严、价值、命运的维护、追求和关切，对人类遗留下来的各种精神文化现象的高度珍视，对一种全面发展的理想人格的肯定和塑造。

出于各种原因，每个主体的人生经历都有各自的轮廓与轨迹。有的人生经历相对丰富，而有的人生经历则相对要简单；有的人生经历大起与大落,痛苦与欢乐、巅峰与谷底呈两个极端,有的人生经历却相对平淡、平静得多;如此不一。

那么,究竟哪种人生经历对人生价值取向的作用最积极、最深远呢?

北大人通过长期的实践与研究得出结论——相对丰富、历经磨难的人生经历,对人生价值取向有着积极、深远的影响。

中国高等教育的开创者蔡元培先生掀开了北大历史的首页篇章。自此,文化巨匠们如李大钊、鲁迅、康有为、梁启超、冯友兰、朱光潜、王力等人都曾踏入北大讲堂……北大人认为,成功人生的打造,往往依赖于一套科学、实用及有效的方法的运用。没有哪个人的成功,是在不经意间、随随便便就获得的。每个人的成功背后,都有一套科学有效且颇具特色的教育方式作支撑。讲究、运用科学有效的方法,是打造成功人生的一大关键。

通过考察无数成功人生案例,北大人发现了这样一条客观规律:人生的成功,在一定程序上也依赖于对机缘、机遇的捕捉与把握。对此,我们务必敏于观察、勇于行动,精于动作,以实现预期目标,获取成功之果。

本书借北大人文大师的智慧,深入探寻社会各个领域里深藏着的人文力量,立足生活、教育、文化、哲学、社会等各个方面,让读者学会把握当下,沐浴人文气息,领悟人生智慧。

北大人文主义,几乎涵盖了生活的各个方面。这些闪着智慧之光的人生哲学,曾经成就了众多站在学术之巅的大家。北大人文精神对世俗社会万千的人和事,即人生观、财富观、爱情婚姻、家庭教育、人际交往、成功励志都有帮助。

目 录
Contents

第四课 论取舍——选择比努力重要,知舍才能善得 …… **85**

《易经》中有句话,"动则得咎"。意思是说,只要你选择去做事情,就一定会有得失。既是如此,那么我们就不应该对于"失去"过分伤感,纵观那些北大名人们,谁不曾在成功的路上失去过很多?但他们都明白,知舍才能善得。

第五课 论财富——做金钱的主人,不做欲望的奴隶 …… **114**

面对财富,保持一份平常心很重要。北大人都明白,生命中不是只有赚钱这一件事,还有比它更加重要的东西值得人们去追求。人们追求金钱,但绝不会做欲望的奴隶。

第六课 **论爱情——平平淡淡才是真,珍惜圣洁的爱情** … **144**

> 爱着爱着,我们就长大了。自由、爱情、个性、错误、责任、代价,你能掂量出它们的分量吗?成长是疼痛的过程,成熟是痛过以后的事情。所以恋爱之前,你得衡量自己,是否有一颗足够强大的内心?

第七课 **论婚姻——美满的婚姻都是磨合出来的** ……… **164**

> 成功的婚姻需要两个人的付出,彼此的宽容、谅解,以及逐渐在试探中根据不断出现的问题调整"双边关系",不仅是价值观和世界观的融合,也是个性、修养、生活习惯和细节的大交叉。

第八课 论朋友——如何适应人际关系的变化 ·········· **194**

机会和运气不是每个人都有的,那么,为什么一些人可以在逆境中披荆斩棘地走出来,而另一种人,却会在困难面前倒下去,从此一蹶不振?更有甚者,有人会走向自暴自弃,或者走向死亡?这儿的差别就在:有的人有好朋友,有的人没有好朋友。

第九课 论成功——成功就是成为最好的自己 ·········· **215**

什么叫成功?成功有一些什么样的标准?见仁见智,各不相同,由此而产生的各种成功误区也很多。北大人认为,成功只是一种对人生的积极追求,是自我努力实现目标之后的满足感,是一种快乐的心情和良好的情绪。

第十课 论快乐——心中若有桃花源,何处不是水云间 … 244

> 每朵花都有其独特的色彩,每颗星都有其光芒的璀璨,每缕清风都会送来凉爽,每滴甘露都会滋润原野,每个时代都会留下不朽的诗篇。让我们欢乐吧、喜悦吧!珍惜自己的生命,把握人生中的每一分每一秒!

第一课

论信念

—思在未来,行在当下

北大的成功者在很多领域独领风骚,这是因为他们对自己所从事的事业都有着坚定的信念,他们相信,不管是谁只要下定决心去做,且成功的信念胜于一切的话,那么他就会成功。

1.我们的所想决定我们的所为

　　人生的结果是由很多因素决定的,你的天生资质、你的能力,都会影响最后的结果。但是在所有的因素中,信念无疑是最重要的一个。

　　天赋可以由勤劳来弥补,能力可以通过实践来锻炼,而这一切的一切都需要信念的支持。没有坚定的信念,人生就会像弹簧,遇强则弱,遇难便缩。而你所具有的资质、能力等一切也都终将发挥不出来应有的作用,只能随着你的信念一起萎靡退缩。信念决定结果,信念不同,结果就会不同。

　　一个魔鬼来到一个村庄。它看见这个村庄富饶丰裕,就住了下来。它每天偷鸡摸狗,害得大家不得安宁。村长奇里决心找魔鬼决斗,为村民除害。

　　有一天,奇里在草原上走,寻找魔鬼。迎面碰到一个人,他们互相问好后,对方问:"你往哪里去?"

　　"我去寻找魔鬼。"村长回答。

　　"为了什么?"对方问。

　　"我想除掉它,解救村民。"村长答道。

　　这时,对方说:"我就是魔鬼。"

　　村长一听,就向它冲去,双方打了起来。奇里终于战胜了魔鬼,把它打倒在地,接着拔出短刀,准备下手。

这时，魔鬼止住了他，说："村长，且慢下手，你可以杀死我，但先听我说几句话。"

"说吧。"村长说。

"你杀死我没有一点好处。"魔鬼说，"如果你饶了我，我保证每天清晨在你的枕头下放20个金币，直到你生命的最后一天。"

村长一听这话，马上动摇了，心想：我打死它，有什么好处？它又不是世界上唯一的魔鬼，因为世上的魔鬼有千千万万。我若饶了它，每天我就可以得到20金币！于是，村长奇里同魔鬼订了协议，放走了魔鬼。

第二天早晨，村长奇里发现枕头底下真的有20个金币，心里不禁大喜。

这样，持续了一个星期，村长奇里对谁也没有说过这件事。

有一天早晨，村长奇里醒了，手伸到枕头下摸钱，但一个钱也没有摸到。他感到纳闷，心想，大概是魔鬼忘记了，明天它一定会放好两天的钱的。

但是，第二天枕头底下还是没有钱。村长奇里又等了一天，还是没有钱。这时村长奇里冒火了，就出去寻找魔鬼。

在同一草原上的同一个地方，他们又相遇了。

"喂，骗子！"村长奇里对魔鬼说，"你不遵守承诺！"

"我承诺了你什么？"魔鬼问。

"你保证每天给我20个金币，起先我倒是每天都能收到，可是现在，我已经连续几天没有收到钱了。"

"村长啊，"魔鬼回答说，"我一连几天给你钱，后来就不愿给了。如果你不满意的话，我们就决斗吧。"

村长奇里相信自己的力量，因为他已经战胜过魔鬼一次。

但这一次，魔鬼举起了村长，摔在地上，并且坐在他的身上，拿出短刀，准备下手。

这时，村长说："魔鬼，你可以杀死我，但请允许我提一个问题。"

"提吧。"魔鬼答应了。

"一个星期之前,我们碰面后进行了较量,我胜了你。为什么现在我们两个都毫无变化,你却战胜了我?"

魔鬼笑着说:"这是因为第一次你是为了正义的事业同我决斗的,而现在你找我是为了要钱,为了个人复仇,所以我才能不费力气地战胜你。"

如果怀着正义的目的和信念做事,就会充满必胜的信心和无穷的力量,从而能轻松获得成功;如果怀着邪恶的目的和信念去做事,就会底气不足,从而导致失败。怀着什么样的目的和信念去做事,就会有什么样的结果。

信念——行为——结果。人的行为是受信念支配的,而人们所创造的结果是由行为产生的。所以,有什么样的信念,就会导致什么样的结果。

1989年,一位年轻人从中山大学毕业,应聘到万宝冰箱厂。工厂付给他令人眼红的400元月薪。但三个月后他放弃了这份来之不易的高薪工作,离开单位去中科院攻读硕士学位。

朋友们总以为他获得硕士学位后,他会找到一个比万宝冰箱厂薪酬更高的工作,谁知三年后,他到了联想公司,得到的工资是300元,后来公司才给他的工资涨到400元。

有朋友问他:"你多读了3年书,和在万宝冰箱厂有什么差别?"他笑而不答。

一年后,他拿着中山大学本科、中科院硕士、在联想工作一年的简历,应聘新加坡第二大多媒体公司,从30个面试者中脱颖而出,拿到相当于一万元人民币的薪酬,开始了为期六年的异国打工生活。

在新加坡的日子,他先后在3家软件公司任职,后来还进了著名的飞

利浦亚太地区总部。他不断地跳槽，别人根本不明白这个年轻人到底是喜欢钱，还只是为了跳槽而跳槽。因为前面的几家公司给他的薪水已经够高了。

更令人感到不可思议的是，他在公司任职的时候，只要是他承接的业务，即使是几千新币的软件，用户一旦在使用中出现了问题，他便会放下手中的工作火速赶到。而对于其他软件工程师来说，这种价值的软件根本不配享受这样的技术服务。在新加坡，他认识了一位同行，两人一拍即合，出资在当地开办了公司。他又一次炒了自己的鱿鱼。那次创业九死一生，许多人为他不值，有好工作，有好前程，为什么总要把自己从高峰推向谷底。

但是，他成功了。他就是朗科公司创始人邓国顺。

美国哲学家拉尔夫·爱默生曾经说过："我们的所想决定我们的所为。"他把这条原则称为"至高无上的规律"。詹姆斯·艾伦也说过："一个人外在的生活状态总是可以在他内心深处找到根源。"实际上，不同的信念造就不同的生活，不同的理想便会有不同的结果，这是数千年来亘古不变的真理。

2.奇迹就这样发生

北大箴言：

奇迹无处不在，缺少的只是能发现和创造奇迹的信念。

有一对祖孙，爷爷每次去看望孙子时都会带来一些与众不同的礼物。有一次，爷爷给孙子带来一个小小的纸杯，但是里面除了泥土以外

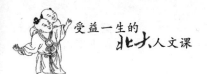
什么都没有。孙子很失望地告诉爷爷:"妈妈不准我玩土"。爷爷慈祥地笑着,从孙子的玩具茶具中拿出一个小茶壶,牵着孙子的小手走进厨房,盛了满满一壶水。然后他把纸杯放在窗台上,又把茶壶递给孙子,"如果你保证每天往杯里倒一点水,就会有特别的事情发生",他这样告诉孙子。

爷爷的举动在4岁的小孩看来似乎毫无意义。他怀疑地看着爷爷,可是爷爷却鼓励地点点头说:"记住每天浇水,孩子。"于是小孩答应了。

起初小孩充满好奇,急于知道到底会发生什么,所以浇水并不算什么负担。但是时间一天天过去,什么都没有改变,他慢慢懈怠起来,越来越难以记起倒水这回事。一星期后,他问爷爷是不是可以停止了,爷爷摇摇头说:"一天都不能停,孩子。"第二个星期变得更困难了,他开始后悔答应爷爷往杯子里倒水了。等到爷爷下次来的时候,他把杯子还给爷爷,但爷爷不肯拿,只是重复道:"一天都不能停,孩子。"第三个星期,小孩开始忘记浇水,经常是晚上上床后才记起来,只得爬下床在黑暗中浇水。但是他还是信守了诺言,一天都没有落下。在一个早晨,原本只有泥土的杯子里终于出现了两片小小的绿叶。

小孩吃惊极了。叶子一天天变大,他迫不及待地告诉爷爷,他相信爷爷会和他一样惊奇。当然爷爷一点没有吃惊。他仔细地向孙子解释生命无所不在,甚至藏身于最平凡最不可能的角落。

小孩非常高兴:"爷爷,它需要的只是水,对吗?"爷爷轻轻拍着孙子的头顶,"不,孩子",他说,"它需要的只是你的信念。"

这是小孩第一次懂得信念的力量。爷爷告诉孙子:"我们的人生充满了奇迹,只要你有坚定的信念和坚持不懈的努力,奇迹就会发生在你的身上。"

确实,信念有时候就是有这样一种魔力。只要你相信奇迹,坚持信念,信念就会在你的努力和汗水的浇灌下慢慢发芽,最终长成苍天大树。而如果你中途放弃，那么前面的一切努力都只能是白费，信念的种子也就只能在泥土中慢慢腐化，不能开花结果。

派蒂·威尔森是一个患有癫痫的少女，但她却树立了不倒的信念，创造了不倒的奇迹。她的父亲吉姆·威尔森习惯每天晨跑。有一天戴着牙套的派蒂兴致勃勃地对父亲说："爸，我想每天跟你一起慢跑。"

父亲回答说："也好，万一你病情发作，我也知道如何处理。我们明天就开始跑吧。"

于是，十几岁的派蒂就这样与跑步结下了不解之缘。和父亲一起晨跑是她一天之中最快乐的时光。令人吃惊的是，在跑步期间，派蒂的病一次也没发作过。

几个礼拜之后，她向父亲表示了自己的心愿："爸爸，我想打破女子长跑的世界纪录。"她父亲替她查吉尼斯世界纪录，发现女子长跑的最高纪录是128.7千米(80英里)。

当时，读高一的派蒂为自己制定了一个长远的目标："今年我要从橘郡跑到旧金山643.6千米(400英里)；高二时，要到达俄勒冈州的波特兰2413.5千米(1500英里)；高三时的目标为圣路易市3218千米(约2000英里)；高四则要向白宫前进4827千米(约3000英里)。"

虽然派蒂的身体状况与他人不同，但她仍然满怀热情与理想。对她而言，癫痫只是偶尔给她带来不便的小毛病。她并不因此而消极畏缩，相反，她更珍惜自己已经拥有的。

高一时，派蒂一路跑到了旧金山。她父亲陪她跑完了全程，做护士的母亲则开着旅行拖车尾随其后，照料父女两人。

高二时，她在前往波特兰的路上扭伤了脚踝。医生劝告她立刻中止跑步："你的脚踝必须打石膏，否则会造成永久的伤害。"

她回答道："医生，你不了解，跑步不是我一时的兴趣，而是我一辈子的至爱。我跑步不单是为了自己，同时也是要向所有人证明，身有残缺的人照样能跑马拉松。有什么方法能让我跑完这段路？"

医生表示可用黏合剂先将受损处接合，而不用打石膏；但他警告说，这样会起水泡，到时会疼痛难耐。派蒂二话没说便点头答应。

派蒂终于来到波特兰，俄勒冈州州长还陪她跑完最后一程。一条写着红字的横幅早在终点等着她："超级长跑女将，派蒂·威尔森在17岁生日这天创造了辉煌的纪录。"

高中的最后一年，派蒂花了四个月的时间，由西海岸长征到东海岸，最后抵达华盛顿，并接受总统召见。她告诉总统："我想让其他人知道，癫痫患者与一般人无异，也能过正常的生活。"

生命真是一个奇迹，我们根本不知道下一秒会发生什么，只有坚定信念勇往直前，我们才会看到别有洞天的美景。正如爱默生所说："去做事吧，你将会拥有一股神奇的力量。"

3.真实是人生的至高境界

北大箴言：

一个人最糟的是不能成为自己，不能在身体与心灵中保持自我。

一个人放弃自我意味着什么？意味着你去模仿别人，跟在别人的屁股后面跑。像这样把别人的特色误以为是自己应该追逐的东西，多半不能成大事，即使能有所成，恐怕也是毫无特色的。这一点，对于想要成功的人来说，是一大忌讳。

美国北卡罗来纳州的艾莉丝从小就是一个个性极为敏感羞怯且身

材略胖的女孩儿,再加上她母亲古板的教育方式,告诫她穿漂亮的衣服是愚蠢的表现,告诉她"洋娃娃"的打扮充其量只是这个世界的装饰品。而且衣服太合身容易撑破,不如做得宽大一点。因此在这样的家庭环境下成长的她,从不参加任何聚会,也没有什么事值得她开心。上学后,她也不参加同学们的任何活动,甚至连体育活动也不参与。原因是,她总觉得自己跟别人"不一样"。

长大后,她嫁了一位年纪大她几岁的先生,但她还是没有任何改变。她的丈夫来自一个稳重而自信的家庭。她想要成为丈夫家人那样,但就是做不到。她努力模仿他们,却总是不能如愿,他丈夫几次尝试帮她突破自己,也都适得其反,她的情绪越来越容易失控,变得紧张易怒,害怕见到任何朋友,甚至一听到门铃声都非常惊慌!后来,她觉得自己就快要崩溃了。但她仍尽力克制自己,不希望丈夫发现真相,所以每次在公共场合,她都尽量装得十分开心,有时会夸张过了头,甚至她竟然产生了自杀的念头。

但艾莉丝最后没有自杀,而是充满自信地活了下来。

是什么事改变了这位想自杀的妇人呢?只是一句不经意的话。有一天,她的婆婆和她谈起自己是如何教育子女的,她说:"不论遇到什么事,我都坚持让他们保持自我!""保持自我!"这几个字像一道灵光闪过艾莉丝的脑袋,她发现所有的不幸都起源于她把自己套入了一个不属于自己的模式里了。

她变了!她开始试着保持自我。她首先研究了自己的个性,认清自己,并找出自己的优点。她开始学习怎样选择衣服样式与配色,以穿出自己的品位。她也开始主动结交朋友,并加入一个团体,虽然只是一个小团体。当他们请她筹办某项活动时,她刚开始很害怕,但是通过每次上台,她获得了更多的勇气。尽管这是一段相当漫长的过程,她花了相当长的时间来培养自信,但现在她比过去快乐许多。

这个故事说明了保持自我的重要性。保持自我这一问题，"与人类历史一样久远了"。詹姆士·戈登·基尔凯医生指出，这是全人类的问题。很多精神及心理方面的问题，其隐藏的病因往往是患者不能保持自我。著名作家安吉罗·派屈写过13本书，还在报上发表了几千篇有关儿童训练的文章，他曾说过："一个人最糟的是不能成为自己，不能在身体与心灵中保持自我。"

尽管大多数人知道保持自我的重要性，但这种模仿他人的现象仍相当严重，无论是在我们日常生活中还是在众星闪烁的好莱坞。好莱坞著名导演山姆·伍德曾说过，最令他头痛的事，是帮助年轻演员学会如何保持自我。刚刚入行的年轻演员几乎都想立刻成为拉娜·特纳或克拉克·盖博，"观众已经尝过那种味道了，"山姆·伍德不停地告诫他们，"观众现在需要点新鲜的。"

山姆·伍德在导演《乱世佳人》和《战地钟声》等名片前，经营房地产事业好多年，因此他培养出一种销售员的个性。他认为，商界中的一些规则在电影界也完全适用，完全模仿别人可能会一事无成。"经验告诉我，"山姆·伍德说，"尽量不用那些模仿他人的演员，这是稳定票房的最保险做法。"

保罗·伯恩顿是一家石油公司的人事主任，他面试过的人数超过6000，写过一本名为《求职的六大技巧》的畅销书。他认为："求职者所犯的最大错误，就是不能保持自我。他们常常不能坦诚地回答问题，只想说出他认为你想听的答案。"可是那一点儿用也没有，因为没有人愿意听不真实的、虚伪的话。

威廉·詹姆士曾说过，一般人的心智能力使用率不超过10%，大部分的人不太了解自己还有些什么才能。与我们应该取得的成就相比，其实我们还有一半以上的能力是潜在的、等待"开发"的，我们只运用了自身能力的一小部分。人往往都活在自己所设的限制中，我们拥有各式各样的潜力，却不能充分地运用它们。

既然你我都有这么多未加开发的潜能,又何必担心自己不能像其他人一样呢?

　　遗传学家告诉我们,每个人的基因都是由父亲和母亲各自的24条染色体组合而成,这48条染色体决定了你的遗传,每一条染色体中有数百个基因,任何一个基因都足以改变一个人的一生。所以,你在这世上是独一无二的。以前既没有像你一样的人,以后也不会有。

　　一位北大教授风趣地说:"即使你父母相遇、相爱,孕育了你,也只有三百万亿分之一的机会再生一个跟你一模一样的人。换句话说,即使你有三百万亿个手足,他们也都跟你不同。这只是猜测吗?当然不是,这完全是有科学根据的事实。如果你还是不相信,那就去看看有关遗传学的书吧!"

4.笃信自己是有用之材

北 大 箴 言:

　　人不是被他人打败的,真正的敌人往往是自己。你要想成大事,就必须完全相信自己是有用之材。

　　首先你要相信自己是个有用的人,只要你相信自己是有用之材,那股自信就能让你精神抖擞,任何事情都能应付自如。反之,如果你的精神萎靡不振,做起事来瞻前顾后,可以想象那种生活是个什么样子:胸无大志,自认为是多余的人,甚至自暴自弃。精神生活层面已执行"自杀"的人,怎么会拥有一个成就大事业的人生呢?

　　其实,每一个人都有生存的权利,都有自己的长处,也都有其存在的价值。作为一个普通人来说,如果想做一番轰轰烈烈、流传千古的事业,机会或许很少,能力也许不够,但因为我们的存在,世界才变得如此可爱,因为我们的努力,工作成绩才如此耀眼。你的真心付出,让家庭充满幸福气氛,让亲人之间情感融洽,这不就是贡献吗?你的辛勤工作创造了财富,得到了回报,这不就是贡献吗?人生在世,绝对是"天生我材必有用"的。

当然,一个人自信是有基础的。缺乏自信或一味地盲目自信,那是自大,不会有所作为。只凭吹捧也只能"得逞于一时",也许在某次受挫后,自信心便全盘瓦解。生活中才能并不出众、表现平平、安分守己的人是大多数,也许你觉得自己实在没有理由可以骄傲,没有资格可以狂妄。正是这些想法,成为我们成就大事的障碍,成功之路由此被自己阻断。殊不知,平凡不等于平庸。伟大出自平凡,我们多一份信心,离成功就更近一步,不要老给自己泄气,其实成大事者就是那些拥有坚强信念的普通人。

美国第40任总统罗纳德·里根就是一个充满自信的人。在成为总统之前,他只是一位名气不大的演员,但他立志要当总统,并相信自己一定可以做到。从22岁到54岁,里根一直是在演艺圈发展,对于政界完全是陌生的,更没有什么经验可谈,可以说是半路出家。但当机会来临时——共和党内的保守派和一些富豪们竭力怂恿他竞选加州州长,里根毅然决定放弃从事大半辈子的原有职业,转而投入政坛。结果大家都很清楚,里根连任了两届美国总统。

反之,消极的心态则会毁掉所有成功的可能性,甚至如果继续让消极的人生观"驻足"在你身上,它的破坏力最后终将"侵蚀"你的健康。相关的一项调查表明,在所有病人当中,将近75%的病人患有不同程度的忧郁症。这是一种不正常的心态,会引发无谓的烦恼。忧郁症是所有不正常症状的开端。简单来说,忧郁症患者就是指,一个人由于身上背负着沉重且无意义的压力,一旦压力摧毁了自信,他便相信自己正患上某种想象中的疾病,其实,那不过是幻想的产物罢了。

　　拿破仑·希尔曾讲述过这样一个生活案例:N先生的妻子得了肺炎,当希尔赶到他家中时,他见到希尔的第一句话就是"如果我妻子死了,我将不相信这世上有上帝存在。"他请希尔来,是因为医生已经对他说,他妻子活不了了。他的妻子把丈夫和两个儿子叫到床边,向他们道别。

　　希尔赶到之后,看见N先生在前厅啜泣,两个儿子则在旁尽力安慰他。当希尔走进N太太房间时,她已经严重地感到呼吸困难,护士告诉希尔说,她的情绪很低落。希尔很快就发现,这位N太太请他过来,无非是要拜托他在她死后,请他照顾她的两个儿子。

　　在希尔听完她的请托之后,语气坚定地对她说:"你绝对不能放弃希望,你不会死的。你向来就是一位坚强且健康的女人,我不相信上帝会带走你,也不相信上帝要让你把自己的儿子托付给我或任何人。"希尔和她谈了很久,并做了一次祈祷,祈祷她早日康复。希尔告诉她,要对上帝有信心,以意志力来对抗每一个呼唤死亡的病菌。然后,希尔离开了N先生的家。

　　临走前,希尔说:"教堂礼拜结束后,我会再来看你,到时候,我必定会发现,你比现在好得多了。"那天下午,希尔如约又去拜访。N先生这次竟面带微笑地迎接希尔的到来。他说,希尔早上一离开之后,他太太就把他和儿子们叫进房里,向他们说道:"希尔博士说,我不会死,我将会康复,我现在真的觉得好多了。"

　　最后,N太太完全康复了。这就是信念的力量,这就是信念创造的奇迹。

　　每个人必须笃信自己是有用之材,否则,就枉费在世上活一遭,枉费上天赋予你这样神奇的能量。

以下介绍几种北大人在生活中增强自信心的简单方法,如能熟记这几项,并努力实践,你必定能成为一个充满自信的人。

◎主动和别人说话

养成主动与人说话的习惯很重要。越是敢主动和人谈话,越代表你拥有自信,你不怕被人拒绝,以后与人交谈就容易多了。若过于封闭,无疑是拥有的自信心不足。

◎将走路速度提高10%

心理学家认为,人们透过改变自己动作的速度,实际上也可以改变自己的态度。如果你走路比一般人快,就像是在暗示其他人:"我必须赶紧到一个很重要的地方去,那里有重要的工作非我去做不可,而且,在15分钟内,我将出色地完成这一工作。"

◎坐到前排座位上

你大概已经发现,不论是什么样的聚会,总是后面的座位先坐满。许多人喜欢坐在后排座位,那是因为不想引人注目。如此不愿让人注意的心态,多半是由于缺乏自信心的缘故。要让自己充满自信你应该反其道而行,坐到前面去,为自己制造培养信心的机会。

5. 找到自己最擅长的职业

北大箴言:

选择职业,不单单是找一个能养活自己的工作,这一过程本身就是一个发现自己、认识自己的过程。因此,在开始就业过程之前,要对自己有一个清醒的认识,认清自己的优点、缺点、长处、短处。

如果你用心去观察那些北大的成功人士，会发现他们几乎都有一个共同特征：不论聪明才智高低与否，也不论他们从事哪一种行业、担任何种职务，他们都在做着自己最擅长的事。

对很多人来说，发现自己擅长做什么事，是一个比较困难的问题，因为他们宁可相信别人，也不相信自己。其实，不必看轻自己，要相信你的能力是独一无二的。社会上大多数的人，只会羡慕别人，或者模仿别人做的事，很少有人去认清自己的专长，了解自己的能力，然后锁定目标、全力以赴，所以大多数人不能够成就大事。

据调查，有28%的人正是因为找到了自己最擅长的职业，才彻底掌握了自己的命运，并把自己的优势发挥到淋漓尽致的程度。相反的，有72%的人正是因为不知道自己适合的职业，而总是做着自己不擅长的事，因此，工作既得不到成就感，又无法在行业中成为顶尖人才，更谈不上成就大事了。

实际上，世界上大多数人是平凡人，但大多数平凡人希望自己有一番不平凡的作为，希望自己能够成就大事，以实现梦想，才华获得赏识，能力获得肯定，拥有名誉、地位、财富。但令人遗憾的是，真正能做到的人，似乎总是不多。

从很多例子可以发现，一个人的成就主要来自他对自己擅长工作的专注和投入。只有无怨无悔地付出努力，才能享受甘美的果实。

一位知名的经济学教授曾经引用三个经济原则做了贴切的比喻。他指出，第一点是经济学强调的"比较利益"，正如一个国家选择经济发展策略一样，每个人都应该选择自己最擅长的工作，做自己专长的事，才会胜任并感到愉快。换句话说，当你与别人比较时，不必羡慕别人，你自己的专长对你才是最有利的。第二点是"机会成本"原则。一旦自己做了选择之后，就得放弃其他选择，两者之间的取舍就反映出这一工作的机会成本，于是你了解到自己已作出决定，没有别的路可选了，必须全力以赴,这无疑能增加你对工作的认真程度。第三点是"效率原则"。工作的成果不在于你工作时间有多长,而是在于成效有多少,附加价值有多高,如此,自己的努力才不会白费,才能得到适当的回报与肯定。

首先要从客观实际出发,估计一下自己能否胜任某项职业的要求,扬长避短,而不是一窝蜂地冲向最热门的行业。一个人要避免从事自己很不感兴趣、特别不擅长的工作,否则对自己、对别人都会是莫大的损失。把工作当成一件愉快的事情去做,才能专心致志地投入。

另外,还要注意适时调整工作。职业生涯是漫长的,尤其是在市场经济的现代社会,很多人不可能在一个岗位上工作一辈子。

正如管理大师彼得·德鲁克所说:"对你而言,你所做的工作选择是正确的概率大概只有百万分之一。"如果你认为你的第一个选择是完全正确的,那只能说明你是懒惰的,你不愿意生活有所变化。只有通过大量的、不断的搜寻和转变,才可能发现一条令你满意的职业发展道路。

6. 智慧是人生最大的财富

北大箴言:

智慧不是小聪明,而是历经生活考验后的大彻大悟;智慧不是逞一时口舌之快,也不是处处争强好胜,而是与人方便、与己方便的那份心灵的充实和豁达;智慧不是百般算计之后的斤斤计较,而是为了长远目标而宁愿放弃眼前小利的从容和潇洒。

在好莱坞的吉尼斯纪录上曾记载着一件与战争有关的事情。卡瑟尔是好莱坞一家著名拍卖行的拍卖师，拍卖行派他主持一场注定十分艰难的募捐晚会——当时美国人民的反战情绪十分强烈，而他们却要将募捐的钱全部捐到战场上。许多拍卖师知难而退了，可是卡瑟尔却决定接受这项任务。

当时前来参加募捐的人本身就不多，而且其中有很大一部分人是来看热闹的，也许这注定是一场失败的募捐晚会。当时许多拍卖师甚至都可以想象得到卡瑟尔在晚会上一无所获时的尴尬表情。可是令他们没有想到的是，卡瑟尔主持的募捐晚会竟然不像他们想象中的那般冷清。卡瑟尔首先让当时在场的人现场选出一位最漂亮的姑娘，然后由他来拍卖这位姑娘的一个香吻，最后有人愿意出一美元来获得这位美女的香吻。卡瑟尔成功地募到了一美元，虽然少得有些可怜，可是大家都知道，卡瑟尔赢了。

虽然寄到战场上的仅有一美元，但显示出的是人们对于战争的讽刺。幸运的是卡瑟尔却因此引起了许多企业家的重视。当时德国的一家濒临倒闭的啤酒厂开出重金聘卡瑟尔为顾问，他们希望卡瑟尔通过运用自己的智慧改变啤酒厂的处境。卡瑟尔本人也希望自己的智慧能够在真正的商业场合中得以充分运用，于是他接受了这家啤酒厂的邀请。后来，他提出了开发美容啤酒和浴用啤酒的想法，结果在这些奇妙想法的推动下，这家啤酒厂几乎在一夜之间就成了全球销量最大的啤酒厂。

几年之后，他又因出色的表现赢得了德国政府的青睐，成为德国政府的一名商业顾问。1990年，他建议德国政府拆除柏林墙，并且把拆除下来的砖块以拍卖珍藏品的形式进行公开拍卖。结果柏林墙上拆下来的每一块砖都以极其昂贵的价格进入了全球两百多万个家庭和企业中。这一次，卡瑟尔的名字几乎同拆除的柏林墙一样永远地印在了人们心中。

卡瑟尔通过智慧使自己名利双收。当有人问他成功的秘诀时，他说：

"只有两个字——智慧,要尽最大努力运用你的聪明才智,不要忽略每一个智慧的火花。"

业不学不精,脑不用不灵。无论在任何时候,智慧都是人们最大的财富。有了智慧,无论面对任何情况,都会成为最后的赢家。

智慧不是天生的,它来自于生活中的点滴积累,来自于在实践中的每一次灵活运用。

7.先做对你来说重要的事

北大箴言:

问题的根本并不在于时间的多少,而在于我们不懂得如何将时间花在真正重要的事情上。

懂得细心安排时间的人往往拥有许多难得的优势:他们能够为自己节省出更多的空闲时间;他们拥有对事物的总揽全局能力;他们不会忘记自己生命中真正重要的事情;他们能够做到临危不乱。

有位时间管理专家为一所商学院的毕业生上最后一节课。他手中没有拿教案,而是在讲桌上放了一个大大的透明玻璃瓶。专家说:"同学们,能教给你们的我已经都教了。今天,我们来做一个小实验。"学生们都好奇地看着专家。只见他从书桌里拿出一堆拳头大的石块,然后一块块放进那个大大的玻璃瓶里,瓶子很快装满了。然后,专家问学生:"大家看一看,瓶子满了没有?是不是瓶子再也装不下了?""满了。"所有的学生异口同声地回答。

"真的吗?"专家从书桌里拿出了一桶碎石,一点一点地放进了那个

大玻璃瓶，晃一晃，碎石落在了大石头的缝隙里，不一会儿，碎石被全部放进了玻璃瓶。"现在，玻璃瓶里是不是真的满了？还能不能装下东西了？"有了第一次的教训，学生们有些谨慎，没有人回答。只有一个学生小声说："我想应该没有满。"

专家用赞许的眼光看了看那个学生，再次从书桌里拿出一杯细沙，缓缓地倒进玻璃瓶，细沙很快填上了碎石之间的空隙，半分钟后，玻璃瓶的表面已经看不到石头了。"同学们，这次你们说瓶子满了吗？""还没有吧。"学生们回答，但是心里却没有把握。

"没错。"专家拿出了一杯水，从玻璃瓶敞开的口里倒进瓶子，水渗下去了，并没有溢出来。这时，专家抬起头来，微笑着问："这个小实验说明了什么？"一个学生马上站起来说："它说明，你的时间是可以挤出来的。"

专家点点头，说："是的，你说对了一个方面。但最重要的一点，你还没有说出来。"他顿了顿，接着说："它还告诉我们，我们的时间并不是可以随便用的。如果不是首先把石块装进玻璃瓶里，那么你就再也没有机会把石块放进去了，因为玻璃瓶里早已装满了碎石、沙子和水。而当你先把石块装进去，玻璃瓶里还会有很多你意想不到的空间来装剩下的东西。我们的人生，总有重要的事和不重要的事。如果你任由不重要的事占满你的时间，那么那些对你真正重要的事就没有机会去做了。而只有那些真正重要的事才有沉甸甸的分量，足以影响你的一生。大石块就是你生命中重要的事，而碎石、沙子和水是生命中的琐事，有些甚至是可做可不做的。如果你将自己所有的时间花在这些事上，你就是在浪费时间。在你们走出校门以后，不管你选择怎样的人生道路，你们必须分清楚什么是石块，什么是碎石、沙子和水，还要切记，永远把石块放在第一位。"

在这个世界上，人都只有一次生命，时间是人类最宝贵的资源。如果你不能善于利用时间，就只能让你的时间浪费在一堆无意义的琐事上。

飞机起飞后，需要通过导航仪器不断把飞机纳入航道。你的财富目标也需要导向仪，把你从不固定的、经常移动的位置中纳入正轨，向目标前进。要实现你的"野心"目标，必然会遇到无数的障碍、困难和痛苦，使你远离或脱离目标路线，因此你必须对自己的目标有清醒的认识，正确估计可能会遇到的困难，把事件依重要性排出次序，依仗实力、毅力和心力勇往直前，则成功指日可待。

美国伯利横钢铁公司总裁查理斯·舒瓦普向效益专家艾维·利请教"如何更好地执行计划"的方法。艾维·利声称可以在10分钟内就给舒瓦普一样东西，这东西能把他公司的业绩提高50%，然后他递给舒瓦普一张空白纸，说："请你在这张纸上写下你明天要做的6件最重要的事。"

舒瓦普用了5分钟写完。

"现在用数字标明每件事对于你和你公司的重要性的次序。"

这又花了5分钟。

"好了，把这张纸放进口袋，明天早上第一件事就是把纸条拿出来，做第一项最重要的，不要看其他的，只是第一项。着手办第一件事，直至完成为止。然后用同样的方法对待第二项、第三项，直至你下班为止。如果只做完第一件事，那不要紧，你总是在做最重要的事！"

"每一天都要这样做——你刚才看见了，只用10分钟时间——你对这种方法的价值深信不疑之后，叫你公司的员工也这样干。这个试验你爱做多久就做多久，然后给我寄支票来，你认为值多少就给我多少。"

一个月后，查理斯·舒瓦普给艾维·利寄去一张2.5万美元的支票，还有一封信。信上说，那是他一生中最有价值的一课。5年之后，这个当年不为人知的小钢铁厂成为世界上最大的独立钢铁厂。

人的能力与时间毕竟有限，无法超越某些限度，如果能对你的目标

做到慎重研究，心中对事情的轻重缓急有数，虽说不一定能够成功，但至少可以将能力做更大的发挥。今天的世界是设计师、策划家的世界。唯有那些做事有秩序、有条理的人，才会成功。而那些头脑混乱，做事没有秩序、没有轻重缓急的人，成功永远都和他擦肩而过。

8.不管做什么工作，一定要找位指导老师

北大箴言：

　　人生中的导师，是那些由真理和智能领路的人，能从野花中采出蜜来。

　　在成功的事业生涯中，应该有"贵人"相助。事实上，每个成功的人都离不开某种形式的导师，他可能是你的父亲、老师、上司，给予你强有力的扶助；也可能是书籍中的一位古圣先贤，给予你精神上的引领。

　　银行业是非常注重资历和经验的，所以在银行中担任要职的往往是老成持重的人物。但一个年轻人只用了不到10年的时间就登上了"金字塔尖"，他的成功经历引起了很多人的兴趣。

　　一位作家打算揭开这个谜底，他去拜访这个年轻的银行家时问道："很少有年纪这么年轻就能在银行里得到这么高职位的人。告诉我你是如何奋斗的？"

　　"这需要花许多功夫并勇于奉献，"年轻的银行家解释，"但真正的秘诀是，我选择了一位良师。"

　　"一位良师，这是什么意思？"作家问。

　　银行家说："在我大学快毕业时，有一位退休的银行家到班上做讲座。他当时已经70多岁了。他的临别赠言是：'如果你们有什么需要我帮

忙的地方,尽管打电话给我。'听起来好像他只是客套一番,但他的建议却引起了我的兴趣。我需要他给我些建议,告诉我在我想踏入银行业时该走哪一步才是正确的。可我又很怕碰钉子,毕竟他是个有钱而杰出的人,而我只不过是个即将毕业的大学生而已。但是最后,我还是鼓起勇气打电话给他。"

"结果怎么样?"

年轻的银行家这么回答:"他非常友善,甚至邀请我与他见面谈谈。我去了,得到许多意见满载而归。他给我一些非常好的指导,告诉我应该选择在哪家银行做事,又告诉我如何将自己推荐给别人而获得一份工作。"他甚至提议:"如果你需要我的话,我可以当你的指导老师。"

"我的指导老师和我后来一直有着非常良好的关系。"银行家继续说,"我每周打电话给他,而且每个月至少一起吃顿午餐。他从来没有出面帮我解决问题,不过他使我了解要解决银行的问题有哪些不同的方法。而且有趣的是,我的指导老师还衷心地感谢我,我们的交往使他的思想保持年轻。"

如果我们去寻找的话,帮助就在那里。

在生活中各行各业有许多非常成功的人,人们随时准备着帮助那些订立成功目标的人。如果我们要求他们帮助的话,他们一定会帮助的。

不管你做什么工作,一定要找位指导老师,这可以帮助你发挥最大的才能。要记住,选对了一位良师,可以帮助你发现通往你目的地的快捷方式。

当我们想要找一位导师或某个领域的顾问时,请先做以下的思考:

他们在自己的专业领域中有什么样的成就?因为谁也不会找一位做生意从未成功过的人来当自己的事业导师。

他们的专业资格合不合法?这里的忠告是:不要找一位帽子高得吓人,而实际并不具资格的人。

他们是否诚实?要查证这一点可能有点困难,不过还是值得一试。尽你所能去了解他们的声誉,他们是否言行一致。

他们的个人经验是否正好反映出你渴望达到的成功?要找那些正好是实现了你的美梦的活生生例子的人来当导师。

一个在某方面卓有成就的人,就是一个善于利用他人的知识智能来减少自己成功的阻力的人。如果能成功地学习并引进知识,就等于将这一大笔财富复制到了自己的"资源库'里,也就是说,谁都可能从此由步行者而一跃登上成功的快车!请问,还有比这更聪明、更快捷的方法吗?

9.人要有主见,勿人云亦云

北 大 箴 言:

　　一个丧失主见的人,就如同没有灵魂的傀儡。

日常生活中,我们既不可能每时每刻去反省自己,也不可能总把自己放在局外人的地位来观察自己,于是只能借助外界信息来认识自己。正因如此,每个人在认识自我时很容易受外界信息的影响,迷失在环境当中,受到周围信息的暗示,并把他人的言行作为自己行动的参照。

人们常常认为一种笼统的、一般性的人格描述可以十分准确地揭示自己的特点,心理学上将这种倾向称为"巴纳姆效应"。

对于这点,有位心理学家特意做过这样一个实验,他给一群人做完明尼苏达多项人格检查表后, 拿出两个结果让参加者判断哪一份是自己的。事实上,一份是参加者自己的结果,另一份是多数人回答平均起

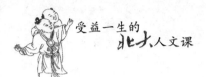
来的结果。参加者竟然认为后者更准确地表达了自己的人格特征。

这项研究告诉我们，每个人很容易相信一个笼统的、一般性的人格描述特别适合他。即使这种描述十分空洞，他仍然认为反映了自己的人格面貌。曾经有心理学家用一段笼统的、几乎适用于任何人的话让大学生判断是否适合评价自己，结果，绝大多数大学生认为这段话将自己刻画得细致入微、准确之极。

下面就是心理学家使用的材料——你很需要别人喜欢并尊重你；你有自我批判的倾向；你有许多优势的能力没有发挥出来，同时你也沉默；你的有些抱负往往很不现实。

这其实是一顶套在谁头上都合适的帽子。

其实，人在生活中无时无刻不受到他人的影响和暗示。比如，在公共汽车上，你会发现这样一种现象：一个人张大嘴打了个哈欠，他周围会有几个人也忍不住打起了哈欠。

人们都很容易受别人影响，看到别人怎样，自己潜意识里面就觉得自己也该这样，你做任何事情都会产生意识上的偏差，总是找不到正确的思路，没有主见、受他人影响。

20世纪50年代初，心理学家所罗门·阿什想通过实验，来检验人们的"主见"到底如何，到底自信到什么程度。

实验在一个普普通通的实验室里进行。他找来一个被公认为最有"主见"的大学生志愿者A，告诉他进行一次"视力感觉"测试。大学生A走进实验室时，已经有6位志愿者等候在那里。

研究者告诉大家，实验主要是区别线条的长短。实验开始了，研究者在前面的黑板左边画了一根竖直的标准线条，20厘米长。接着在黑板的右边画了三根线条，编码为1、2和3。志愿者要说出标有号码的线条中哪些线条与标准线条的长度一样。

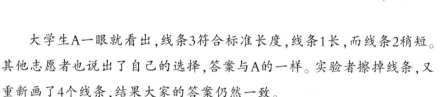

大学生A一眼就看出，线条3符合标准长度，线条1长，而线条2稍短。其他志愿者也说出了自己的选择，答案与A的一样。实验者擦掉线条，又重新画了4个线条，结果大家的答案仍然一致。

实验者又第三次画了4个线条。这次，A也是一眼就看出只有线条1符合标准长度，可是，还没等他开口，第一位志愿者认为是"2号"。A不禁感到奇怪，因为在A看来，2号明显要短于标准线条。可是，当其他人依次明确地说出和第一个志愿者同样的结果时，A越来越感到不安。轮到他时，他满脸通红，语无伦次，简直不知道话该从何说起。

结果，有37%的人选择屈从，即与大多数人保持一致；约75%的人至少一度考虑过，与标准线条匹配的是自己认定的稍长或稍短的线条。

实际情况是，每次只有大学生A一个人是真正的受试者，其他所谓的志愿者都是所罗门·阿什的助手，他要这些扮演志愿者的助手们有时故意做出错误的选择。

这项进行于20世纪50年代早期的标准实验，旨在确定产生依从屈服于实际或想象的压力而与本集团成员中大多数人的观点保持一致的倾向的条件。进一步的诸多实验证实，依从存在许多原因，其中有保持正确的欲望（如果大家都同意，也许他们是对的），还有不愿被人看作唱反调者或怪人的愿望。

这种屈从多数的现象，在我们的社会生活中比比皆是。屈从多数是一种不健康、不理智的心理现象，处理不好，会对社会造成深远的负面影响，因此，你在生活中就应该正确地认识自己，不能让别人的情绪影响自己。

一个人不能明确地阐明自己在生活中的思想和感觉，那就没什么人会与你坦诚相见，没什么人会真正地尊重你。因为失去了自我，也就失去了平等自由的人际关系和生活方式。

一个人要想成功，不是光靠头脑聪明而已，也要具有不被别人所左

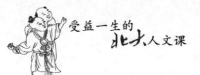

右的那种定力，但这种定力并非人人都能做到。

世俗和传统使人养成一种说话办事总是需要得到别人的认可和赞许的习惯。一个人往往童年时代习惯于得到父母和老师的赞许，长大成人就需要得到领导者的认可。如果自己的某个举动和主张得不到别人的认可和赞许，就会觉得出了问题，放心不下。于是你在无形之中就放弃了主宰自己、独立行事的权利，凡事都受别人的控制和摆布。

这种习惯大体表现在以下方面：

(1)你对别人的需求大都随声附和，有时心里不满，也要依从别的人的意志去办。

(2)你有自己的事情和计划，但难以拒绝朋友的邀请和要求，以免别人对你不满意。

(3)你总是回避同陌生人交谈，不想独自参加社交活动，也不愿独自出差办事。

(4)你总是看领导的眼色行事，明知不对，也要忍气吞声地服从。好像领导的时钟总是准的，而你的时钟总是不准，只能和领导对表，不相信自己的手表。如果因此而窝火憋气也只能拿比你地位低的人出气。

(5)不好意思和权威人士、著名人物交往，如果这类人物对你责怪批评不公正，你也不敢说出自己的看法。

有人以为坚持独立自主，似乎很难得到别人的赞许，很难处好人际关系。这是一种错觉和误解，事实恰好相反。一个真正能够主宰自己的人，不会为了迎合他人的观点与喜好而放弃自我价值、自我追求；在与人交往中不会为了博得他人的赞许而跟随他人的指挥棒转。如果一个人因别人希望他怎么样，他就会怎么样，这是多么可怜、毫无价值的形象。

如果一个人不能明确地阐明自己在生活中的思想和感觉，那就没什么人会与你坦诚相见，没什么人会真正地尊重你。因为失去了自我，也就失去了平等自由的人际关系和生活方式。

实际上，最受赞许、最受欢迎的人恰恰是那些希望赞许而不是祈求赞许的人，是那些能以积极的心理态度表现美好的自我形象的人，是那些从不放弃独立自主、不被他人所左右的人。

不被他人所左右与一意孤行是有所不同的，两者的差异在于，不被他人所左右的人大都具有远见，明白自己的做法会产生何种成果，因此能不顾别人的反对意见。

如果一个人具有正确的远见，依照信念去做，便自然会有别人摇撼不动的定力，而成功也会来临。命运之神有时会试探人们是否具有泰山崩于前仍不改其色的那种气魄，具有这种气魄的人往往会受到命运之神的特别眷顾。

10.压力是成功的"重磅炸弹"

北大箴言：

没有压力就没有动力，人类的进化被看作是生物进化与文化进化相互作用的结果，而且文化进化的历程越来越显示出大脑越用越聪明，生活越求创新越有意义、越美好。

人身处绝境或遇险的时候，往往会发挥出不同寻常的潜力。人没有了退路，就会产生一股爆发力。人的潜能即指人的心理能量、大脑潜力。我们每个人都有巨大的潜能可以开发，一般人只使用了潜能的十分之一，甚至有些还不到十分之一。也许有人会说："我已经做得很好了，何必再给自己施加压力呢？"难道你要拒绝文化进化，拒绝开发你的潜能吗？你不想在人生的旅途中进行更令人惊奇的探险吗？可曾记得你在生活中有这样的一天：你学到了一些新知识或出色地完成了一项工作任务，或对你所关注的事物有了新的发现，脑海里闪现出灵感的火花、奇妙的构想……这一天你一定会感到非常愉快和幸福，心中仿佛有一支动听的歌曲反复地回响。

我们每个人或多或少都有过这样的经历。这样的时刻为什么如此让人开心？这是因为比平常更善用大脑所带来的乐趣。当然做到这一点会有些压力和困难，可是若没有这些压力和困难，人生又有什么乐趣可言？

当我们意识到自己在成长和进步的时候，我们的自信、喜悦和成就感，实质上就是一种由于拥有一定的在压力之下所创造出来的"反射物"。

人的潜能一旦被挖掘出来，其力量是非常惊人的。在一次火灾中，一位上了年纪的妇女竟然能把一个大橡木柜子从三楼搬到楼下。火灾后，三个强壮的男人费了九牛二虎之力才勉强把那个柜子抬回到三楼原先的位置。这时众人想请这位妇女再重来一次，她却怎么也搬不动了。

事情常常如此，人们在某种压力的驱使下，能使自己的体力和耐力达到正常情况下绝不会出现的程度。一个神经错乱的人，当他发狂时，为什么会有正常情况下所不可能拥有的体力呢？就是因为人的身体具有潜在的能量。

班扬在监狱写下了《天路历程》；南丁格尔虽然病到躺在床上不能动的地步，但她仍不忘整顿、改善英格兰的医疗环境；美国历史学家弗朗西斯·帕克曼在他生命大部分的时光中为病痛所苦，他一次只能持续工作五分钟，因为他的视力极差，只能在稿纸上草草写下几个大字，却也出版了20本历史巨著。他们都在自己的努力下，无所畏惧地做他们认为应该做的事。斯坦利·琼斯如此描述他坚定的信仰："我明白我的精神是为了信念而塑造，不是为了畏惧。因为畏惧不是我的本性，信念才是。我

是如此坚定地相信,以至于担忧如同我生命中流逝的沙子,无法长存。信念是润滑剂,信念和自信比起畏惧、怀疑、焦虑,使我活得更好。"

　　生活如同我们所看见的一样有趣和刺激,但是如果我们将一切停留在自己的思想和行为上,也许能避免失败,但同时也拒绝了让生活变得更新鲜有趣的机会。当探索思想、情感和行为的新领域时,通常表示必须进入以前从未涉及的领域,在此情况下虽然容易犯错,但是错误并非只有负面的价值。它只有在你害怕犯错而拒绝尝试用新方法去解决难题时,才可能会出现更严重的错误。也许,一头栽进一个未知的境地是愚蠢的行为,但害怕冒险或害怕进入未知的领域,也同样愚蠢,唯有在错误中成长,我们才能学会碰上新问题时该如何采取对策。

　　当失败带来压力和痛苦时,它也让你知道哪些事情是下次应该做的,哪些是不能做的。实际上,相对于正确方法的指导,失败可能给予我们更多的启示,它让你衡量错误行为造成的影响,并锻炼我们能忍受失败的程度。

第二课

论命运

——做人就是"积极"地"认命"

　　北大的成功者也是人,他们很多人有过"做人到底是为什么"的感慨,但迷惘过后,他们与普通人的不同之处是他们学会了"积极"地"认命",承担起做一个人的责任,承担起对社会的责任。

1.别老往坏处想,你会如愿

人生最大的痛苦莫过于跟自己过不去,一个人生活得幸福与否,完全取决于自己对待生活的态度。当你不能接纳生活、接纳自己时,你就会感觉生活就是无边的苦海,人生就是煎熬。

其实,每个人都曾经有过"做人到底是为什么"的感慨,然而,既然来到人世间做一个人,没办法,就得"认命",接受自己命运的现实。

不管你喜不喜欢,人要在世间奔波一生。人生旅途可能很长,也可能很短;可能拥有很大的舞台成为明星,也可能被困在一个犄角旮旯里面自娱自乐;你的一生可能很灿烂,也可能很灰暗;你可能活得很滋润、很开心,也可能活得很艰难、很痛苦……但是,不管怎样,你得"认命"。

怎么"认命"? 看自己的态度。无可奈何、怨天尤人地"认命",是一种"认命"。不过,这是听天由命,是低水平的"认命",是放弃自己的"认命"。高水平的"认命"恰恰相反,以积极的心态去面对现实,热情地拥抱自己的人生,承担做一个人的责任,控制自己的人生轨迹,享受做一个人的快乐。

20世纪中叶,欧洲的两个制鞋公司都想开发非洲市场,各自派出了一个业务代表去非洲。

一家公司的业务代表A先生,到非洲待了两天后,给公司发回了一个报告:非洲没有市场,因为这里的人都不穿鞋。

另一家公司的业务代表B先生,到非洲待了两天后,也给公司发回

了一个报告:非洲的市场潜力很大,因为这里的人都不穿鞋。

很快,A先生返回欧洲,公司开拓新市场的计划泡汤了。B先生继续在非洲工作,在公司的支持和坚持不懈的努力下,打开了非洲市场,获得了很好的效益,公司开拓新市场的计划成功了。

两个旅游团一前一后来到海滨风景区。因为刚刚经过台风和暴雨的洗礼,路面受到严重的破坏,到处坑坑注注,还有不少软软的凹洞,一不小心就会踩到。为防止游客摔倒或弄脏了鞋子,两个导游都很认真地提醒游客。

导游A对游客说:"这里的路面很糟糕,到处都是坑,大家小心,不要摔倒了,不要踩到洞里。"游客们听了之后自然很小心,眼睛紧盯脚下,小心翼翼地走。有游客不慎踩到洞里,或是摔倒,更是引发一串骂声。一路上,游客的抱怨之声不绝于耳,旅游观光的好心情烟消云散。

导游B面带微笑,幽默地对游客说:"大家注意了,我们现在走的是酒窝大道,只有经过狂风暴雨的洗礼后才有。大家这次来得很巧,可以尽情体会。不过,路上的一些酒窝比较喜欢游客,会用力把你拉到它的怀里,有的还很隐蔽。大家要小心一点,否则就不能和我们一起走了。"

游客们听了小王的这一番话,都笑了,放慢了脚步,把眼光瞄向脚下的坑坑注注的路面。一路上,游客们虽然走得慢,脸上的笑容却没有减少,没有什么人抱怨天气,陪伴着他们一路前行的是幽默的点评和一连串的欢声笑语。

境由心生!生活就像镜子,你对着这面镜子灿烂地笑,你得到的就是一个灿烂的世界;你对着这面镜子阴郁地哭,你得到的就是一个灰暗的世界。

北大的一个老师常对学生说:"也许你家现在不富裕,但记住,贫困的仅仅是生活,而不是你。没有人有权利嘲笑你!"

人生的价值不仅仅是金钱,有了钱未必就有幸福和快乐相随,穷人

也自有穷人的幸福和快乐,一位作家说得好:"如果你自以为穷,那你就真穷了!"

富人不是生来就富的,因此,你又何苦自甘堕落、意志消沉?

你要想有力量去把握自己的人生轨迹,你的心灵里面必须阳光灿烂。即使你经常受到阵阵"疾风"的伤害,也不要让自己的心灵里面充满阴云。否则,没有拥抱人生的热情,没有迈步前行的力量,人生轨迹只会被动地七扭八歪,你一辈子会在郁郁寡欢中度过。

积极地"认命"!感谢父母把自己带到人间,热情地拥抱自己生活的世界,乐观、积极、坚强地面对自己作为一个人的现实,开开心心地去生活,去承担做一个人的责任,去享受做一个人的快乐!

2.热爱正义、崇尚正义

北大箴言:

人一生要追求的东西有许多,金钱、权力和美色等,可这些东西在百年之后都易腐朽,但唯有正义的荣誉可以流芳百世、永垂不朽。

有位哲学家说过:"什么是一块砖头的名誉感呢?那就是一块实实在在的砖头;什么是一块木板的名誉呢?那就是一块地地道道的,名副其实的板材;什么是人的名誉呢? 这就是要做一个正义的人。"

人活一世,草木一秋,雁过留声,人过留名。正义意味着某种内在的原则。一个正义的人,在面对诱惑时,他会听从内心原则的呼唤。

正义意味着具有崇高的道德感并且能够始终遵从自己的良心。每个人都渴望成功,为了所谓的成功,我们可以做种种努力和辛勤付出,但

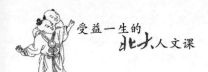

无论如何,我们绝不能出卖自己的良心。一旦你出卖了自己,用灵魂和魔鬼做交易,纵使有一天你终于成功了,可深夜醒来,扪心自问,你都会感觉你并非是一个成功的人,而是一个有罪的人,因为你出卖了自己的灵魂给魔鬼。有这样一个故事:

在一所大医院的手术室里,一位年轻的护士第一次担任责任护士。她非常着急地对大夫说道:"大夫,你已经取出了十一块纱布,可是我们用了十二块。"

医生果断地说道:"我已经都取出来了,我们现在就开始缝合伤口。"

护士坚决地说道:"不行。我们用了十二块!"

固执的外科大夫不肯听她的话,并且严厉地说道:"由我负责好了!缝合。"

"你不能这样做!"护士激烈地喊道,"你要为病人想想!"

大夫微微一笑,举起他的手让护士看了看这第十二块纱布:"你是合格的护士。"原来,他在考验她是否具有"正义感",而她已经具备了这一点。

正义意味着自觉自愿地服从道德。从某种意义上说,没有谁能迫使你按高标准要求自己,也没有谁能强迫你做任何事。同样,没有谁能勉强你服从自己的良知。然而,不管怎样,一位正义的人是会做到这些的。

第二次世界大战期间,当一支美国部队正想方设法冲出敌人的包围时,一位美国陆军上校和他的司机中士拐错了弯,迎面遇上了一个德军的武装小分队。两个人跳出车外,都隐藏起来。中士躲在路边的灌木丛里,而上校则藏在路下的水沟中,德国人发现了中士并向他的方向开火。上校本来很容易不被发现的,然而,他却宁愿跳出来还击,用一把手枪对付几辆坦克和机关枪。结果可想而知,他被杀害了。这个中士被德军逮捕入狱。后来"二战"胜利后,他向人们讲述了这个故事。

为什么这位上校要这样做呢？因为他的责任心要强于他对自己安全的关心，尽管没有任何人勉强他。

这一点难做到吗？的确很难。这就是为什么真正正义的人是难能可贵的、是值得钦佩的，但是从根本上说，正义所具有的无与伦比的价值，是值得人们为此而努力的。

当你具备了正义的品质时，你便具备了冒险的勇气和力量，他们欢迎生活的挑战，绝不会苟且偷安、畏缩不前。一个正义的人是有把握，并能相信自己的，因为他没有理由不信任自己。正义的人似乎都有一种内在的平静，这使他们能够经受住挫折甚至是不公平的待遇。

亚伯拉罕·林肯在1858年参加参议院竞选活动时，他的朋友警告他不要发表演讲，因为可能得罪到当时的权贵阶层。但是林肯答道："如果命里注定我会因为这次讲话而落选的话，那么就让我伴随着真理落选吧！"他表现得非常坦然。

那一年，他确实落了选，但是两年之后，他就任了美国的总统。

正义还可以带来友谊、信任和尊重。正义者还会成为公众崇拜的偶像。美国曾经数度评选历史上最伟大的总统，那些名列前茅的，往往并不是以才能等取胜，而往往是以品格征服大众，尤其是其中的正义。正因为如此，林肯、华盛顿总是榜上有名。而我国最近几年推选的感动中国的人物，有许多人也正是因为他们的良知和正义才入选的。

人类之所以能够不断向着更文明的方向迈进，人类之所以始终充满着希望，很大程度是因为人类热爱正义、崇尚正义。伟大的哲学家康德说过，"世界上最使人敬畏的东西就是头上的星空和心中的道德"。一个正义的人，无论处于何种不利的境界，在他的心中，始终有原则这根弦的存在，提醒着作为一个人的良心道德的防线。

3.无论你多么恨别人,都不要报复他

北大箴言:

如何对待自己的对手,不仅可以昭示一个人的心胸气度,还会暴露你当前的处境。

人们在遇到挫折的时候总会感叹世情的险恶,人情的炎凉,然而,我们究竟应该如何来对待这一人生际遇呢?

事实上,世界上绝大多数的人还是好的。他们对待你的态度取决于你对他们的态度。至于说到他们的毛病,不见得一定比你多,即使是不比你少。无论如何,我们可以努力做到心平气和、冷静理智、谦恭有礼、助人为乐。而不是急火攻心、暴躁偏执、盛气凌人、四面树敌。

即使是对于自己不太了解的人,只要不是涉嫌刑事犯罪,而你又没有领到刑侦任务,那么还是友好待之为先。对于素不相识的陌生人不可有恶意,不可有敌意,不可以无端怀疑,不可以拒人于千里之外,更不可以出口伤人、随意中伤,到头来只能暴露自己的幼稚与低级。甚至对那些或某一个对你确实是心怀敌意乃至已经不择手段地陷害你的人。

你也可以反躬自问:我自己到底有什么毛病? 有什么使他或她受到伤害的记忆? 有没有可能消除误解化"敌"为友? 还要设身处地想想对方也有情有可原之处。进一步想,对方之所以险恶,不无背景来由。从另一方面想,险恶的心情和弱势的处境很可能有关系。

我们最憎恨什么人? 多数情况下当然是对手和敌人。

事实上，对手是你人生中重要的参照物，只有对手的存在才证明你本身的价值。很多年来，可口可乐和百事可乐，麦当劳和肯德基，柯达和富士，微软和Sun，这些世界上最著名的公司，似乎一刻也没有停止过争斗。争斗的客观效果之一，就是把全世界的眼球都吸引到他们那里去了。不管快餐业还有多少个麦肯鸡、基肯麦，或者肯麦基，都只能在角落里发声，舞台的正中，永远只有两个主角，那就是麦当劳和肯德基，只有他们才配互为对手。

古人在战场上搏杀时，倘若英雄相遇，常常不忍加害，虽然各为其主，内心其实是相互敬佩，相互敬仰的，这样的人我们视为真英雄。因为他们在对手身上看到自己的影子。同是英雄，双方也就有了理解的基础，有了相互尊重的前提。

那种对竞争对手咬牙切齿，不惜背后使绊的人，只是一种街头混混的做法，不可能有什么大出息。志向远大的人，是不会把眼光只盯在身边琐碎的事物上，不会与比自己弱小的人计较，更不会把失败者打翻在地，然后再狠狠地踢上一脚。仇恨是不能解决问题的，只能让人变得更加虚弱不堪。

从长远的角度来看，一切个人的嫉恨怨毒，一切鼓噪生事，一切流言蜚语也好，打击报复也好，在一个大气候相对稳定的情势下，作用十分有限，甚至可能起的是反作用。

励志大师卡耐基就曾说：每个人都该明白耶稣所谓"爱你的仇人"，不只是一种道德上的教训，而且是在宣扬一种二十世纪的医学。他是在教导我们怎样避免高血压、心脏病、胃溃疡和许多其他的疾病。莎士比亚也曾经这样说："不要因为你的敌人而燃起一把怒火，热得烧伤你自己。"倘若我们的仇家知道我们对他的怨恨使我们筋疲力尽，使我们疲倦而紧张不安，使我们的外表受到伤害，使我们患上心脏病，甚至可能使我们短命的时候，他们不是会拱手称庆吗？再退一步来讲，即使我们

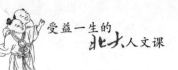
不能爱我们的仇人,至少我们要爱我们自己;我们要使仇人不能控制我们的快乐、我们的健康和我们的外表。

其实,珍惜对手就是珍惜自己,宽容对手就是自尊的表现。一个真正相配的对手,是一种非常难得的资源,从某种意义上说,双方相辅相存,斗争最激烈的时候,也就是双方最辉煌的时候,如果一方消亡,那么另一方势必走向衰退,除非他能脱胎换骨,或者找到新的对手。

4.与其抱怨不公平,不如看淡不平事

北 大 箴 言:

在现实生活中,大多数人注定要遭遇一些不公平的事。抱怨、沮丧、痛哭能换来什么?现实的残酷是不可避免的,你要承认、接受,更要逆流而上,要尽可能地去改变不公平的事实,要以平常心、进取心对待生活,不公平也就消失得无影无踪。

"这个世界真是太不公平了!"无论走到哪里,这句话的"出口率"都是十分高的。其实,我们很多人之所以不能找到生活的乐趣所在,就是误以为生活应该是公平的,或者总有一天会公平的。其实不然,现在不会,将来也不会。再说,人们的生活若没有一丝差别,也将是十分可怕的。

"生活是不公平的",虽然这句话听起来很不舒服,但我们却不得不承认。为什么有些人出生在高贵富裕的家庭,而有些人则要为生活劳碌奔波一辈子?为什么有些人的生活安定祥和,而有些人的生活却祸事连连?为什么有些人不费吹灰之力就能够住上洋房、开上名车,而有些人奋斗一辈子也只不过是在温饱线上挣扎。这就是生活中的不公平,它时时存在,处处存在。

面对不公平,我们该怎么办?是抱怨、怪罪,还是不去理会?世界首富比尔·盖茨曾经说过:"生活是不公平的,你要去适应它。"是的,我们无法用个人的力量去改变生活中的不公平,但却可以改变自己。如果你不能适应不公平,那么就无法让自己快乐。

他出生在一个寂静荒野上的村庄里,由于过于贫穷,他们一家人常被赶出居住地,不得不搬来搬去。9岁的时候,他的母亲因病不幸去世,生活变得更加艰难。21岁的时候,他开始学习经商,但却屡屡受挫,还赔光了家产。22岁时,他失业了,于是决定参加州参议员竞选,但落选了。他也很想进法学院学法律,但因种种原因不能如愿。到了24岁那一年,他向朋友借钱,又一次下海经商,但命运之神似乎并怎么着顾他,他再次输得一塌糊涂,欠下了巨额外债。此后的几年里,他不得不为偿还债务而到处奔波。

25岁那一年,他再次参加州参议员竞选,竟然赢了,原以为从此好运就会来了,可谁知打击却是接二连三。次年,正当他准备结婚时,未婚妻不幸去世,他遭受了巨大的打击,心灰意冷、精神崩溃,长期卧病在床。34岁时,他又一次参加众议员竞选,但再一次以失败告终,两年之后,在竞选中再次败北。因为竞选,赔了一大笔钱,他申请担任本州的土地官员,但申请被退了回来。45岁时,他以不屈的意志再次参加竞选,仍然没有转机;又过了两年,他想成为副总统的努力也付诸东流;49岁时,他竞选参议员的希望再次落空。

52岁那年,他终于当选为美国总统。他就是一个令全世界都为之叹服的伟人——美国第十六任总统,亚伯拉罕·林肯。

看完林肯曲曲折折的一生,你还为自己生活中的那一点点挫败而伤感吗？可以说，林肯的一生经历了太多磨难和痛苦，但是他从来都没有抱怨过老天的不公，接二连三的打击也没有使他气馁。相反，他是一个十分幽默乐观的人，他经常说的一句话是："上帝一定喜欢平民，不然就不会造出这么多的平民。"

也许你经历过太多的不公平，太多的困难，但你必须明白：命运并不会因为你遭遇过的困苦而对你有所不同。倘若你无法原谅这种不公平现象，只会让自己越陷越深。抱怨固然能够解一时之气，却无法改变事情的本质。所以，在遭遇不公平的时候，我们需要做的是原谅它，适应它。

当我们不承认世界存在不公平时，往往会无端地对自己生出一种怜悯之心，而怜悯恰恰是一种于事无补的失败主义情绪，它只会让人产生更加消极、更加糟糕的情绪。所以说，当你真正意识到不公平时，就应该把自己从怜悯中拉出来，采取一些具有积极意义的行动。

生活的确很不公平，但生活却依然要继续，不可能因为不公平而中断。所以，我们必须学会原谅生活中的不公平，让自己的心里轻松一些，开阔一些。当然，承认生活的不公平并不意味着必须放弃改善生活的想法。恰恰相反，正是因为接受了这个事实，我们才能找到属于自己的人生定位，生活才能更加充实有意义。

5.相信美好的事情会发生

北大箴言：

"我只期待最美好的事情发生，而它真的发生了。"——相信你有能力创造出自己想要的事物，并知道你值得拥有它，且能以许多方式展现。

40

举个例子,假设你想要一个新家,但你认为你没有足够的钱。但与其放弃,不如就好像"钱已足够"那样采取行动。开始想象你理想中的家或公寓,然后去看房,就好像你有钱买房一样。跟自己一遍又一遍描绘你完美的家。尽管你一开始并没有买房的钱,但你想要新家的意愿会促使你创造出任何可能的改变。当你的意愿强大起来,你就会开始吸引某些人和事。你的能量就会被这个意念牵引着强大起来。最终,你会吸引来各种机会。而如果你不清楚自己的意愿,不采取实现它的行动,这样的机会就不可能出现。

有个女孩想找个市区的住所,她一个月用于租房的钱最多只有300元,但是在市区内,即使是一间和别人合租的小房间,月租金也不低于500元,而且她还养了一只猫。她的朋友们都不相信她能找到这么一个地方,她没有理睬这些。她渴望在两个星期内找到住处,所以开始在心中清晰地描绘她想要的房子。她不断告诉自己,这会很容易。她开始想象公寓的样子,并吸引它前来。

有一天,她感到有一股想出去散步的冲动,出门后她遇到了一位妇女,这位妇女正坐在一座房子的台阶上。不知出于什么原因,她想要告诉这位妇女自己正在找一个住的地方。结果,这位妇女就是这所房子的房东,房子里有一个单间,正好符合她的要求。房东并不想靠出租公寓来赚钱,因为不喜欢以前的租户,所以决定除非有合适的租户,否则就不再出租(公寓已经空了两年了)。她们很合得来,这位妇女同意让她搬进来,她可以养她的猫,月租金正好是300元,而且她可以步行上班。

所以说,信任是人与人之间的纽带。

当你没有走对路,或没有在追求你更高的目的,你就会感到寸步难行,诸事不顺。当你在追随属于你的道路时,你的能量就会流动,你的生

活通常会过得很安逸。这并不意味着你不会遇到任何障碍。你的挑战是，要认清这样的障碍是意味着你要重新审视自己的道路从而寻找新的，还是为了帮助你培养毅力和耐心等品质。答案并不容易找到，要知道，什么时候该向前冲，什么时候该另找出路，这来自于经验和自我觉知。

6.别放弃得太快,再等等

北大箴言:

当你一直想要的事物进入你的生活时,祝贺自己,并认识到你已成功地吸引它前来。要乐于把到来的每一样事物都视做你的吸引力起作用的标志。要认识到每一次的成功,都会使你更容易地创造下一个你想要的事物。

新事物的来临需要时间,而许多人放弃得太快了。目标更大,就需要你迈出的脚步更大,花更多的时间才能拥有你想要的事物。这是因为,要从你现在所在之处到达你想要去的地方,就要采取若干个步骤,需要发生若干个事件。

当你在等待某样事物来临时,要坚定自己的信心,培养自己的勇气,并学会根据你得到的内在指引采取步骤和行动。

如果你想要的事物来得太早,当时的情形可能还不适合开花结果。如果它来得太晚,它全面发展所需的一些机会可能已经错过了。就像是一颗决定在寒冬发芽的种子,对于这棵植物来说时间还太早,此时发芽,幼苗也许还不够强壮,无法生存。如果种子等到夏末才发芽,可能在秋冬来临之前它已没有完全生长的时间。选择时机非常重要,你的大我会在最佳时机给你带来一切。

回想一样你以前想要却没得到的东西,你很可能会认识到,它在当时对你并无帮助。如果你想要创造的一些事物在不适当的时间,或以错误的形式被创造出来,可能它们就会阻碍你。然后你就需要摆脱它们。摆脱它们所需花费的时间和能量会让你不再专注于你所走的道路。

培养信心非常重要。时刻想着你的目标,不断努力向它迈进,而不是盼望它即刻就有结果。你不一定总能知晓自己的内在指引正在将你引领向何方,你可能觉得根据指引而采取的一些行动不会给你带来你所期望的结果。

要相信你的内在讯息正在指引你实现你的目标,即使你此刻并不知道如何实现。要相信,如果你所要求的事物有益于你实现更高的人生目的,你就会得到它,并且发生的一切正在帮助它来临。不要用暂时得到多少金钱来衡量努力的结果,而是要看到你是多么喜爱自己正在做的事,你的行动会赋予你更多的人生价值。当你继续追随自己的内在指引,并做自己觉得有意义的事时,你就会实现自己的梦想。要相信,你正处于得到你所要求的事物的过程中,或者你可能已经得到了它的本质。你所吸引来的事物都是为了教你解决某些问题,并帮助你获得更多活力和成长。你并不总是需要物质结果才能做到这些。

如果你还没有得到正在吸引你的事物,那就再次察看你想要的事物的本质,并看看你是否已经以某种方式得到它了。回顾你想创造它的真正目的,并检查这个目的是否已经以其他方式实现了。

7.用愿景和爱去提升你的人生价值

北大箴言：

　　相信你自己,热爱他人,并且每天都用行动来展现你的爱。

　　当你想要给予或接受爱和奇迹时,你唯一要做的就是拥有这样做的意愿。

　　尽你所能地去爱别人。待人亲切善良,说出爱的话语,宽容不尊重你的人,对别人抱着爱的想法,用你的言行来表达你对他们的尊敬。不要评判或批评,相反每时每刻都寻找爱的机会。要记住,当你周围的人满怀爱心,你爱别人就很容易;当你周围的人缺乏爱,你是否能依然爱他们,这就是你的挑战。当你怀着爱和同情心对待他人,你就会吸引来机会、金钱、更多的人、奇迹,甚至更多的爱。爱将你置于更高的流动之中,并为你吸引来美好的事物。当你在新的领域中敞开心怀,你对美好的事物和丰裕就会具有更多的吸引力。

　　你也要记住,你生活的环境可以在一夜之间改善。改变你的环境并不需要花时间,除非你相信这一定要花时间。也许你能回想起以前的某次经历——自己为钱发愁了一整天,但第二天就遇上了一件喜事,烦恼一扫而光。

　　生命本身就是最伟大的奇迹。你就是奇迹,你可以创造出你想要的任何事物,这是另一个伟大的奇迹。对于你所能拥有的,你并没有障碍,也没有限制。唯一的限制就是你能为自己描绘什么,你能为自己要求什么,你相信自己能拥有什么。

8.让缺憾的美光芒四射

北 大 箴 言:

　　断臂的维纳斯永远没有微笑,微笑的蒙娜丽莎却永远是个谜——由此可见,缺憾是人生中不可避免的一项环节,不管你愿意与否,它都时时刻刻与我们为伍,既然如此,抗拒它倒不如接受它。

　　一个没有缺憾的人生是不存在的,同时也是不完整的,有了缺憾才显得更加丰满。再说,缺憾并不见得是件坏事,相反,有时它还能为我们带来好运。

　　从前有个国王,他有七个漂亮的女儿,她们是他的骄傲和自豪。七个公主每人都有一头乌黑亮丽的长发,且远近闻名,所以国王送给她们每人100个漂亮的发卡。

　　有天早上,大公主醒来后和往常一样用发夹整理她的秀发,可是却发现发卡只剩下99个。于是她偷偷地来到了二公主的房间里,拿走了一个发卡。二公主醒来后发现少了一个发卡,便如法炮制地来到三公主的房间里,拿走了一个发卡。就这样,三公主拿走了四公主的一个发卡,四公主拿走了五公主的一个发卡……到最后,七公主的发卡只剩下99个。

　　第二天,邻国英俊潇洒的王子来到了皇宫,他对国王说道:"昨天我养的百灵鸟叼回了一个美丽的发夹,我想这应该是公主们的,所以特地赶来归还。请问,是哪位公主丢了发卡?"前六个公主都在心里说:"是我丢的,是我丢的。"可是她们的头上却明明完整地别着100个发卡,所以只能在心里生气。这时七公主走出来说:"是我的,我掉了一个发卡。"话音刚落,她的头发便因为少了一只发卡而披散开发,垂至腰间,王子不由得看呆了。后来,他们两个人相互产生了爱慕之心,过上了幸福美满的生活。

如果前面六位公主知道事情的结局是这样的,想必她们应该不会去偷偷地拿别人的发卡吧?为什么一出现缺憾就要想尽方法去弥补呢?这一百个发卡,其实就是我们的人生,少了一个发卡,人生中便留下了遗憾。可也正是因为如此,人生才有了无限的转机和可能,这又何尝不是一件好事情呢?

烟花绽放时是美丽的,但同时也是它飘然而逝的时候。流星从天空中划落,这是让人遗憾的,但所有人又都觉得这是美丽的,因为那条美丽的孤线留给了们无限的遐想、无穷的希望及无尽的留恋。李白仕途不顺令人遗憾,但若非如此,他如何能写出"安能摧眉折腰事权贵,使我不得开心颜"的大气之作呢?陶渊明遭人排挤令人感到可惜,但如果不是这样他又怎么能体会"采菊东篱下,悠然见南山"的境界呢?

为什么初恋总是让人刻骨铭心?为什么得不到的永远是最好的?为什么失去以后才会觉得倍加珍惜?其实,这一切就是因为有了缺憾。此时此刻,缺憾的美光芒四射,照亮了每个人的心房。

在艺术的领域里,评论家们甚至认为:"完美的趣味本身就是一种局限,单调的美容易使人淡忘,而一些缺点往往起到震撼心灵的作用,使创作更加生动真实。"

就像是断了臂的维纳斯一样,留给人们无限的想象空间,几乎所有的艺术家都认为她有一种动人心魄的美的魅力。曾经有不少人提出想为维纳斯接上断臂,并想出了很多种方案,但都没有实现,就是因为一旦接上断臂,那么这件惊世之作的价值便会大打折扣。因为"十全"的并不一定是"十美",维纳斯正是因为断了双臂,才出人意料地获得了一种不可思议的抽象的艺术效果,成为"缺憾美"的代言词。倘若她一开始便是完整的,那么便不会有今天如此神秘的诱惑力。

谁不想将事情做到最好?谁不想成为最优秀的那个人?但究竟什么才是完美?如何做才是完美呢?并没有人给这些问题一个标准的答案。你觉得完美了,他人并不一定觉得完美;而你觉得还有缺憾,在他人眼里却未必不是完美。把缺憾看成是另一种美又如何?请坚信,缺憾的美也是一种美。它就像是一杯清茶,入口时虽然口涩,但细细品尝却让人回味无穷。

9.依靠自己是唯一稳妥的生活方式

北大箴言:

> 依赖的习惯,是阻止人们走向成功的一个个绊脚石,要想成就大事,你必须把它们一个个踢开。只有靠自己取得的成功,才是真正的成功。

你凭什么能在这个世界上生存下来,而且生存得比其他人更好?

答案有两种可能:一是你有庞大的家业可继承,天生就可以过衣食无忧的生活;二是你具备优秀的生存本领,凭智慧和汗水获得想要的幸福。

一向养尊处优的你,或许从来没有机会考虑生存的压力,因为即使天塌下来也有父母为你扛着,所以你觉得现在考虑生存的问题为时尚早。

然而,不管一个人是否有能干的父母,还是有不菲的家业做后盾,他

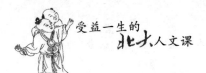
也必须有生存的本领，不能依靠别人生活一辈子，否则一旦失去后盾，将会变得一无所有，甚至连生存都受到威胁。

几年前美国加州的蒙特雷镇发生了一场鹈鹕危机。蒙特雷是鹈鹕的天堂，可那一年鹈鹕的数量却骤然减少，生物学家担心出现了禽鸟瘟疫，环境学家认为海水污染已经超过极限，一时间人心惶惶。

科学家们最后发现原因是镇上新建的钓饵加工厂。以往，蒙特雷的渔民在海边收拾鱼虾时，总是把鱼内脏扔给鹈鹕吃。久而久之，鹈鹕变得又肥又懒，完全依赖渔民的施舍过活。后来蒙特雷镇建起了一座加工厂，从渔民那里收购鱼内脏，作为原料生产钓饵。自从鱼内脏有了商业价值，鹈鹕们的免费午餐就没了。

过惯了饭来张口的日子，鹈鹕仍然日复一日等在渔船附近，期盼食物能从天而降。不用说，救命的鱼内脏没有降临，它们变得又瘦又弱，很多饿死了。世世代代靠别人养活的蒙特雷鹈鹕已经丧失了捕鱼的本能！

或许现在的你，正像鹈鹕一样，为一直以来吃着父母提供的食物而沾沾自喜。吃饱了上一顿，继续等待家人提供下一顿，可你为什么不想想鹈鹕失去免费食物后的潦倒状况呢？

如果人们过惯了养尊处优的生活，很容易变得懒惰，失去理想和追求，我们生活也就失去了意义。

雨季的一天，下着瓢泼大雨，一个男人在屋檐下躲雨，看见一位禅师打着雨伞走过来，大声喊道："禅师，度我一程如何？"

禅师看了一眼求助的男人，说道："我在雨里，你躲在屋檐下，何必要我度你呢？"

听禅师这么说，男人立刻冲到雨中："现在我也在雨中了，应该可以度我了吧？"

禅师说:"我也在雨中,你也在雨中。我没有淋雨是因为我撑了雨伞,你挨雨淋了是因为你没有带伞。准确地说,不是我度你,而是我的伞度我。如果要度,不必找我,请你去找自己的伞。"

这个人浑身都湿透了,生气地说:"不愿意度我就直说,何必绕这么大的圈子。我看你不是'普度众生'而是'专度自己'!"

禅师听了没有生气,心平气和地说:"想要不淋雨,就要自己找一把伞。这些天来天天在下雨,下雨天出门不带伞,只想着别人肯定会带伞,理所当然地想会有带伞的人来为你遮挡风雨,所以才会挨雨淋。别人的伞不大,自己也要靠这把伞来遮挡,你凭什么要拿伞的人来照顾你呢?"

最后,禅师还说:"你自己不带好遮挡风雨的东西,只想着靠别人来度自己,这种想法最害人,到头来必定会遭报应的。"

记住禅师的告诫,做人要承担起对自己的那份责任,照顾好自己,不要指望别人为你遮风挡雨。

人生就是阳光灿烂与风雨交加轮换交织的过程,每个人都难以避开自己不喜欢的风风雨雨,这是必须正视的命运。要避免在旅途中受到狂风暴雨的摧残,就要为自己撑起遮风挡雨的雨伞。如果像这个雨季出门不打伞的人那样,把希望寄托在别人身上,结局也只能是和他一样。因为,与其靠他人帮助,不如靠自己。

你的一生要靠你自己,不要把希望寄托在别人身上,不要指望别人为你遮挡生活中不可避免的风风雨雨,不要成为亲朋好友的负担,更不要成为令人头疼的"麻烦制造者",即使这个世界上有免费餐,也不可以随意吃。

如果想在这个世界上生存下去,生活得更好,就应该靠自己的认真努力去争取。让自己独立,依靠自己是唯一稳妥的生活方式。

美国的富商、石油巨子大卫·洛克菲勒的成长经历就是很好的例子。

大卫是石油大王约翰·洛克菲勒的儿子,他出生的时候,家里已经有亿万的财产,可他们兄弟每周只能得到三角钱的零用钱。同时,按父亲的要求,每人还必须准备一个小账本,将三角钱的使用去向记录在上面。经过检查,如果使用合理,还能得到奖励。

他的父亲让他从小就懂得了金钱的价值,零用钱是有限的,如果想获得更多的钱怎么办?方法只有一个:自己去赚取。

在大卫小的时候,从家庭杂务中挣钱,例如捉走廊上的苍蝇100只,得一角钱;抓阁楼上的老鼠,每只可得到5分钱。有一招更绝,他设法取得了为全家擦皮鞋的特许权,然而,他必须在清晨6点起床,以便在全家人起床之前完成工作,擦一双皮鞋五分钱,一双长筒靴一角钱。

大卫有一位大学同学,是花钱大手大脚的富家子弟,甚至可以在开口索要想要的任何东西。可大卫说:"他是我认识的最不幸的人,他换了无数次工作,永远也不会发挥自己的能力。"

正是这种"想要用钱自己挣"的思想,激励着大卫后来取得了辉煌的成就,将父亲约翰·洛克菲勒的财富延续下去。

自立,虽然暂时迫使你抛掉了眼前的锦衣玉食,甚至要吃不少苦头,但它却是你今后获得幸福生活的资本;而依赖和懒惰,尽管给现在的你提供了安逸的生活,却是你精神上的毒瘤,让你的人生腐朽,堕落潦倒。不管你的家底多么丰厚,也不应该待在家里"坐吃"父母,一味"啃老",而要多寻找机会,锻炼自己、独立自强。不要等到老了,时光与青春都失去了才后悔莫及。

10.钻石就在你家后院

北 大 箴 言:

事实上,很多取得卓越成就的成功人士,并没有什么独特的专长,也没有什么特别的资源。只是保持了一份自信,将自己拥有的优良素质和资源充分地利用起来了,在人生旅途上发出了灿烂的光芒。

印度河不远的地方住着一位波斯人阿里·哈法德,他曾经拥有大片的兰花花园、稻谷良田和繁盛的园林,知足而富有。但是有一天,一个僧侣前来向这位农夫讲述了钻石的魅力。于是阿里·哈法德开始变得不知足,变卖掉了农场,把家交给邻居,然后踏上寻找"美丽"的钻石之路。

但是他踏上的却是一条不归路:历经沧桑的寻找结局是他痛苦万分地站在西班牙塞罗那海湾的岸边,怀揣着那个人激起的庞大财富的诱惑,将自己投入了迎面而来的巨浪中,永沉海底。

不过,几十年后的一天,当哈法德的继承人牵骆驼到花园里去饮水时,突然发现,在那浅浅的溪底白沙中闪烁着一道奇异的光芒,他伸手下去摸起一块黑石头,石头上有一处闪亮,彩虹般美丽,原来是钻石,继而在花园中又发现了许多比第一颗更漂亮更有价值的钻石。

这就是印度戈尔康达钻石矿被发现的经过。

哈法德老人寻找了一辈子的钻石其实就在自家的后花园里。

以这个故事为素材,美国演说家鲁塞·康维尔进行了题为"钻石就在你家后院"的著名演讲,他的演讲曾激励过两代美国人在自己的岗位上

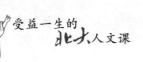

勤奋耕耘。一个世纪后的今天,我们再次聆听戈尔康达钻石矿的发现经过,在抛开其纯粹的偶然性和传奇色彩后,我们依然会被故事背后的深刻寓意所惊醒和震撼。

很多人普遍存在着好高骛远,贪逸恶劳,职业定力不够等现象。一些人总是希望别人家的草地就是自己的,却从不曾仔细关注过自己的脚下,不曾注意自己手头的工作,不曾分析过手头工作可能给自己带来的财富。每天总是在羡慕别人的工作,甚至感叹成功者的机遇不可复制。

很多人因为自身的成长经历复杂,成长过程几多反复,几多懦弱,在更多的时候不是表现对自己的自信而是对自己的茫然,不知所措,不够坚定理想,又不能正确地正视现状,认识不到态度决定一切。生活本身就是一种乐趣,而我们就是乐趣的主人。

如果我们能立足本职,勤勤恳恳、脚踏实地,在实践中摸索,着眼未来,灵感和机遇同样会垂青于我们。这山望着那山高,不想通过努力就企图坐享其成无异于期待天上掉馅饼。

须知,厚积才能薄发,如果没有几千次纤维材料的试用失败,爱迪生也找不出新的发光体来延长灯丝的寿命。同样,我们如果不能定下心来踏踏实实做好自己的本职工作,也谈不上能有什么发明与创造,因为那些在工作中有所发现有所创新的成功人士无一不是扎根于实践,他们经历了多次的失败,在无数次的摸索中才能取得后来辉煌的成绩。

试想,如果哈法德能坚守自己的庄园,不被钻石所诱惑,或许某一天他就能在经营花园时在花园中发现钻石,何必要搭上性命还一无所获呢?

所以我们应该从这个故事中有所启示。一是能立足本职,着眼未来,做好当下的工作。抵制住诱惑,克制不合理的欲望,否则等掉进了陷阱连回头的机会都没有了。我们应专注于日常点点滴滴的细致,不要让诱惑左右了我们的意志。二是尝试着把手头的工作当作一座钻石矿,只要好好地挖掘,全力以赴、尽心尽力,总能找到属于自己的"钻石"。

小骆驼随妈妈走出沙漠,看到马、牛、羊后,觉得自己浑身上下的东西都不如其他伙伴那么好,情绪很低落。就问骆驼妈妈:"妈妈,为什么我们的睫毛那么长,都挡住眼睛了,好难受呀!"

骆驼妈妈说:"当风沙来的时候,长长的睫毛可以帮我们挡住风沙,让我们在风暴中都能睁开眼睛看清方向,不会在风沙中迷路。"

小骆驼又问:"妈妈,为什么我们的背那么驼?丑死了!"

骆驼妈妈说:"这个叫驼峰,可以帮我们储存大量的水和养分,让我们能在沙漠里不吃不喝走十几天。"

小骆驼又问:"妈妈,为什么我们的脚掌那么厚?好笨呀!"

骆驼妈妈说:"厚厚的脚掌可以让我们重重的身子不至于陷在软软的沙子里,便于我们在沙漠里驮着一大堆东西走远路啊。"

小骆驼听完后明白了,开心地对妈妈说:"哇,原来我身上的这些东西这么有用啊!我再也不担心去沙漠里了。"

在现实生活中,很多人与这个寓言故事里的小骆驼一样,看不到自己的优点和资源,情绪低落,缺乏自信和勇气,一直徘徊不前。

不要看不到自己身上的亮点!你需要在两个方面保持清醒:

第一,不要把自己和其他人都拥有的东西不当一回事,不要只把与众不同的专长当成自己的亮点;

第二,不要因为自己在一些方面有缺陷不足,就看不到自己身上的亮点。

遵守时间,工作踏实,对人友善,能够接受别人的意见等。这些都是应该做到的, 也是很多人做到了的。如果你做到了, 这些就是你的优点——并不因为这是应该的,就不是优点;也不会因为别人也有这些优点,就不是你的优点。

同样,每个人都有一些有价值的资源,对自己的未来有好处,能够给

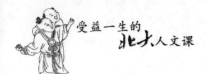

自己的工作、生活提供有力的保障，能够为自己的未来创造更多的价值。例如年轻，身体健康，有一项专长，有某种经验，就是很有价值的资源。因为拥有这些资源，你就有在大江南北漂泊闯荡的资格，就有寻找新机会的实力。虽然身边很多人有这样的资源，你的这些资源的价值并没有因此打折扣。只要你应用好了，就能给你带来很好的回报。

西方有一句俗话："上帝从不偏心，我们是用同样的黏土捏成的。"既然是用同样的黏土捏成的，你的一些优点很多人也有，你拥有的一些资源很多人也拥有，这很正常。但是，你自己的优点就是你的优点，你拥有的资源就是你的资源。只要应用好了，就能对你的未来发挥很好的作用。

每个人都有这样那样的缺陷不足，有一些缺点很明显，很重要，如同木桶原理中最短的那块木板。学历偏低，学的专业不好，工作经验少等，是草根一族常见的短板，很多人的生存发展受到这些短板的制约。这是事实。但是不要因为锅里落了一根毛，就把一锅奶油倒掉！不管这些短板对你的影响多大，你的优点、你的资源依然存在，依然对你有积极的作用。而且，很多事物是正反两面的，不仅要看到不利的一面，还要看到有利的一面。就像四处漂泊，虽然长年四处漂泊不是好事，但是至少说明，你还有能力去闯荡天下，还有实力去寻找新的机会。因此有人说，漂泊不是一种不幸，而是一种资格。在年纪不太大的时候，这确实是一种资格，是用实力托起的资格。

不要看不到自己身上的亮点，不要丧失精神脊梁的根基。即使你很平凡，你的身上都会有很多亮点，不要忽视。

睁开你的心灵慧眼吧，你身上确实有很多的亮点，值得自己依托，甚至值得你引以为傲。要看到这些亮点，不要丧失挺起精神脊梁的依托。要明白，不是与众不同的才是优点，不是别人没有的才是自己的资源。

第三课

论理想

——无梦则无望,无望则无成

林语堂说:"人生不能无梦,世界上做大事的人,都是由梦得来,无梦则无望,无望则无成,生活也就没有兴趣。"

1.理想是生命的罗盘

把生命的悲哀弃于指缝,把希望的绝唱托于掌心,当我们以优质的思维、优秀的意志,舒展这般从容不迫的潇洒自如,入诗的便是净化的语言,入梦的便是过滤的先知。

每一个成功都来之不易,每一项成就都要付出艰辛。对于有志向的人而言,不论面对怎样的困难、多大的打击,他都不会放弃最后的努力,因为胜利往往在坚持的努力之下产生。坚持自己的理想,不要惧怕困境和挫折,要有一种无所畏惧的勇气,振作精神,发奋苦干,早日实现自己的理想。

我们都曾经看到一些人的不幸,他们有理想,他们工作,他们奋斗,他们用心去想,但是由于过程太艰难,他们越来越倦怠、泄气,终于半途而废。到后来才发现,如果他们能再坚持久一点,再往前跨一步,他们就成功了。

莱特兄弟二人并未受过正统教育,就是读高中也是在中途辍学。但二人所具备的东西,却远远超过一些拥有学士头衔的大学生。那就是他们丰富的创意与远大的志向。在接触飞行创作之时,他俩曾到郊外捡牛马的骨头卖给肥料公司,或捡些废金属卖给废铁厂。之后,他们也曾开设印刷厂发行报纸,但都失败了。最后他们开了一间规模很小的自行车店,从事修理及贩卖。

然而，无论做任何生意，两兄弟始终对飞翔在空中的理想无法忘怀。

每逢周末下午，他们在山坡上，一片阳光闪烁的草地上，观察秃鹰随着上升气流振翅高飞、白鸽在空中画圆翱翔的景象。

不久，他们在自行车店里制作了风动试验场，开始实验机翼风阻的情形。此外，他们也常以放风筝平均数做实验。最后完成了一架比风筝更大的滑翔机，他们把滑翔机搬运到北卡罗来纳州的基尔德比丘陵。

经过数年滑翔机的不断试验后，莱特兄弟便将引擎装设在滑翔机上使其成为飞行机。1903年12月17日，是人类历史上值得纪念的一日，莱特兄弟二人商议，由掷铜板决定谁先坐上飞行机，结果由弟弟奥威利先上。那天天气十分阴暗寒冷，基尔德海岸一带吹着刺骨的寒风，半英里远的海边，浪涛汹涌拍打着海岸。莱特兄弟一行五人准备着飞行事宜，阴寒的天气使他们不得不以跳跃或拍打双手来驱寒。但不管气候多么严寒，奥威利也不能穿着大衣坐上飞行机，因为必须使飞行机载重的负荷减至最低。

上午10时35分，奥威利坐上已发出爆裂声的飞行机，他双腿伸直俯卧，并拉动引擎杆，飞行机顿时发出轰隆的巨响，起飞时排气管也发出怪声，直至它缓缓升高，在天空中摇摇晃晃，足足盘旋了20秒之久，才降落在100米以外的沙地上。

这就是人类最初的飞机，它的出现显然是人类飞行史上的一桩大事。而且人类自远古以来的飞行理想也终于实现了！自此以后，人类的双脚终于可以离开地面，向着无垠的天空飞去。

兄弟二人终身贯彻独身主义，因为他们的父亲说过："妻子与飞行机之间，你们只能选择其一。"结果，莱特兄弟毅然选择了飞行机而放弃婚姻。由此可见，兄弟二人对飞行机的执着与热爱。

在追求理想的过程中，往往需要再坚持一下，才能有所改观。可是，越到黎明之前，越会出现一段时间的黑暗。这就需要我们有坚持、坚持、

再坚持的勇气。有时候,暴风雨来临的呼啸,却预示着黑暗快要结束。

坚持自己的理想,理想是生命的源泉,失去它,生命就会趋于枯萎。

如果人没有理想,就只能在人生的旅途上徘徊,永远到不了终点。

没有理想,等于失去行动的方向。这个道理再简单不过了,但为什么有很多人总是找不到自己的理想呢?原因就在于他们缺乏确定自己理想的能力。

选择生命中一个明确的主要理想,有着心理及经济两方面的理由。

要改变自己的生活必须从培养期望做起,但光有强烈的期望还不够,还得把这种期望变成一个理想。这就是说,你应该用想象力在脑袋里把理想绘成一幅直观的图画,直到它完完全全实现。俗话说:"有丰富的计划,就有丰富的人生。假如你能确立人生理想,就已经踏出成功的第一步。"

譬如说,你对自己在学校里的学习成绩不够满意,想改变自己的落后成绩,取得更高分数。那么你就必须确立一个你所向往的明确理想,而不是模糊不清的想法。像"我想让更多的课程达到及格分数"或者"我想取得更好的成绩"的想法是不行的。你的期望必须是一种具体的理想:"这学期的五门课程我一定要通过其中的四门",或者"这学期我一定至少要得两个A和两个A+"。

如果你的理想是想获得更好的工作,那你就必须把这一工作具体描述出来,并自我限定准备哪一天得到这份工作。你绝不能对自己说:"我希望有一个更好的工作,也许是推销员吧!"你必须用肯定的语气说:"我希望有一个更好的工作,没错,我想当推销员。我要推销某种商品。我去找叔叔谈谈吧,向他请教请教,因为他已从事好几年的推销工作了。然后我向招聘推销员的7个公司发送了我的简历,过一个星期,我再致电每家公司,请他们替我安排一次面谈。"

如果你的理想是使家庭更加美满幸福,那你就必须确切地描述一下如何使你的婚姻状况得到改善。你必须把你所希望出现的那种美满婚姻描述出来,希望与你妻子或丈夫能够更深入地沟通,把所有藏在心中的话都说出来;你为了改变生活准备采取什么行动;你们夫妻俩能一起参加某项活动;你还必须找出最有利于沟通的时机,但千万别是对方拖着沉重的工作压力刚踏进家门时。

美国电影演员理查·伯顿通过切身体验发现,制定一个理想是多么重要!他是一个声誉极高的演员,事业上颇有成就。可有一次他表演失败了,一时想不开,便常常喝得酩酊大醉,想以此消愁,结果是借酒消愁愁更愁,不仅糟踏了自己的身体,还差点毁了自己的演艺生命。

后来,伯顿在其主演的一部影片获得极大回响以后,决心要戒酒。因为他逐渐感到,由于酒喝得太多,他甚至连台词都记不大住了。他说:"我很想见见与我合作过的那些演员,我知道他们的演出都十分出色,可我现在连一个镜头都回想不起来了。"

这一痛苦经历促使他产生了要改变自己生活的强烈愿望。他为自己制定了一个具体理想,即严格地控制自己,过一种与酒告别的生活。他对自己期望的未来制定了明确的理想,甚至对与喝酒的朋友在一起会损失什么,也认真考虑了一番。他明白,在漫长的人生过程中,他必须改掉自己的一些不良习惯,他也相信,只要确定了某个具体理想,他就能实现它。

伯顿为自己制订了一个治疗计划,每天游泳、散步,并严禁喝酒。经过两年的努力,他终于达到了目的。他又重新组织了一个家庭,过着美满、幸福的新生活,他兴奋地说:"我的工作能力完全恢复了。我发现自己的动作或思考都比酗酒时更加敏捷,精力更充沛,脑子转得也更快了。"

心理学上有一种"自我暗示"的方法,即运用潜意识将你的明确理想深刻印在心中。林肯借助此法,跨越了一道宽广的鸿沟,走出肯塔基山

区的一栋小木屋,最后成为美国总统。

如果一艘轮船在大海中失去了方向,在海上打转,它必然很快就会把燃料用完,却仍然到达不了岸边。事实上,它所用掉的燃料,已足够使它来往于海岸及大海好几次。

一个人若是没有明确的理想,以及达成这项明确理想的计划,不管他如何努力工作,都像是一艘失去方向的轮船。辛勤的工作和一颗善良的心,并不足以使一个人获得成功,因为,如果一个人并未在他心中确定他所希望的明确理想,那么,他又怎能知道他已经获得成功了呢?

2.理想源自内心对现状的不满足

北大箴言:

安于现状是最大的陷阱,还会让自己丧失自信心。只要你不安于现状,相信你会在变化中走出陷阱。每个人都有一定的安全区,你想有所成就,就不要划地自限。

曾经有一个国王和他的王后生了一个漂亮的儿子。在孩子举行洗礼仪式的那一天,有12位仙女前来祝贺,并且每个仙女都带来了礼物。高贵的出身,智慧、力量、英俊,所有世上美好的东西都堆在小孩的面前,看起来他肯定会超过所有那些永垂不朽的人们。正在这个时候,第12位仙女姗姗而来了,她带来的礼物是不满。但是那个愤怒的父亲拒绝了她和她的礼物。

随着岁月流逝,年轻的王子茁壮成长,简直就是完美的典范。在他的心中,没有因为不满而产生的那种渴望追求什么的迫切感。他性情温

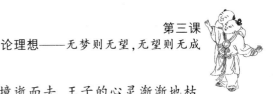

和,行动安静,时光一天天地从他身边境逝而去,王子的心灵渐渐地枯萎了。终其一生,他一事无成。最终,国王才领悟到那被拒绝的礼物才是最珍贵的礼物。就这样,一个本来应该干一番轰轰烈烈事业的人在洞窟里变得平庸了。

伟人们在常规生活中由于感觉不满,感觉到自己有从事其他事业的更大天资,于是放弃了原先受过专门训练的职业。

伏尔泰就是因为发现法律学习枯燥无味,不可忍受,才转而从事文学工作的;大文豪鲁迅先生原本也是学医的,后来觉得文学创作更能拯救中华民族的灵魂,既而投身到拯救人们的精神世界中,成为一代文学泰斗;著名诗歌作者穆力耳在专门写剧本之前曾经花了5年的时间学习律师;古德也是放弃了法律,改为钻研戏剧的。

也有一些人是脱离其他职业,去服从内心真正才能的召唤。许多英国资产阶级革命的领军人物在成为功绩显赫的士兵之前,曾经一度是牧场工人或啤酒酿造者之类的平凡人。拿破仑最欣赏的一位军事历史学家曾经还是一个股票经纪人;而华盛顿元帅则做过一段时间的缝纫用品商人。

有一位心理学家曾经说过一句很耐人寻味的话:我们所从事的往往不是我们所擅长的。当然,这其中有很多的无法改变的客观原因。在大部分情况下,伟人们也和常人一样,在父母的安排下迈进生活的常轨,但他们很快发现自己就像是被挤在四方形洞窟里的圆球,对现状不满,被处境逼迫,无用武之地,满心焦虑。

在某次战斗胜利后,有人问成吉思汗,是否等到机会来临后,再去进攻另一个城市,成吉思汗听了这话,竟大发雷霆,他说:"机会,机会是靠我们自己创造出来的。""创造机会",是成吉思汗之所以伟大的原因。因此,唯有去创造机会的人,才能建立轰轰烈烈的丰功伟业。

美国康奈尔大学的生物学教授做了一个著名的实验叫做煮青蛙。

实验是这样的：先把一只青蛙故意丢进煮沸的水中，由于青蛙反应灵敏，在千钧一发之际，它用尽全身力气跳出水锅，安全地逃生了。

30分钟后，教授们又使用一个同样大小的铁锅，不同的是这次在锅里先放满了冷水，然后把那只曾经死里逃生的青蛙再放进去，这只青蛙在锅里并没有像第一次那样跳出来，而是欢快地表演着它的游泳技巧。接着，他们又不断地将水加热，这只青蛙不知道大祸降临，依然在水中自由自在地游来游去，它还以为是在泡温泉呢，当它感到情形不对时，为时已晚，它欲跃乏力，全身瘫软，只好呆呆地躺在水里，最后终于翻起了白肚皮——烫死了。

由上面的这个实验可以看出安于现状是非常可怕的，缺乏危机意识，等于是对自己的生命不负责任。不管你扮演什么角色，不管你现在多么成功，也不管你现在所处的环境多么舒适，都必须主动改变自己，以应对环境的恶化。

如果安于现状，孔子也许只能是鲁国一个管理钱库财粮的小官，不会成为一个受万人景仰"圣人"；如果安于现状，司马相如也许只能是一个酒店老板，不会因"洛阳纸贵"名噪一时；如果安于现状，毛泽东也许就只能是北京大学的图书管理员，不会引导中国革命走向胜利，不会成为开国元勋。

机会对每个人都是公平的，之所以有平庸的人，是因为他们满足现在的生活，同时机会降临时他们也不去把握，好位置就只好被他人捷足先登，他们不想去竞争，优势最终会被劣势所取代；而那些成功的人绝不会找这样的借口，他们不等待机会，不安于现状，也不向亲友们哀求，而是靠自己的苦干努力去创造机会。他们深知，唯有自己才能给自己创造机会，发挥出优势，才不会让优势变成劣势。

3.适度的野心是成大事者的动力

:

　　拿破仑说过一句话,"不想当将军的士兵,不是好士兵",这是对"野心"的最好诠释。

　　初听起来,"野心"一词不好听,但是你要知道世上成大事者都是因为自己有一颗"要想当将军"的野心而最后如愿以偿的。争取好成绩的动机并非与生俱来,而是教育熏陶所形成。

　　巴拉昂曾是一位媒体大亨,以推销装饰肖像画起家,从贫穷到富人的蜕变,只用了短短的10年时间,10年之后,他就迅速跻身于法国50大富翁之列, 不过他因前列腺癌于1998年在法国博比尼医院去世。临终前,他留下遗嘱,把4.6亿法郎的股份捐献给博比尼医院,用于前列腺癌的研究;另有100万法郎作为奖金,给揭开贫穷之谜的人。

　　其遗嘱刊出之后,媒体收到大量的信件,有的骂巴拉昂疯了,有的说是媒体为提升发行量在炒作,但是多数人还是寄来了自己的答案。

　　在这些答案中,很多人认为,穷人最缺少的是金钱,这个答案占了绝大多数,有了钱就不再是穷人了,这似乎是不需要动脑筋就能想出来的答案。也有一部分人认为,穷人最缺少的是帮助和关爱,人人都喜欢关注富人明星,对穷人总是冷嘲热讽不重视。另一部分人认为,穷人最缺少的是技能。现在能迅速致富的都是有一技之长的人,一些人之所以成了穷人,就是因为学无所长。还有的人认为,穷人最缺少的是机会。一些人之所以穷,就是因为时机不对,股票疯涨前没有买进,股票暴跌后没有抛出,总之,穷人都穷在没有好运气上。另外还有一些其他的答案,比如,穷人最缺少的是漂亮,是皮尔·卡丹外套,是总统的职位,是沙托鲁城生产的铜夜壶等。总之,答案五花八门,应有尽有。

那么正确答案是什么呢?在巴拉昂逝世周年纪念日,他生前的律师和代理人按巴拉昂生前的交代,在公证人员的监督下打开了那只保险箱,在48561封来信中,有一位叫蒂勒的小姑娘猜对了巴拉昂的秘诀。蒂勒和巴拉昂都认为穷人最缺少的是野心,即成为富人的野心。在颁奖之日,媒体带着所有人的好奇,问年仅9岁的蒂勒,为什么能想到是野心。蒂勒说:"每次,我姐姐把她11岁的男朋友带回家时,总是警告我说不要有野心!不要有野心!我想,也许野心可以让人得到自己想得到的东西。"

巴拉昂的谜底和蒂勒的问答见报后,引起不小的震动,这种震动甚至超出法国,影响到了英国和美国。即使是一些好莱坞的新贵和其他行业几位年轻的富翁在就此话题接受电台的采访时,都毫不掩饰地承认:野心是永恒的特效药,是所有奇迹的萌发点;某些人之所以贫穷,大多是因为他们有一种无可救药的弱点,即缺乏野心,没有激情。

如何拥有适度的野心呢?下面十条建议或许对你有所帮助。

①现实地设定能够获得成大事的理想,而且尽量以得到显著成果为主。

②勿采用消耗过多能力的方法,否则只会得到"拼命三郎"的称号。

③通常成大事者会加速下一次的成果出现,但只有保持平常心才能保证不退步且维持好成绩。

④成为成大事者的同时,不要输给"胜利效应",也就是不要在胜利的荣誉中沉溺太久。

⑤不要对成大事抱太大的期望。设定可能达成的实际理想。

⑥过大的野心会影响健康。理想定得太高,被不可能实现的强烈野心侵蚀,结果容易患疾病。

⑦付出极大努力换来的成大事者并无妨，但是不要持续为取得好成绩而给自己施加太大的压力。

⑧偶尔要找个时间放松一下，"跳出努力的圈圈"。唯有这么做才能把能力发挥到最高点，没有人能够永远维持能力处于高峰状态。

⑨没有强烈动机反能完成更多事，由此可知，野心应符合自己的个性，不必强求。

⑩周围的人对一个人的期望不太满意时，他往往会失去自信，这时，就需要他有更大的适当的野心。

因此，首先要检讨对自己的要求是否"合乎实际"，如果超过实际，必须立刻改进。

4.用充满激情的心拥抱未来

北大箴言：

要想获得这个世界上的最大奖赏，你必须拥有过去最伟大的开拓者所拥有的将梦想转化为全部有价值的献身热情，以此来发展和展示自己的才能。

激情能创造出财富，也能创造出奇迹，可以说激情是"奇迹之母"。美国成功学大师卡耐基称激情为"内心的神"，认为"一个人成功的因素很多，而首要的因素就是激情。没有激情，无论你有什么能力，都发挥不出来"。大凡能创造出奇迹的人，并没有什么特异功能，靠的只是一股激情。

我们都见过沸腾的开水，每一个水分子似乎都在争相跳跃、不断向上,人的心态也应该如此。每一滴血都应该沸腾起来,湖水如果永远都平静没有波澜,那就成了一潭死水,人生如果永远不能沸腾起来,那么人也如同死去一般,生与死都已经没有区别。

曾有一部电影《沸腾的生活》,讲述了一个关于罗马尼亚人自力更生造船的故事。罗马尼亚自行制造的5.5万吨矿砂船,试船时因螺旋桨叶片破裂而失败,造船厂厂长科曼决定发扬自力更生的精神,凭着自信和一腔热血,想要依靠工人和技术人员重新铸造,但这项决定并没有得到上级的支持,上级认为他们没有实力,不会成功,并不支持他的试验。而面对重重困难,科曼没有放弃,而是怀着莫大信心,坚忍不拔,最后终于铸出大型螺旋桨,试航也大获成功。

从常熟师范到北大,从大学教师到中国最富有的教师,从新东方到计划创建中国最高质量的私立大学,这是俞敏洪到目前为止的人生经历。

作为中国第一家在纽约证交所上市的教育机构,新东方催生了近10名身价过亿元的教师。可是俞敏洪也曾是一个被人遗忘的学生,那时,因为在大学三年级患肺结核病休一年,俞敏洪从北大的1980届级转到了1981届,结果1980届和1981届的同学几乎全部把他忘了。当时有同学从国外回来,1980届的同学拜访1980届的同学,1981届的同学拜访1981届的同学,但是竟然没有人来看俞敏洪,因为两届的同学都认为他不是他们的同学。那时候俞敏洪感到非常痛苦、非常悲愤、非常心酸,甚至自己在房间里咬牙切齿,诅咒那些没有感情的同学。

也许就是这种同学的忽略和不重视,点燃了俞敏洪心中的沸腾之火,他忽然明白了,你自己没有一腔热血,不沸腾起来,不努力生活做到最好,谁会记得你呢?你的人生就像是死水一样泛不起波澜,别人怎么会注意到你呢?要想让别人看得起,那就得先让自己沸腾起来,投入生活中。

明白了这个道理之后,俞敏洪就再也不责怪那些同学了。现在,1980届和1981届两届的同学都承认俞敏洪是他们优秀的同学。

事实上，人人生而平等，不以种族、阶级差别而划分人群的观念，中国自古就有。那种抛头颅、洒热血的激情人士，中国自古就有。

公元前209年，秦政府征发闾左戍卒900人往渔阳(今北京密云)戍边。由于天下大雨，这支队伍阻留在蕲县大泽乡，不能如期赶到渔阳。秦法"失期当斩"，900戍卒将无一能生。就在这时，陈胜高喊出了一句话："王侯将相，宁有种乎？"陈胜、吴广率领戍卒，杀死押送他们的将尉，"斩木为兵，揭竿为旗"，点燃了中国历史上第一次农民大起义的熊熊烈火。

找到激情，找到愿意为目标而努力的动力。如果缺乏这个催化剂，一段时间过后，你又会回到贫穷的原点。

问问你自己：什么事能够让你赴汤蹈火在所不惜呢？你是否曾经为了实现愿望而努力拼搏？让心情平静下来，然后试着描绘想拥有的东西、想去做的事与想成为的人的影像，反复练习，直到影像清晰，再次找回激情的力量。

5.理想,始于另一种放弃

北 大 箴 言：

适时地放弃一些、坚持另一些，让我们在得到和失去中不断归正自己人生理想的航向。

理想的实现，源于我们在追求的道路上放弃很多与之相违背或者与

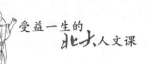
其关联不大的东西。这些东西,或许是你所喜欢的、擅长的。所以,放弃的过程,令人痛心欲绝。然而,我们要想让理想实现,就必须有忍痛放弃的勇气和魄力。

放弃一些,才能够得到一些,为了自己心中的理想,我们要放弃自己的利益,比如安乐、温馨;我们要丢掉自己性格中的缺点,比如惰性、软弱,而这些都非常痛苦。可是,为了自己心中的理想,放下也值得,当然有些时候不容我们不放。鱼和熊掌不可兼得,为了理想,我们就必须做出选择,纵使选择的过程无限痛苦,纵使坚持的过程极其心酸。

大禹治水,千古佳话。可是,他却苦苦放弃了太多太多,比如三过家门而不入。当然,若非如此,大禹的治水大业将难以顺利实现。或许,理想就是这样,需要放弃一些。

远古时候,天地茫茫一片,洪水泛滥,人间发了洪荒,海浸水淹,人民饱受痛苦。尧帝起用鲧治理洪水,然鲧努力了九年也没有将洪水止息。后其被杀,他的儿子大禹接替了"父业"。父亲死后,大禹一心一意治水,他从冀州开始,踏遍了九州,实地考察了各个地区的实际情况,苦思冥想,制定因势疏导的方法。这个方法的效果非常不错,加强了大禹治水的信心,然而踏上征途的他必须常年在外。

大禹娶了涂山氏为妻后,新婚四天便离家治水。婚后离家13年,曾3次路过家门,却都没有进去。治水离家,四年后,大禹有幸可以回到自己朝思暮想的家。可是,当他走到大门口的时候,大禹听到了母亲的骂声和儿子的哭声。大禹的心犹豫了,他很想进去劝劝生气的母亲,但是怕更惹怒了她;大禹想进去教育一下儿子,但是更可能引出更多想要解决的问题。所以,为了不耽误治水的进度,大禹放弃了。

又过了两年,大禹治水又路过了自己的家。大禹高高兴兴地往家赶,但是他又放弃了。因为,他听到了母亲和儿子开心的笑声,大禹放心离去。日子很快又过了四年,一天大禹又经过了自己的家,而且当时大雨倾盆。

大禹就来到自己家的屋檐下。避雨的时候，大禹听到母亲对儿子说："你爹爹平了洪水，马上就会回家的。"大禹备受感动，毅然离开了自己的家。

为了早日完成治水任务，为了早日将苦难中的人们解救出来，大禹治水一去就是13年。他也想回家，可是他都放弃了，因为只有这样，大禹的治水大业才能够更加顺利。事实证明，他成功了。

很多时候，现实通常不像我们所希望的那样，但是现实也很公平，你付出多少，就能够得到多少。就像大禹，放弃阖家快乐，放弃舒心安逸，才得以顺利地完成治水任务，才了解自己解救百姓的心愿。

一位名人曾经说过："生活就是这样，当你需要什么的时候，它都会给你。但是有个前提，那就是你必须有足够的付出。"

有一种鸟叫剪嘴鸥，它嘴巴上边的一半喙比较短，而下边的一半喙比较长，就像一把剪刀。在捕鱼的时候，它们总是一边贴近水面飞翔，一边把下面的一半喙伸入水中，如果发现有鱼，便会迅速合下上面的一半喙。其实，经常这样做是很危险的，倘若不幸被水下的礁石或其他硬物撞上，高速飞行的它们会因来不及收回而折断下面的一段嘴。但剪嘴鸥并没有因此放弃自己的捕猎方式，依然坚持下去。

或许这些剪嘴鸥们清楚地懂得：生活，注定要付出辛勤的耕耘，没有谁能够毫不耕耘地把一生走完。其实，我们的生活正如剪嘴鸥的生存，若要有所收获，就必须先耕耘。

古今中外，凡是成就事业、对人类有所作为的人，无一不是脚踏实地、辛勤耕耘的结果。

伟大发明家爱迪生，他在发明每一样东西之前都会做无数次的实验，才有了最后的成功；科学家居里夫人，她与丈夫废寝忘食地经过无

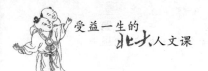
数次艰苦努力的研究,才发现了镭;数学家陈景润为破解哥德巴赫猜想之谜,单单用于推导验算的草稿纸就塞满了几十个麻袋;世界文豪列夫·托尔斯泰总是随身携带着一个笔记本,时时刻刻将他的所见所闻记录下来,正是由于他的勤于笔耕,才有了《战争与和平》《安娜·卡列琳娜》《复活》等一部部闪烁着深刻思想的巨著流传于世;残疾的张海迪,她从不因自己残疾而失去自信,相反,她积极地自学外语,最后经过自己的努力奋斗,成功学好了几门外语。

人生在勤,不索何获。辛勤的耕耘,使他们在人类历史上留下了光辉的名字,使他们的生命绽放出最绚丽的光彩。因此,不管做任何事情,我们都应在乎点滴,懂得付出,这样才会有收获。

6.有做小事的精神,才能产生做大事的气魄

北大箴言:

曾经有人说过这么一句话:"把简单的招式练到极致就是绝招。"细微之处见精神。有做小事的精神,才能产生做大事的气魄。

有句话是这么说的:千里之行始于足下。由此可见,任何伟大的工程、任何宏大的理想都源自于一砖一瓦的堆积,任何耀眼的成功也都是从一跬一步中开始的。这一砖一瓦、一跬一步的累积,都需要我们以尽职尽责的精神去一点一滴地完成它。

成功的优秀人士大都是这样的人:高度责任心;工作态度一丝不苟;永远抱有激情。他们的成功是一种透明的成功,没有半点虚假,没有半

点水分。

全世界人都知道,姚明是NBA赛场上的英雄,身价上亿美元;白发斑斑的美国Viacom公司董事长萨默莱德斯通神采奕奕,永远年轻,他所领导的公司在美国拥有很大的名气;事业有成的比尔·盖茨仍潜心凝神地工作,决意把微软的产品卖到全球每一个地方……在这里,他们的身份各异,或者是球星,或者是公司的董事长,但是仔细想一想,他们的态度却是如此的相似,认真地对待工作,百分之百地投入工作,工作意味着责任,岗位意味着任务。在这个世界上,没有不需承担责任的工作,也没有不需要完成任务的岗位。工作的底线就是尽职尽责。

有一个商场招聘收银员,经过筛选有三位女生参加复试。

复试是由老板亲自主持的,当第一个女生走进老板的办公室时,老板拿出一张一百元的钞票,要这位女生到楼下去给他买一包香烟。可是,这位女生认为自己还没有被正式录用,就被老板无端指使,将来的工作一定会有很多麻烦事,于是干脆地拒绝了老板的要求,气冲冲地离开了老板的办公室。

第二个女生走进办公室后,老板也拿出了一张一百元的钞票,要她去买一包香烟。这位女生很想给老板留下好印象,于是爽快地回答了。然而,当她到楼下买香烟时,却被告知这张一百元的钞票是假的,没办法,她只好用自己的一百元买了香烟,又把找来的零钱全部交给了老板,对假钞的事只字未提。

第三个女生也同样被要求去买香烟。当她接过老板递过来的一百元钞票时并没有转身就走,而是仔细地看了看钞票,马上就发现这张钞票可能有问题,于是很客气地要求老板另外再给她一张钞票。老板微笑着拿回了那张一百元钞票。就这样,第三位女生被录用了。

很多时候,一件看起来微不足道的小事,或者一个毫不起眼的变化,

却能实现工作中的一个突破,甚至改变命运上的胜负。所以,在工作中,对每一个变化,每一件小事我们都要全力以赴地做好。

　　阿基勃特是美国标准石油公司的一名小职员。他有一个习惯:在出差之中,每一次住旅馆都会在自己签名的下方写上"每桶标准石油4美元"的字样,连平时的书信和收据也不例外,签了名就一定要写上那几个字。因此,他被同事起了个"每桶4美元"的外号。渐渐地,他的真名倒没有几个人叫。公司董事长洛克菲勒先生知道这件事后十分惊奇,心里想:"竟有如此努力宣传自己公司声誉的职员,我一定要见见他。"于是,他邀请阿基勃特共进晚餐。后来,洛克菲勒先生卸任后,阿基勃特就顺理成章地成了第二任董事长。

　　在签名的时候,署上"每桶标准石油4美元",这是一件非常小的事,严格来说,它不在阿基勃特的工作范围之内,但他全力以赴地一直坚持着,并把它做到了极致。尽管遭到了许多人的嘲笑,可是他始终都没有放弃的念头。
　　在嘲笑阿基勃特的人当中,肯定有不少人的才华与能力在他之上,可是,最后当上董事长的却是他。这是为什么呢?其实,这是因为他能够认真地做好每项工作,并且不顾别人的眼光依然坚守自己原则。

　　美国青年克雷格卡尔·霍恩,年满12岁后,每年暑假都在父亲开的清污公司干活,父亲用一桶清洗液和一把钢丝刷,头顶烈日为儿子上了重要的一课:每一件工作都好比签名,你的工作质量实际上等于你的名字,只要脚踏实地,埋头苦干,迟早会出人头地。
　　他按照父亲的教导,用钢刷蘸着清洗液把砖头洗得干干净净。后来,克雷格卡尔·霍恩在西南食品超市由包装工升为存货管理员,整天干着装装卸卸、摆摆放放这样细小麻烦的工作,但他却一丝不苟,乐此不疲。

有朋友屡次劝他："别把青春耗费在这种没出息的事情上！"他却不以为然，仍是坚守着自己的工作信条：工作无大小，干好当下每件事。

朋友认为他是个大傻瓜，一辈子也干不出什么名堂。然而，他却为自己干好了这桩谁都不愿干的工作而自豪不已，他相信父亲的话："只要自己不断努力，只要认真地做好每件事，上帝一定会眷顾你的。"果不其然，数年后克雷格卡尔·霍恩脱颖而出，成为拥有8家商店，一年总营业收入达5200万美元的老板！

在我们身边，很多人轻视小事，认为小事不值得做，因此为自己的工作留下了隐患。其实，工作中无小事。所有的成功者与我们一样，每天都在对一些小事全力以赴，唯一的区别是他们从不认为自己所做的事是简单的小事。不要小看小事，不要讨厌小事，只要有益于自己的工作和事业，无论什么事情我们都应该全力以赴。用小事堆砌起来的事业大厦才是坚固的。

7.以德立身，泽己及人

北 大 箴 言：

　　勿以恶小而为之，勿以善小而不为。惟贤惟德，能服于人。

人的品行、德行就是"德"，自古"才"与"德"并重，形容一个人最好的词语就是"德才兼备"。

一个品行不端、德行不高的人结识不了真正的朋友，也获得不了事业的成功。这样的人很难有人能与之长期合作，因为这种人不是"搞一

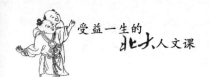

锤子买卖",就是"过河拆桥"。这种人在家庭中,也会做出不道德的事情,极有可能造成家人和孩子的痛苦和不幸。他们甚至还可能因为某种利益的驱动,铤而走险而落入法网……

要想走向成功,需要"以德立身",这是一个成功者必须确立的内在标准,没有这个内在的标准,人生之路就会失去支撑,最终导致失败将是必然的。

"以德立身"贯穿于每个人的人生全部过程,是做人最根本的原则。在人生的不同阶段,道德对于人的要求虽有着不同的变化,每个人体验和经历的内容也不一样,但是,"以德立身"的人生支柱是不变的,它对每个人人生大厦起着支撑作用的定律是不变的。

富兰克林是美国资产阶级革命时期民主主义者、著名的科学家,一生受到了人们的爱戴和尊敬。但是,富兰克林早年的性格非常乖戾,无法与人合作,做事经常碰壁。

富兰克林在失败中总结经验,他为自己制定了13条行为规范,并严格地执行,他很快为自己铺就了一条通向成功的道路:

1.节制:食不过饱,饮不过量,不因为饮酒而误事。

2.缄默:讲话要利人利己,避免浪费时间的琐碎闲读。

3.秩序:把所有的日常用品都整理得井井有条,把每天需要做的事排出时间表,办公桌上永远都不零乱。

4.决断:决心履行你要做的事,必须准确无误地履行你所下定的决心,无论什么事情都不要改变初衷。

5.节约:除非是对别人或是对自己有什么特殊的好处,否则不要乱花钱,不要养成浪费的习惯。

6.勤奋:不要荒废时间,永远做有意义的事情,拒绝去做那些没有多大实际意义的事情,对于自己的人生理想永不间断。

7.真诚:不做虚伪欺诈的事情,做事要以诚挚、正义为出发点,如果你要发表见解,必须有根有据。

8.正义:不做任何伤害或者忽略别人利益的事。

9.中庸:避免极端的态度,克制对别人的怨恨情绪,尤其要克制冲动。

10.清洁:不能忍受身体、衣服或住宅的不清洁。

11.镇静:遇事不要慌乱,不管是普通的琐碎小事还是不可避免的偶然事件。

12.贞洁:绝不做任何干扰自己或别人安静生活的事,也不要做任何有损于自己和别人名誉的事情。

13.谦逊:要向古代先哲和优秀的人学习。

道德没有统一的标准,道德的前提就是尽量帮助别人,做有利于自己和他人的事,而不损人利己。要抵得住享乐的诱惑,要抵得住金钱的侵蚀,不要有非分之想,不为别人的行为而动,不为别人的言论而动,也不可能有任何诱惑和利益使你去做明明知道是邪恶的事情。

没有公民道德,社会就会灭亡,没有个人道德,人的生存也就失去了价值。真正有德的人必将受到人们的尊重,也必将获得事业的成功。

8.从今日开始,生活在现在

在世界历史中,再没有别的日子比"今日"更伟大。"今日"是各时代文化的总和。

享誉世界的书画大家齐白石先生,90多岁后仍然每天坚持作画,"不

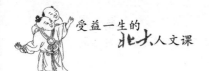

叫一日闲过"。有一次,齐白石过生日,他是一代宗师,学生、朋友非常多,许多人来祝寿。从早到晚客人不断,没有时间去作画。第二天,一大早先生就起来了,顾不上吃饭,走进画室,一张又一张地画起来,连画5张,完成了自己规定的今天的"作业"。在家人反复催促下吃过饭他又继续画起来,家人说"您已经画了5张,怎么又画上了?""昨天生日,客人多,没作画,今天多画几张,以补昨天的'闲过'呀。"说完又认真地画起来。齐白石老先生就是这样抓紧每一个"今天",正因为这样,才有他充实而光辉的一生。

"今日"是一个宝库。在这宝库中,蕴藏着过去各时代的精华。各个发明家、发现家、思想家,都曾将他们努力的成果,奉献给"今日"。

"今日的"物理、化学、电器、光学等科学的发明与应用,已把人类从过去简陋的物质环境中挽救出来。今日的文明,已把人类从过去的不安与束缚的环境中解放出来。今日一个平常人可以享受的安乐,简直可以超过一世纪以前的帝王。

有些人往往有"生不逢时"的感叹。以为过去的时代都是黄金时代,只有现在的时代是不好的。这真是大错误。凡是构成"现在"世界的一分子的,必须真正地生活于"现在"的世界中。我们必须去接触、参加现在生活的洪流,必须纵身投入现在的文化巨浪。我们不应该生活于"昨日"或"明日"的世界中,把许多精力耗费在追怀过去与幻想未来之中。

一个人能够生活于"现实"之中,而又能充分去利用"现实",他要比那些只会瞻前顾后的人,有用得多;他的生活也会更能成功、完美得多。

人们常有一种心理,想脱离他们现有不满的地位与职务,在渺茫的未来中,寻得快乐与幸福。其实这是错误的见解,试问有谁可以担保,一脱离了现有的地位,就可得到幸福呢?有谁可以担保,今日不笑的人,明日一定会笑呢?假使我们有创造与享乐的本能,而不去使用,怎知这种本能,不会在日后失去作用?

我们应该紧紧抓住"今日"!

1871年春天,一个年轻人拿起了一本书,看到对他前途有莫大的影响的一句话。他是蒙特瑞综合医院的医科学生,生活中充满了忧虑,担心怎样通过期末考试,担心该做些什么事情,该到哪儿去,怎么才能开业,怎么才能过活。

这位年轻的医科学生,在1871年所看到的那句话,使他成为他那一代最有名的医学家,他创建了全世界知名的约翰霍普金斯医学院,成为牛津大学医学院的讲座教授,他还被英国王室册封为爵士。他死后,需要两大卷书,厚达一千四百六十六页的篇幅,才能记述他的一生。

他的名字叫做威廉·奥斯勒爵士。

下面,就是他在1871年春天时所看到的那一句话——"最重要的就是不要去看模糊的远方,而要做手边清楚的事。"

42年之后,在一个温和的春夜、郁金香开满校园的时候,威廉·奥斯勒爵士对耶鲁大学的学生发表了演讲。

他对那些耶鲁大学的学生们说,像他这样一个曾经在4所大学当过教授,写过一本很受欢迎的书的人,似乎应该有"特殊的头脑",但其实不然。他说他的一些好朋友都知道,他的脑筋其实是"最普通不过了",那他成功的秘诀是什么?

这完全是因为他活在所谓"一个完全独立的今天"里。

在奥斯勒爵士到耶鲁大学去演讲的几个月前,他乘着一艘很大的海轮横渡大西洋,看见船长站在舵室里,揿下一个按扭,发出一阵机械运转的声音,船的几个部分就立刻彼此隔绝开来,隔成几个完全防水的隔舱。

"你们每一个人,"奥斯勒爵士对那些耶鲁的学生说,"组织都要比那条大海轮精美得多,所要走的航程也更远得多,我要劝各位的是,你们也要学着怎样控制一切,而活在一个'完全独立的今天'里面,用铁门把

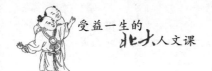
过去隔断,隔断那些死去的那些昨天;撤下另一个按扭,用铁门把未来也隔断——隔断那些尚未诞生的明天。然后你就保险了,你有的是今天……切断过去,让已死的过去埋葬掉;切断那些会把傻子引上死亡之路的昨天……明日的重担,加上昨日的重担,就会成为今日最大的障碍,要把未来像过去一样紧紧地关在门外……未来就在于今天……没有明天这个东西的,人类的救赎日就是现在,精力的浪费、精神的苦闷,都会紧随着一个为未来担忧的人……那么把船后的大隔舱都关断吧,准备养成一个好习惯,生活在'完全独立的今天'里。"

生活在"今日",从现在开始,做现在的事情。只有现在才有成功。

9.战胜懒惰,做时间的主人

北大箴言:

很多人之所以成功,是因为他们不仅懂得珍惜时间,而且知道如何管理时间。他们把别人用来喝咖啡、闲逛的时间投入到工作中,把别人用来玩游戏、看小说的时间用来思考。

人总是贪图享受,就会养成懒惰的习性,因为享受不需要奋斗拼搏,没有谁生下来就愿意吃苦,勤奋努力。

懒惰会使自己的生命时间白白浪费掉,一生无所作为。

懒惰的人总是会拖延他应该做的所有事情。

闹钟响了,他会说:"让我再睡一会儿。"

事情来了,他会说:"等一会儿,明天再说。"

所以，要使人生能够成功，使你的生命时间有意义，你就必须战胜懒惰。

章明毕业后，几次应聘失败，一下子打消了他的热情，他变得沮丧起来。后来，他索性把简历撕了，懒得再去找工作，在家看碟、玩游戏。

家人每次催他继续找工作，他总是说"急什么！我才刚毕业呢！"家人以为他压力太大，也就不再催他。可是，两个月后，他仍然没有找工作的迹象，整天在家玩游戏，变成了足不出户、名副其实的"宅男"。

这个时候，他迷上了"CS"（反恐精英游戏），这个游戏可不是一天两天能玩完的。他玩起来着了魔，除了眼前的敌人和城墙，什么也看不见，听不见。每当家人催起，他要么充耳不闻，要么不耐烦："现在不缺吃、不缺喝，担心什么？等我挣了钱会偿还你们的。"

为了逃避父母的追问，章明搬出一大堆的书籍，摆明了不找工作，他决定要考研。虽然他偶尔也看看书，但更多的时候，是在跟朋友们一起交流游戏心得、喝酒、打牌、看碟。

考试当然没有通过。后来，他觉得考研实在太难，放弃了。日子一天天地流失，他已经习惯了跟气义相投的朋友一起玩。其间，还交了两个女朋友，对方都不明不白地离开了他。他父亲实在着急了，便托人给他找了个临时的差事，他这才勉强有了份工作。

几年后的一次同学聚会才让章明顿时醒悟过来。这几年时间，大家的变化都很大。以前那个老跟他一起玩的李平是最让人刮目相看的，现在居然在深圳安家立业了；那个带着800度近视眼镜的王强，居然进了公务员的队伍；就连那个最不爱说话，还经常被自己取笑为"胆小鬼"的赵冰也在谈着跟人合作做生意的事情。

原来，只有自己还在原地转。在同学们面前，他感到极其自卑，原来的他并不是这样，几年的时间里，怎么就变得谁都不如了。即使他奋起直追，前面消耗掉的几年时间显然也追不回来了，他需要用更多的精力

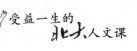
和血汗才能争取到别人几年前就获得的东西。因为他失去时光的同时还失去了其他宝贵的东西——他的热情、意志、专业知识,更糟糕的是,这期间他还养成了懒惰的坏习气。

要战胜懒惰,可以按照以下方法去执行:

(1)承认自己有爱拖延的习性,并愿意克服它。这是处理一切问题的前提。只有正视它,才能解决问题。不承认自己懒惰,就不可能改正自身的弱点。

(2)是不是因恐惧而不敢动手,这是爱拖延的一大原因。如果是这一原因,克服的方法是强迫自己做,假想这件事非做不可,并没什么可恐惧的,并不像你想象的那么难,这样你终会惊讶事情竟然做好了。

(3)是不是因为健康不佳,而懒惰。其实,懒惰并不是健康的问题,而是一种生活态度的问题,有些人,尽管疾病缠身,还照样勤奋努力不已。如果,身体真的有病,这种时候常爱拖延,要留意你的身体状况,及时去治疗,更不应该拖延。

(4)严格要求自己,磨炼你的意志力。意志薄弱的人常爱拖延。磨炼意志力不妨从简单的事情做起,每天坚持做一种简单的事情,例如写日记,只要天天坚持,慢慢地就会养成勤劳的习惯。

(5)在整洁的环境里工作不易分心,也不易拖延。把自己生活的环境整理好,使人身居其中感觉舒适,就会热爱自己的生活,产生勤奋的动力。另外,备齐必要的工具也可加快工作进度,也可以避免拖延的借口。

(6)做好计划。对自己每天的生活工作,作出合理的安排,制订切实可行的计划,要求自己严格按计划行事,直到完成为止。

(7)公开你的计划。在适当的场合,比如,在家庭里,或者在朋友面前,把你的计划向大家宣布,这样你就会自己约束自己,不敢拖延。为了你的面子,你不得不按时做完。

(8)严防掉进"借口"的陷阱。我们常常拖延着去做某些事情,总是为

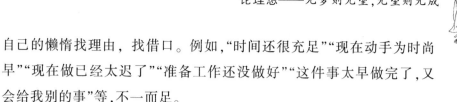

自己的懒惰找理由，找借口。例如，"时间还很充足""现在动手为时尚早""现在做已经太迟了""准备工作还没做好""这件事太早做完了，又会给我别的事"等，不一而足。

(9)一步一步来。开始克服懒惰，不可能坚持很长时间，你可以给自己说："只干一会儿，就10分钟。"10分钟以后，很可能你兴奋起来而不想罢手了。

(10)不给自己分心的机会。我们的注意力常常受外界的干扰，不能够投入工作，成为我们拖延偷懒的借口。把杂志收起来，关掉电视，关上门，拉上窗帘等。这样，就可以使自己的注意力集中起来，克服拖延的毛病，投入工作。

(11)留在现场。有些事情在开始做时，总会不顺利，这就成为拖延偷懒的借口，我们会说放一放再说，转身就走，这样就无法克服懒惰的习惯。强迫自己留在事情的现场不许走。过一会儿，你可能就找到了解决问题的办法，你可能就不再拖延，你就会干下去。

(12) 避免做了一半就停下来。这样很容易使人对事情产生棘手感、厌烦感。应该做到告一段落再停下来，会给你带来一定的成就感，促使你对事情感兴趣。

(13)先动手再说。三思而后行，往往成了拖延的借口。有些事情应该当机立断，说干就干，只要干起来了，你就不会偷懒，即使遇到问题，你也可以边干边想，最终就会有结果。

(14)想想事情做完后将得到的回报，那是多么愉快啊。克服懒惰的办法就是让结果对他有一定的诱惑力。

比如，我们从小教孩子：去洗洗碗，干完了有奖励。去洗衣服，洗完了可以看电视。其实，我们自己要克服懒惰，也可以给自己设定一个勤劳的报酬，来激励自己。偷懒之后，我们就会觉得时间不够用了，我们就会痛悔虚度一生。只有战胜懒惰，我们才能做时间的主人，从容不迫、丰富而多彩地度过一生。

10.说"不"是你的权利

北大箴言：

　　不要再把自己的时间交给别人来安排了。想要专注于重要的事情，我们就必须首先学会说"不"。

　　取报纸、冲咖啡、倒垃圾……为什么这些鸡毛蒜皮的小事总是偏偏落在你的头上呢？答案很简单：第一，因为你不会说"不"！第二，因为大家都知道这一点！

　　在生活中，我们要学会拒绝别人过分的要求，无理的纠缠，恶意的怂恿，各种满布陷阱的诱惑……拒绝一切应该拒绝的东西。能使我们远离懦弱和优柔寡断，使我们学会坚强和刚毅果敢，使我们更加坚韧，我们的心更明、眼更亮、路更宽！

　　对于一些不情愿的事情，一定要果断拒绝。说"不"是你的权利，如果你不懂得利用这个权利，自己往往会陷于不仁不义中，造成双方都难以接受它的后果。

　　英国作家毛姆在小说《啼笑皆非》中讲过这么一段耐人寻味的故事——一位小人物一举成为名作家了，新朋老友纷纷向他道贺，成名前的门可罗雀同成名后的门庭若市形成了鲜明的对比。

　　毛姆为我们描写了这样一个场面：一位早已疏远的老朋友找上门来，向他道贺，怎么办呢？是接待他还是不接待他？按照本意，自己实在无心见他，因为一无共同语言，二来浪费时间，可是人家好心好意来看

82

你,闭门不见似乎说不过去,于是只好见他了。见面后,对方又非得邀请他改日到他家去吃饭。尽管他内心一百个不乐意,但盛情难却,他不得不佯装愉悦地应允了。在饭桌上,尽管他没有叙旧之情,可是又怕冷场,于是又得强迫自己无话找话。这种窘迫相可想而知……来而不往非礼也,虽然他不再愿意同这位朋友打交道,但他还是不得不提出要回请朋友一顿。他还得苦心盘算:究竟请这位朋友到哪家饭店合适呢?去第一流的大酒店吧,他担心他的朋友会疑心自己是要在他面前摆阔;找个二流的吧,他又担心朋友会觉得他过于吝啬……

面对别人的请求,当你有时间,并且有能力的时候,不要轻易拒绝。没有人是万能的,当你真的力所不能及的时候,就不要碍于面子,不好意思说"不"了。试想一下,如果你硬撑着答应,将来误了事儿,那才不好收场。

在工作中,领导让你做某事儿时,你要认真地考虑好,这件事自己是否能够胜任。把自己的能力与事情的难易程度以及客观条件是否具备结合起来考虑,然后再决定是否去做。

孙刚刚到某中学任教,正巧赶上市教委到该校抽人,拟对全市中学进行实地考察,并写出调查报告。因孙刚还没有安排授课,就被抽调了过去。起初,他感觉为难,心想自己不仅对本市中学教育情况不熟悉,就是对教育工作本身,自己刚刚走出校门,又能知道多少呢?他本不想参加,无奈校长已经开口,实在不好拒绝,只好勉强服从。

转眼间,一个半月过去了,别人都按分工上交了调查报告,唯有他一个人,由于不熟悉情况,又缺乏经验,对自己分工调查的三个中学连情况都没摸清,更不用说分析了。市教委主任很恼火,责备该校校长,怎么推荐这么一个人。孙刚面子受不了,又气又羞愧,一下子病倒了,在床上躺了两个星期。

孙刚由于当初不好意思拒绝,最终面子难保,身心都受到了伤害。作为下级,往往在领导提出要求时,虽然不乐意,但又不好意思拒绝,但是你没有考虑到,如果为了一时的情面接受自己根本无法做到的事,一旦失败了,领导就不会考虑到你当初的热忱,只会以这次失败的结果对你进行评价。如果你认为对上级拜托你的事儿不好拒绝,或者害怕因拒绝会引起领导不高兴而接受下来,那么,此后你的处境就会更艰难。

每个人的能力都是有极限的,我们并不是万事皆能的全才,覆水难收,话一出口就没有挽回的余地,后果就需要自己去承担。一旦失利,失去的不仅是做成这件事的机会,还有他人对你的信任。试想一下,一个只会说不会做的人,谁会喜欢?因此,当遇到他人的请求时,不要把话说得太满,要给自己一个回旋的余地。

拒绝别人的要求确实是一件不容易的事,大家都有体会。央求他人固然是一件难事,而当别人央求你,你又不得不拒绝的话,也是叫他人头痛的。因为每个人都有自尊心,希望得到别人的重视,同时也不希望别人不愉快,因而,也就难以说出拒绝的话了。不过,当你经过深思熟虑,倘若答应对方的要求将会给你或他带来伤害,那么,你就应该拒绝,而不要为了面子问题,做出违心的事来,结果对双方都没有益处。

第四课

论取舍

——选择比努力重要,知舍才能善得

    《易经》中有句话:"动则得咎"。意思是说,只要你选择去做事情,就一定会有得失。既是如此,那么我们就不应该对于"失去"过分伤感,纵观那些北大名人们,谁不曾在成功的路上失去过很多?但他们都明白,知舍才能善得。

1.舍掉个人恩怨方能彰显魅力

北大箴言：

　　人生之路需要宽以待人，成功之路更需宽以待人。

　　古人云："大人不计小人过，宰相肚里能撑船。"佛家也说："大肚能容，容天下难容之事；开怀一笑，笑世间可笑之人。"说的都是为人处世时要有一个宽阔的胸怀，要豁达大度、宽以待人。

　　日常生活中，人与人之间难免会出现一些不愉快的事情，只有放开胸怀，学会宽容，才能化解其中所有的怨恨，赢得良好的人际关系，和别人的尊重。

　　古时候有一个妇人，总是为一些鸡毛蒜皮的小事儿生气，弄得和邻里关系很不好，她自己也常常为此而烦恼。有一天，为了彻底改变自己，这个妇人便去求一位得道高僧为自己谈禅说法，好让自己开阔心胸。

　　高僧得知她的来意之后，一言不发地将她带到了一座禅房中，然后反锁上房门，径自离去。

　　刚开始，妇人以为高僧一定是另有玄机，便在禅房中耐心地等着，可等了许久，也不见有人来开门，妇人气得破口大骂，但高僧并不多加理会。妇人见硬的不行，便来软的，开始向高僧苦苦哀求，可高僧依然置若罔闻。

　　最后，妇人终于沉默了，于是高僧来到门外问道："你现在还生气吗？"妇人回答说："我是生我自己的气，我真是不长眼，怎么会来到这儿白白受这份罪？"

　　"对自己都不肯原谅的人，如何会心静如水呢？"高僧说完，便拂袖而去。

　　过了一会儿，高僧又一次问道："还在生气吗？"

　　"不生气了，气也没有办法呀！"妇人回答。"看来你的气并没有消，你只不过将它压在了心里，倘若爆发将会更加猛烈。"说完高僧又离开了。

　　第三次，高僧又来到门前，妇人说道："我不生气了，因为不值得。"高僧笑着说："你说不值得，可见心中还在衡量，心中还是有气根。"

　　直到夕阳落山时，妇人问高僧："大师，究竟什么是气？"高僧并不作答，只是将手中的茶水倾洒于地，妇人沉思良久，终于有所感悟，叩谢而去。

　　是呀，到底什么是气？所有的人都生过气，但恐怕没有几个人真正地思考过这个问题。其实，"气"就是大师手中的茶水，倒在地上它就会消失不见，但如果你苦苦抓住不放，它也足以将你淹没。

　　雨果说过：比大地广阔的是海洋，比海洋广阔的是天空，比天空更广阔的是人的心灵。心胸开阔的人心中总是装着别人，从来不轻易地计较个人得失，这是极高的境界，更是一种难能可贵的良好品质。此外，胸襟是否开阔，也是衡量一个人能否成大事的重要标准。

　　综观古今中外事业有成的人，他们无不是襟怀坦荡、度量恢宏的人。一个拥有了比海洋和天空还要宽阔胸怀的人，必能"量小失众友，度大集群朋"，无论遇到什么难题，都会以良好的心态正确地去对待和处理。

　　春秋战国时期，晋平公和大夫祁黄羊在一次谈话中说到了南阳县缺乏县令这个问题，晋平公问道："你觉得谁比较适合担任这个职位呢？"祁黄羊回答道："依臣之见，解狐可以担任。"听了这话，晋平公感到十分惊讶，因为他知道祁黄羊和解狐有过节，便问道："解狐不是你的仇人吗？你怎么会推荐他呢？"祁黄羊说："大王是在问我谁能担任南阳县令的职务，并不是问我谁是我的仇人呀？"晋平公听了祁黄羊的建议，派解狐去南阳任职。果然不出祁黄羊所料，解狐到任之后尽职尽责，不负众望，处处为百姓着想、办实事，受到了很多人的爱戴和拥护。

看完这个故事，相信人们都会为祁黄羊的胸襟所折服，虽然解狐和祁黄羊有过节，但祁黄羊并不顾及个人恩怨，而是以大局为重，推荐解狐担任县令一职，为百姓谋福造利。试想，假如祁黄羊没有开阔的心胸，那么就可能会埋没一个优秀的人才。

拥有开阔的心胸不论对谁来说都是很重要的，但是在现实生活中，并不是每个人都能够做到像祁黄羊一样。一个心胸开阔的人，能够正确地看待自己与他人的差别，既不妄自高大，一味地贬低他人，又不妄自菲薄，把任何人都看得比自己优越，更不会因别人的权力、地位及财富而耿耿于怀。他们从来不会去记自己给过人家什么恩惠，只是记得别人曾经对自己的好。而心胸狭窄的人则往往斤斤计较，只顾眼前的利益，从来不考虑给别人留下后路。殊不知，这样做的后果是把自己逼上绝路，成为最彻底的失败者。

拥有开阔的心胸，那么所到之处遍地都会繁花似锦。因此，当你感觉命运对你不公的时候，当你慨叹人生世态炎凉的时候，当你对生活感到不尽如人意的时候，当你在工作中感到烦恼不顺的时候，你都要不断地开阔自己的胸怀。在宽广的胸怀里，一切不快和痛苦都将显得微不足道；在宽广的胸怀里，你将会活得很快乐，过得很幸福。

2.不争一时,才能换来长久

北大箴言:

　　智慧之人不争一时之长短，而愚蠢之人则常为眼前得失而自断后路。

　　在一个大森林里，"百兽之王"狮子建议9只野狗和它一起合作外出猎食。经过一天辛苦的捕猎，它们一共抓住了10只羚羊。狮子说道："现在猎物已经到手了，但是我们必须找一个明事理的人，来帮我们分配这顿美餐。"话音刚落，一只野狗便马上说道："这不是很好分嘛，一人一只最公平了。"狮子听了非常生气，它立即向野狗扑倒在地，将野狗打昏了。

　　其他野狗看到这一幕都吓呆了，过了一会儿，其中一只野狗鼓足勇气地对狮子说："不！不！大王，刚才我的弟兄说错了，我觉得应该这样分：给您分9只羚羊，那您和羚羊加起来就是10只，我们分一只羚羊，那么加起来也是10只，这样就公平了。"狮子听了非常满意，问道："你是怎么样想到这个分配妙方的？"野狗回答道："当您将我的弟兄扑倒打昏后，我就立刻增长了这点儿智慧。"

　　和狮子相比，野狗的实力自然是大大不及，尽管它们加起来有10只。在这种情况下，野狗只有屈服于狮子的霸道和权威，才能够保全性命，倘若它们为了实现公平而争论不休，后果就可想而知了。因此，野狗的做法是明智的。

众所周知,张良是我国历史上一位著名的谋士,为刘邦打天下立下了不少汗马功劳。这样一个呼风唤雨的谋士,曾经也受到过"屈辱"。

有一天,张良到沂水桥上散步,遇到一个身着短袍的老翁,这个老翁故意把鞋扔到桥下面,然后十分傲慢地对张良说:"小子,下去把鞋给我捡上来!"张良听他这样说,感到十分愕然,心中万分生气,甚至想要挥拳揍他一顿。但毕竟对方是一个头发花白的老人,张良也不忍心下手,只好忍着怒气到桥下帮他捡鞋。捡上来之后,老翁居然又命令张良把鞋给他穿上。胸怀大志的张良心想:既然帮他把鞋捡了上来,那就好人做到底吧。于是,对老翁这一带有侮辱性的举动,他也忍住了,右膝着地,帮他穿上了鞋。谁知,老人居然连一个谢字都不说,反而仰天大笑而去。张良在原地呆视了很久,老翁又返了回来,赞叹着说:"孺子可教也!"然后约张良5日后凌晨在此相见,张良虽不解其意,但仍当场跪地应诺。

5日后,鸡鸣之时,张良就匆忙赶到桥上,不料老人已经先到,并训斥他:"为什么迟到?再过5天再来!"又过了5天,张良唯恐迟到,半夜就去桥上等着,他的隐忍和真诚博得了老翁的赞赏,于是就送给了他一本书,说:"读此书的人可成为王者师,十年之后天下会大乱,你可用此书来兴邦治国,13年后再回来见我,我是济北毂城山下的黄石公。"说完扬长而去。张良惊喜异常,此书乃《太公兵法》。从此,他不分日夜,刻苦钻研,最终成了一个深明韬略、文武兼备的大人物。

一个真正的强者,往往能够比常人具备更强的忍耐力,张良不就是靠这样的忍耐力才成为"运筹帷幄之中,决胜千里之外"的军事家吗?

一个不肯低头的人,是糊涂的人,也是无知的人。因为他们总是为了逞一时之强,而毁了很多可以成功的机会。庄子曾经讲过一个故事:每天都有许多钓鱼虾的人,大部分人是扛着竹竿东奔西走,池塘边、小河边,甚至是潮边,他们都钓得不亦乐乎,天天有所得。只有一个人每天蹲在海边钓海鱼,他的鱼钩就像大铁锚一样大,钓线有如水桶般一样粗。可是,日复一日,年复一年,十年过去了,他依然毫无收获。别人都觉得他这个人很奇怪,有人还说他像"傻瓜"。后来,他终于钓到了一条大鱼,于是他就将鱼弄到岸上分割开来,让所有的人一同分享美味,很长时间都没有吃完。

其实,这个寓言故事就说明了一个道理:做人,不可争一时之长短,想要有大的收获,就必须付出长时间的努力和等待。不争一时之长短的人,是懂得"四两拨千斤"的人,与只会使用蛮力的人相比,他们靠的是高明的智慧。实际上,"不争"只是因为时机未到,还不值得争,一旦时机成熟,就应该奋力拼搏、坚决果断、毫不退缩,将"争"进行到底。古往今来,能成大事者无不具备这种优秀的品质。

人生短短几十年,大好时光匆匆而过,如果将大量的时间花费在了"争论一时长短"之上,那岂不是太可惜了?一个理智之人,就应该做到有所为有所不为,不该去争的东西就应该坦然地放下,这样才能够为心中那个更大的目标而积蓄力量。

3.适应别人是超越自我的前提

北大箴言:

如果你固执地坚守一条道路,到头来很可能得不偿失。只有改变自己才是上上之策,只会埋怨自己没有机遇的人,永远都不可能成为一个真正的强者。

人的一生就像是长途跋涉的旅途,谁没有经历过坎坷?谁没有遭遇

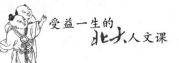
过困苦？又有谁没有面临过挫折？当残酷的环境摆在你面前时，你需要做的不是和它硬碰硬，而是想办法改变自己，从而使磨难看起来不足为道。

一位大师对外人宣称，自己经过几十年的修炼后，已经学会了一套"移山大法"。这个消息传出去之后，很多人慕名前来拜访学艺，希望可以目睹这一天下"奇观"，更希望自己也能练就这般"奇术"。可是几年过后，徒弟们既没有从他那里得到一句移山的口诀，也未能目睹大师的移山绝技，都十分失望。

有一次，大师领着他的弟子们来到山谷中讲道，他告诉徒弟们：信心是成就任何事情的关键，只要有信心，就没有什么不能做成的。他的一个弟子问道："既然如此，那么师父您有信心将对面的那座山移过来吗？也好让弟子们开阔一下眼界。"

大师说："好吧，今天为师就教你们移山大法。"只见他盘坐在大山面前，大声地说道："山，你过来！"大家都聚精会神地望着那座山，可是大山却纹丝不动，这时大师站起来跑到山的旁边，说道："既然山不过来，那我们就过去吧。"

此时，众弟子都在笑师父，可是大师却说道："这个世界上根本没有移山大法，能移的只是我们的心而已。"听了此话，众徒弟方如梦初醒。

是的，既然山不过来，那我们就过去吧！这句话看似平凡，却能够帮助人们化解许多冲突和困难。当用另外一种方法也可以达到目的时，又何苦执着于前一种无畏的努力呢？

虽然人们经常说"有志者，事竟成"，但事实上想要到达成功的彼岸，仅有意志力还是不够的。很多事情，即使你想到了也未必能够做到。就像故事中的大山一样，我们是不可能将它移动的，我们能做的就是自己走过去。倘若人人都抱着"你不过来，我也不会过去"的心态，那我们岂不是要错过许多风景?

在这个世界上,像这样的"大山"实在是太多了,我们没有能力移动它,至少是暂时没能力移动它,因此我们只能从自身开始改变。假如别人不喜欢自己,那么请不要去强迫别人喜欢,只有把自己变得更加完美,才能得到他们的青睐;如果不能说服别人,那么请不要去埋怨对方的固执己见,只有把自己的口才发挥得更好一些,才能够得到他们的认可;如果顾客对产品不满意,那么请不要责怪顾客过于挑剔,将自己的产品再进行完善一下,才能得到他们的承认。

有一位从事摄影工作的摄影师,每年都会给很多人照相,可是关于照相他却始终有一个心结,那就是每次照多人合影时,洗出来的照片上总会有人闭着眼睛。其实他已经尽量地在避免这个问题了,为了强调大家一致,他每次照之前都会高声喊道:"大家请注意,我现在喊一、二、三,当我喊到三的时候会按快门,大家千万不要闭眼睛。"可是尽管如此,每次照片还是会有人闭眼。这些人看到照片自然会很不高兴,有些人还埋怨道:"为什么单是我闭眼的那个时候,你按快门啊?你这不是存心要我出洋相吗?"后来,报影师终于想出了一个绝妙的办法,于是在拍照时换了一个方法:先是请所有拍照的人都闭上眼睛,听他喊"一、二、三",当喊到三的时候再一齐睁开眼睛。果然,这样照出来的效果很好,大家都睁着眼睛,显得神采奕奕。

生活中这样的事情还有很多,既然有些事情是不以人的意志为转移的,那么我们就不妨试着从自身来改变一下,只有这样,人生才会丰富多彩。明白了这个道理,那么人生便达到了一种高的境界。

世界上本无移山之术,就像是成功并没有捷径一样,唯一能够移动的是我们的心。命运是掌握在自己手里,而不是在别人的手里。如果所面对的环境无法改变,那我们就先改变自己,只有改变自己,才会最终

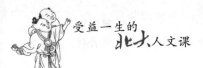

改变别人。如果改变不了环境,就应该学会去适应,并在适应环境过程中激发自己的能力,改造环境,获得快乐。

在童年、学生时代,我们可以避免与自己性格不合的人交往或玩耍。但是,一旦走入了社会,走上了工作岗位,就由不得我们随性而为了。比如,在工作中,如果我们不能主动地与上司、同事相处,如果自己不能积极主动地努力适应对方的性格特点、脾气,以及做事的方式,那么,我们的工作要想顺利地进行下去将是一件非常困难的事情。

小坤应聘到一家广告公司工作,在他上班的第一天,经理找他谈话时,他就直接对经理提出自己的要求——工作要"专业对口",还特别提醒经理要"充分注意到他的特长"。小坤是一名刚刚走出大学校门的毕业生,因在一所名牌大学的美术系并且专业成绩突出而大受青睐。也许正是由于这个原因,他自信且坦诚地说出了自己要求,并不断地反复强调:只有让他到广告设计部门去工作,才能真正发挥自己的特长优势。

面对小坤的超强自信与要求,经理并没有因他的强调和解释而改变想法,仍然安排他到策划部门去工作。针对这点,小坤非常不开心,甚至感到恼火——他认为自己被"埋没"了。带着这种情绪在策划部门工作,可以而知,他不能全心全意——不安心干活也不虚心学习,结果给人们留下了很不好的印象。没过多久,因实在无法再待下去了,他主动地提出了辞职要求,经理很快就批准了。

法国拉布吕尔说:"与其令对方服从我们,还不如我们随和着对方,更为便捷而且有益。"

在工作中,处理好各种人际关系显得非常重要。为了更好地同上司、同事们相处,我们必须学会主动适应他人和改变自己,即不以自我为中心、不孤傲,要懂得谦虚和听取他人的意见,只有这样,才不会导致你与

同事、领导间的不和谐；反之，不懂得适应他人的人，不仅工作难以开展，而且领导、同事们都会排斥你，对你敬而远之，从而造成你孤家寡人、寸步难行的局面。比如，上面的小坤就是一个活生生的例子。

主动适应对方，在家庭生活中同样重要。一个恩爱的家庭是靠夫妻双方和谐相处、互谅互解和相互支撑而持续的。如果夫妻一方一味地坚持着自己的秉性，而不懂得体谅他人的感受，这个家庭必然不和谐，夫妻关系及感情自然不会多好。所以，为了处好家庭关系，我们必须学会适应他(她)而慢慢地改变自己。

其实，真爱一个人，为什么要去改变他(她)呢？不能改变，就去适应吧。正所谓，与其改变对方，不如改变自己，适应对方！尤其是对于爱情和婚姻，它们不是改造场所。真正爱一个人，是相信他、接受他、包容他、支持他，让他的生命因为有了你，得到更多的信心、力量和支持。也许，当我们不再要求对方改变，而是真正改变自己时，对方也往往跟着我们去改变！

比尔·盖茨认为，在人际关系上经常出问题的人中，多数人是放弃了这样的努力：没能积极主动地去适应别人的性格特点。

适应是超越的前提，我们每个人的一切成长与进步都是通过"适应"而获得的。即使你想超越别人、领导社会发展，你也必须首先学会适应，学会适应对方，而不是试图改变对方。

当然，改变自己不是要你放弃自己的原则，而是让自己有更多的平台、更多的机会来实现自己的理想。改变自己不是妥协，是一种以退为进的明智选择。就好比要到达一个目标，多数情况下，直接走是行不通的，得绕个弯子迂回一下。要知道，机会不是别人给的，而是自己创造出来的。

4.放弃眼前的小利，着眼于以后的大得

北大箴言：

　　小鸟若不是放弃了温暖舒适的巢穴，又怎会拥有壮阔蔚蓝的天空；鱼儿若不是放弃了涓涓细流的小溪，怎能见识大海的深邃。同样，人类若是舍不得眼前的小利，便不能拥有辉煌的未来。

　　虽然人人都明白"有舍才有得"的道理，但每每当我们要舍掉一些东西时，往往还是会犹豫不决。因为大家总是认为，现在是"舍"掉了，而以后能"得"到多少，却还是个未知数，因此很多人宁愿选择"守"。事实上，当一个人只会顾眼前的利益时，那么他的人生注定是失败的。很多人就是因为过分贪婪，过分注重眼前的小利，结果使自己失去了一切。

　　"螳螂捕蝉，黄雀在后"的故事已经向人们说得很明白了：螳螂自以为很聪明，即将得到美味大餐，却不知道自己早已经被黄雀盯上了。这种只顾眼前利益而不想将来的心理，最终会将自己的未来断送。

　　很久以前，有一个年轻人住在京城里，做国子监的助教。有一天，他外出经过延寿街，恰巧看到一个人要买《吕氏春秋》那本书，讲好价钱后，这人掏出钱开始点，不小心掉了一枚铜钱，但没有察觉。于是，这个年轻人便装作若无其事地走过去，用脚踩住那枚桐钱。等这人买完书离开后，他就弯下腰将钱捡了起来。这一幕被旁边的一位老人看得清清楚楚，老人站起来询问这个年轻人的名字，年轻人如实回答，之后老人便走了。年轻人怎么也想不到，原来这个老人是江苏巡抚。

后来，这个年轻人以舍生的名义进到了誊录馆，求见选官，终于得到了一个江苏常熟县尉的职位。上任之后他一直想见巡抚，可是都不得见，后来才知道原来自己的名字早已经被列入检举弹劾的公文里了。这人十分不解，不明白为什么会被弹劾，人家对他说是因为贪污。他心想：自己还没有正式上任呢，怎么会有贪污之说呢？一定是搞错了。他想进去当面解释一下，巡捕便将此事禀报了上去，不一会儿，巡抚就出来了，问年轻人："难道你不记得当年在书铺里的事了吗？那个时候的你对一文钱都要贪。现在你当上了官，那还不得把手伸进别人的口袋里直接偷呀？还是请你马上解下大印走吧！"年轻人这才明白，原来幕后的那位"高人"就是当年问自己姓名的老人，他后悔不已。

　　这个年轻人因为一文钱而断送了自己的官途，实在令人感到可惜，这个故事也向人们说明了一个道理：要忍一时的"失"，才能有长久的"得"，要能忍小失，才能有大的收获。大量事实也证明，在小利面前如果过分贪心，往往就会被金钱牵着鼻子走。

　　将眼光放得更加长远一些，是一个成功人士所必须具备的素质。倘若你能看到每一次失去的背后都会有更大的机遇在等着你，那么你就不会因为舍掉眼前的利益而心痛不已。从某种程度上来说，舍小利也是一种投资，收获大的利益往往都是从舍小利开始的。

　　凡事应该从大局着想，为整体利益暂时放弃一些局部利益。诚然，抓住眼前的小利能够让人欢愉一时，但很多人没有想过：试图处处得利，一定会让自己处处被动，造成整体失利的结果，受害的终归还是自己。

　　孔子有许多弟子，其中有个叫宓子贱的鲁国人。有一次，齐国要进攻鲁高，随着战火一步步深入，马上就要攻打到鲁国的单父地区了，而宓子贱正在做单父宰相。当时恰逢麦收季节，眼看马上就能够收割入库了，倘若此时齐人攻过来，百姓们辛苦一年的劳动成果势必会被抢走。

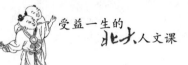

很多父老乡亲们向宓子贱提出建议，说要在齐军攻进来之前让老百姓们抢收麦子，不管是谁种的，谁抢到就归谁，总之，肥水不流外人田，再说，齐国的军队抢不到粮食，自然也就坚持不了多久。但宓子贱听了，却坚持不同意采纳这个建议。后来，齐国的大军攻了进来，将小麦一抢而空。

因为这件事，宓子贱受到了很多老百姓的埋怨，鲁国的贵族季孙氏也十分生气，还派出使臣向宓子贱兴师问罪。宓子贱说道："今年麦子被抢，明天我们还能再种。倘若这次真的下发命令，让老百姓抢收麦子，那么那些没有种麦子的人就会不劳而获。当然，单父的百姓也能抢回一些，但那些趁火打劫的人却可能会年年盼望敌军在这个时候入侵，到时候民风越来越坏，这个情况不是比麦子被齐国抢去更加严重吗？鲁国并不会因为失去一年小麦的产量而变得衰弱，便如果让单父的百姓产生了这种借外敌侵入而获得意外之财的不良心理，才是对鲁国大大的不利呀！"

宓子贱能够深谋远虑，放弃眼前的小得，着眼于以后的大利，这种远见着实令人佩服。在小利与未来之间，宓子贱做出了正确的选择，古人尚有如此智慧，身处现代发达社会的人们，是不是更应该让自己拥有这种胸襟和气魄呢？尤其是一些已经取得成功或是有一定地位的人，由于他们的影响超出普通人，因此人们对他们一般会有所求，其中不乏有其曲意逢迎、投其所好的。如果这些人只顾贪图小利，就很有可能会沦为别人手中的工具，甚至还会使自己陷入刀山火海之中。

若盯着蝇头小利，只会捡了芝麻，丢了西瓜，做生意、做事情、做人，都是如此。凡事从大处着眼，只盯着鼻子前面这点小利，没有远见，最终会因小失大，成不了气候。

陶渊明舍得五斗米辞官，才能拥有"采菊东篱下，悠然见南山"的逍遥；比尔·盖茨舍得哈佛大学的一纸文凭，才创造了今天微软的财富神话……如果他们只着眼于眼前的小利,怎么会有以后的成就呢?

一个成功的人生,必须要看透"舍"与"得"之间的关系,拥有的时候或许我们正在失去,而舍掉的时候或许我们也正在获得。安于一份放弃,固守一份超脱,这才是至高的境界及智慧。

5.吃得亏中亏,方为人上人

北大箴言:

选择吃亏,虽然意味着"舍弃"与"牺牲",但那毕竟只是一时的,并且也不失为一种胸怀、一种品质、一种风度。况且,"吃亏是福","亏"是我们走向未来成功的助力剂。

吃亏是福,难得糊涂,是一种非常重要的处世哲学。很多时候,即使我们不惹到任何人,许多事情也会主动找上门来。人心越来越难测,即使我们谨慎处事、真诚待人,也难免不被人找碴、刁难。我们仿佛总在吃亏、受气,所以,很多人想要站出来好好发泄一番。可是,想一想后果,我们更应该选择"不逞一时之勇"。

"不逞一时之勇"并不是不敢迎接挑战。俗话说,小不忍则乱大谋,当我们该忍耐的时候,必须要按捺住自己的冲动的意气用事,否则"不吃眼前小亏,就要吃日后大亏"。

吃眼前之亏,既不是懦弱的表现,也不是无能的说明。很多情况下,它是一种睿智,是一种魄力,是一种超脱和境界。

在清末民初时期,北京城有家有名的绸缎店,突然一场大火把所有

99

的东西烧掉了，其中包括来往的账目，店老板就贴出一张告示说，因本店的账目已烧毁，凡欠我的钱可以不还，我欠别人的钱只要有凭据照样兑现。这样处理，绸缎店明显的是吃了大亏，然而后来这个绸缎店却因这事而名声大震，许多人慕名而来与他做生意，其中还包括一些外国人。很快这个绸缎店又恢复了生机，生意比失火前还要好得多。

老子说，福兮祸所伏，祸兮福所倚。就是说事物的发展能产生两个极端的转化，世上的任何事情都是有失有得。这个绸缎店失火后的举措如同做了一个活广告，在经济上暂时吃了亏，但却赢得了人们的信任，结果东山再起。

男儿膝下有黄金，不可做有违尊严的事情。这种事情，常被人们看作是一个好汉所不能为、不该为的。如此说来，胯下之辱就更是不可接受、忍受。可是，大将军韩信却是坦然地面对并接受了这份被他看作恩赐的屈辱。然而，他被称作胯下枭雄，更被称作硬邦邦的好汉。

汉时开国大将军韩信，统领三军、叱咤风云，帮刘邦建功业，统一天下。可是，他小的时候过着非常不幸的生活。韩信很小就失去了父母，主要靠一点小生意来谋生，所以经常遭到当地恶少的欺负。一天，韩信从街上走的时候，碰到了一群恶少。这些小混混看到身形高大的韩信身配宝剑，就以为韩信是因为心中害怕。于是，他们当众侮辱韩信："虽然你长得又高又大，喜欢佩带刀剑，其实你心中非常胆小。你厉害的话，就拿着匕首把我刺杀了；如果你不这样做的话，就从我的裤裆下面钻过去。"面对当众的侮辱，韩信沉思了一会，选择了第二种，从那人的胯下爬了过去。

很多人笑话韩信是因为害怕才这样做的，嘲笑他懦弱。但是，事实却并非如此。韩信忍受胯下之辱，只是权衡利弊后所做出更明智的选择。后来，他当了大将军，成就了人生大业的时候，还寻找到了当年侮辱他

的人。众人都以为韩信是要报仇雪恨,可是,出人意料的是,韩信并不是来报酬的,他给了那人很多金钱,感谢他当年的侮辱:若不是当年的侮辱,自己就不可能取得那么大的成就。

韩信能够成为一代大将军,就说明他并非胆小之人,也并非没有骨气之人,更不是愚钝的武夫。正是韩信的聪明和睿智才得以成就了他日后的大业。若是当年他没有吃眼前亏,一气之下将那个侮辱他的人刺杀了,那么他肯定会入狱或者被恶少一群杀死,白白葬送掉自己的身家性命,那么,他日后的成就就将无从谈起。

人常说:能吃亏者,常能成大事。

当然,有的时候我们会觉得自己所面对的眼前亏如天大,不可接受。这个时候,请想一想韩信的胯下之辱吧。

"好汉"不是"逞能"、"面子"的代名词。一般而言,"好汉"都勇敢地面对任何事物,冷静地看待云卷云舒,气度非凡地看待自己的损失。面对眼前亏,他们审视自己的处境;权衡利弊。俗话说"将军额头可跑马,宰相肚里能撑船",让我们也拥有这样的魄力,勇于、善于吃眼前之"不可不吃的亏"。

6.能主动撒手的是智者

北 大 箴 言:

世事不都尽如人意,相信每个人都会为了使某种事物更至真至美而选择放弃。

放弃不是失掉幸福,而是成就完美——经过淘洗的完美。人生不能

追求绝对的完美,但我们可以追求经过放弃的完美。

希望和美好就是在放弃中滋生重生,在我们放弃美丽的时候,或许能重新获得幸福,因为放弃,也是一种美丽。

从小到大,我们受到的教育、鼓励都是坚持到底、永不放弃等。其实,固守"坚持"二字并不是明智的做法。世间万物,纷繁复杂,没有所谓绝对正确的固定法则,坚持的法则也是如此。适当的、必要的坚持非常重要,但是若是不分情况地一味坚持,那么坚持就不再是坚持,而是顽固不化,最终达到的目的地也并不是心中所梦想的境界,甚至可能成为自己的"墓地"。

其实,通常情况下,我们的坚持都带有一定的盲目性;我们所坚持的也大多只是自己一味的强求,或者说是自欺欺人。

《卧虎藏龙》中有这样一句话:把手握紧,里面什么都没有,把手放开,你会得到一切。实乃至理名言,不仅道出了人们固守的"病"态,还点出了人们苦守的心态,以及给出愚钝的坚持所需要的方法。适时的放弃更是一种坚持,果断的撒手更是一种智慧,必要的时候,让我们主动地撒手,只有放弃喧嚣,才可拥有心灵的宁静,只有克服心中的强求,才可得到心灵的恬淡。

在这个处处面临选择的人生中,放弃、撒手是一门与"坚持"有着同等重要意义的课程,不仅是一门艺术,还是一门技术,需要我们好好研读。很多时候,我们并不能够按照自己心中的想法做事情,做事情除了主观的努力,还存在客观的因素,而这些客观的因素包含有利的方面和不利的方面。当客观的制约因素迫使我们必须要放弃的时候,我们不妨将心放下,或许收获的不是强扭的瓜。

所谓两弊相衡取其轻,两利相权取其重。权衡利弊后,找到事物最佳的选择,该放弃的时候果断放弃,该撒手的时候主动撒手,你得到的才可能更多,更有生命力,你的竞争力才能够更积聚、更有力。

很多时候,当我们失去一样东西的时候,我们感叹、惋惜,经常会回

想,然后伤感。我们为各种各样的失去而叹息,奢望着失去的还能回来,可是在通常情况下,失去的就永远失去了,我们的向往都无法再实现。这个时候,我们就不防豁达撒手,或许可以摆脱无谓的执着,换得一份心灵的轻松和恬怡。

一个老者乘火车外出,喝水的时候,不小心将新买的鞋子弄湿了。于是,老人赶快脱下来,放在车窗边沿晾晒。可是,轻轻的山风还没有将鞋子吹干,美丽的阳光还没有将鞋子晒干,这双崭新鞋子中的一只就在老者的一不小心间被撞掉下了火车。老人连忙探出头去,紧张地观望,可是鞋子已经远去,火车依然在前进,老人的鞋子不可能再回来。老人深深地叹了一口气,可是不到一会儿,这位充满智慧的老者却非常豁达地把另外一只也扔出了窗外。一刹那,惋惜、感叹的人们诧异万分,将不理解的目光投向老者。老人笑了笑说道:"我留着这一只鞋子,也没有什么用处了。但要是外面谁能够捡到,配成一双,说不定能穿,岂不是更好?"

的确,一双崭新的鞋子,还没有穿多久就不能再穿了,既不是因为鞋子质量的问题,也不是因为自己不再喜欢,而是被自己无心撞掉,感叹、惋惜也不能够缓解心中的郁闷。可是,纵使我们再感伤,鞋子还是不能够再回到自己身边。伤心难过不仅起不到任何有建设性的作用,还可能让自己更加烦恼和无措。这个时候,我们不妨也向老者学习一下,撒手把另外一只也放弃,就想老者所说的"我留着也没有什么用处了",就像老者所说"说不定谁捡到了还可以配成一双"。

老者豁达的撒手,赢得了两份情绪:一是得到轻松和快乐,一是丢弃难过和伤感。老者智慧的撒手,有了两份憧憬:一是更加崭新的鞋子,一是被他人偶得的美意。老者主动的撒手,不但不是愚钝和轻率,反而是一种难得的豁达和睿智。

所以,有些时候,当我们的"鞋子"也不能够回来了,就学学老者吧,

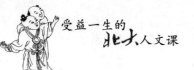

你或许将会得到像老者这样的惬意和轻松。懂得主动撒手的道理，并切实贯彻到自己的工作、生活、学习中去，相信我们的人生会绽放出更多的光彩，至少可以得到一份豁达的美好和生存的惬意。

7.生活既要酸甜，又要苦辣

北大箴言：

人生苦乐参半。没有尝过苦涩滋味的人，不会理解快乐的真正含义。没有经过辛苦奋斗的人，也体会不出人生的意义。所以，有苦有乐的人生才是充实的。

酸甜苦辣的生活才是真实的生活，才是真正的生活，才是有滋有味的生活。人生若只有酸酸甜甜的美味，而没有苦涩和辛辣的体会，那么就不能成长；人生若只是甜美的滋味，时间长了你便品不出甜美的原味，便失去了品味甜美的感受。

他和她恩爱相恋，郎才女貌、心心相依，于是他们很快就喜结良缘。进入婚姻，像很多人那样，他们没有因为婚前婚后的心理差异而大吵大闹，甜美的生活陪伴、环绕着他们。他从不乱发脾气，她也从不乱猜疑；他非常宠爱她，她对他更是柔情蜜意；他心中恼怒的时候从不说出口，她心里寂寞时也从不影响他工作……生活了5年，有了可爱的孩子，有了梦寐以求的好房子和好车子，可谓无人不美。

但是，他却想要离婚。他犹犹豫豫地跟她说起，她竟然也同意了。因为他们的生活真的是太平淡、太无味。以往的甜美，在现在看来，怎么都觉得残缺不全。他们腻了烦了，一切"美好"在整日的咀嚼中变得毫无嚼劲儿。两个人都觉得彼此的生活无精打采，一点味道都没有。

于是，他们开始操办起离婚的事情。可是，双方父母却坚决不同意，朋友们也都苦口婆心地劝说。父母认为甜美的生活只是离婚的借口，他们以死相逼；朋友虽然尊重他们的选择，但是却一百个不乐意。

最后，女人被劝动了，毕竟双方还有可爱的孩子。可是男人虽不忍心，可是还是决定长痛不如短痛，决心放弃这段婚姻。男人开始劝说女人，处在夹缝中的女人终于崩溃了，她放下终日的矜持和淑女，大发脾气，泪水洒满美丽的脸。男人或许没有看到过女人这样，竟然又有了初恋时候的心动，最终他们和好如初，生活增加了些许苦涩和辛辣，滋味倍增。这样的生活看似不完美，却是更美好了。

是的，或许我们也无法想象，可是事情就是这样奇怪，这正是现实。我们每天都在向往甜美的生活，希望自己的生活甜美一点再甜美一点。可是，我们在给生活加入甜美元素的时候，也千万记得偶尔来些苦涩的不完美。

《墨子》中言曰：甘瓜苦蒂，天下物无全美。世间没有所谓的完美之物，所以不要过于强求。人生微妙，凡事只要加入"过"就变了味，既找不到了以前的美好，也没有达到自己心中的那个境界。过犹不及，让我们在追求完美的时候，真实一点，平衡一点。当你舍弃了心中的"痴心妄想"，就可以求得一些完美的天空。幻境也好，怀念也罢，有舍方有得。痛苦和快乐都是人生的一部分，无论地位高低、出身贫富，老了都会记忆力下降，行动迟缓。病了都憔悴不堪、疼痛乏力；临死的时候，都会依依不舍，伤别离。这样的苦，我们每个人都会遇到。既然不可避免，就没有必要成天哀叹于痛苦。

人生有乐必有苦，人生有苦就有乐。乐中自有人生苦，苦中也有人生乐。人生乐从苦中来，苦尽甘来便是乐。乐极生悲即为苦，否极泰来就是

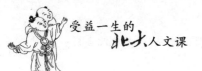
乐。何必把痛苦视作附加罹难,快乐视作理所当然?真正智慧的人,即便是身处"苦"中,依然能保持乐的心境。

抗战时期,梁实秋迁居重庆北碚,同吴景超购得一栋平房。这房算是典型的"陋室"了:偏远而荒旷,地高而坡陡,邻声互通,蚊鼠猖獗,"有窗而无玻璃,风来则洞若凉亭,有瓦而空隙不少,雨来则渗如滴漏","旁边有高粱地,有竹林,有水池,有粪坑"。

就是这样的地方,梁先生则在此一住七年,写下了风动一时的《雅舍小品》。路远乃见远访之情,偏兀宜见清夜皎月。简陋的痛苦中,却也隐藏着常人难以体味的简洁快乐。

积极一点看,痛苦就是让我们在流光里感受冷热替换、情绪变迁,由痛苦衍生的悲愤、张力、不争、不屈的高层情绪也是一种力量,积极的人会借此去创造更有生命力的东西,体现自己的价值。比如梵高、海子、路遥等等。

生命的颜色不应该是单一的,红黄蓝绿紫,色彩缤纷,方见绚丽、繁华。痛苦、快乐,就是生命不同的颜色,你可以偏爱红色,但也要允许黑色存在,你也可以尝试爱上它。苦乐兼杂,亦有其趣,谁说苦涩和乐趣是不能共存的呢?好或不好,本亦是一对相生相对的概念,和高下、长短、善恶、苦乐一样,因境而变,因心而转。

天下人以为好的,于己未必就好;自己追求的生命的极致,于别人也许是最鸡肋不过的事。有时思虑过多,评判过多,往往迷失了本心。反不如平心静虑,接受人生的赐予。

8.未经"十灾八难"，终难成人

北大箴言：

苦难是事业成功的助力，要想成大事，没有经历"大灾大难"的精神准备是很难成功的。

如果你从未经受过任何灾难，平平安安地度过人生几十年，而且一切也都不错，我们只能说，你是个有福之人。但是，你要想体会事业上的成功，就必须跳出目前的"糖罐子"，因为一个什么都不错的环境是不可能造就出非凡的成功的。

古语讲：福则伤财。只有曾经沧海的人，才可能理解这句话的真正含意。这是一句广义上的生活真理：一个沉浸在幸福环境中的人，不可能放弃自己的优越条件去挣辛苦钱，也不可能有打破现状的魄力。

幸福是一种精神鸦片，它让许多本该奋起的人放弃了努力，让许多完全可以成功的人走向了事业的失败。

因为它有个令人无法抗拒的理由：你很幸福，所以你应该满足了！在幸福这只糖罐子里长久浸泡的人，一般患有软骨症，无力采取改变现状的行动，也经不起失败的打击。

幸福的爱情只有在它成为事业的动力时才应该算是幸福。否则，当你把幸福的爱情当作人生唯一的目标而彻底满足时，在事业面前，你就变成了一只懒惰虫。

幸福对老年人才是最重要的，也是他们追求的目标。因为事业和成功对于他们来说已成为过去。年轻人一味地追求幸福或就此沉浸于幸

福之中不思进取,这无疑是一种玩物丧志的行为。

幸福的人生是最完美的人生,但它是来之不易的。只有年轻时不懈努力,为争取长久的幸福赢得资格,才能够成就自己完美的人生。

糖对于现代人来说,几乎成了一种毒药,它是很多疾病的根源:糖尿病、肥胖症、蛀牙等。

幸福也是这样,过量的食用就会给你的事业造成危害。

我们当然要追求幸福,这与承受苦难并不矛盾。因为经历了人生的挫折和苦难,你才能够更深刻地体味幸福。阳光总在风雨后,只有经历了风雨,你才知道阳光的可贵。

成功的道路从来都是曲折坎坷的,如果你想绕过去,你就没法尝到胜利的甜美滋味。你不能给自己退路,如果遇到挫折你就退回到自己安逸的环境中去,那你遭遇困境时的瓶颈就会成为你人生的最后依托。"置之死地而后生"就是这样的意思。即使不懈努力,同样难以避免失败的打击。

看看以下几位名人成功之前的失败记录吧:

林肯,从22岁到51岁当选总统连续遭受重大失败13次。

史泰龙,在成为巨星前,无论求职、写剧本,共遭遇1500次嘲讽,1800次的拒绝。

爱迪生,在电灯发明成功之前做过约一万余次试验。

多梅尔(法国马赛的一位警官),为了缉凶,行程近二万里,查阅了高十几米的资料,打了几十万次电话,坚持了52年而破案。

……

事实证明:只要你具有试一万次而不气馁的恒心,你就能够点石成金。

自认为是"一条龙"的人,在生活中绝不会以"一条虫"的标准来要求自己。

沙莉·拉斐尔现在是美国一家自办电视台节目主持人，曾经两度获得主持人大奖。每天有800万观众收看她主持的节目。在美国的传媒界，她就是一座金矿，她无论到哪家电视台、电台，都会给单位带来巨额的回报。

然而她在职业生涯中遭遇了18次辞退，她的主持风格曾经被人贬得一钱不值，在她第19次爬起来之后她终于成名。

最早的时候，她想到美国大陆无线电台工作。但是，电台负责人认为她是一个女性，不能吸引听众，理所当然地拒绝了她。

她来到波多黎各，希望自己能有好运气。但是她不懂西班牙语，为了熟练语言，她花了3年时间。然而，在波多黎各的日子里，她最重要的一次采访，是一家通讯社委托她到多米尼加共和国去采访暴乱，连差旅费也是自己出的。

在以后的几年里，她不停地工作，不停地被人辞退，有些电台指责她根本不懂什么叫主持。

1981年，她来到纽约的一家电台，但是很快被告知：她跟不上这个时代。这太令人绝望了，她简直痛不欲生。她几乎被彻底摧毁了。为此，她失业了一年多。

有一次，她向一位国家广播公司的员工推销她的清谈节目策略计划，得到他的肯定。然而不幸的是，那个人后来离开了广播公司。她再向另一位职员推销她的策划，这位职员对此却不感兴趣。她找到第三位职员，请求被雇用。此人虽然说同意了，但却不同意她搞清谈节目，而是让她搞一个政治类节目。

她对政治一窍不通，但为了生活，她不想失去这个工作，她开始发奋补习政治知识。

1982年的夏天，她的政治内容节目开播了。她娴熟的主持技巧和平易近人的风格，使得许多听众打进电话来讨论国家政治行动，包括总统大选。

这在美国的电台历史上是没有先例的。

她几乎是一夜成名,她的节目成为全美最受欢迎的政治节目。

挫折会激发起人奋进的力量,幸福安逸有时候是一种温柔的羁绊,成功的道路上,我们宁可选择灾难,因为灾难过后是春天。

9.解脱得失之心的困扰

北大箴言:

豁达的人,每每都是乐观的人。而所谓乐观,按照哲人的说法,就是乐观的人与悲观的人相比,仅仅是因为后者选择了悲观。

如果学会主动舍弃,或许人们的烦恼不会有那么多,偏偏生活中有很多东西是被迫舍弃的。于是,很多人常常会因为失去一些曾经拥有的东西而无比心痛,或者因过去的某个过错而一直耿耿于怀,不肯轻易原谅自己。但一味地追悔过去,只会令自己困在一个死胡同里,进而让事情变得更糟糕,让自己的内心永远得不到安宁。正如莎士比亚所说:"一直悔恨已经逝去的不幸,只会招致更多的不幸。"

想要不为过去的事情而烦恼,唯一的方法就是学会豁达。豁达的人在遇到困境时,除了会本能地承认事实,摆脱自我纠缠之外,他还有一种趋乐避害的思维习惯。这种趋乐避害,不是为了功利,而是为了保持情绪与心境的明亮与稳定。这也恰如哲人所言:"所谓幸福的人,是只记得自己一生中满足之处的人;而所谓不幸的人,是只记得与此相反的内容的人。"每个人的满足与不满足,并没有太多的区别,幸福与不幸福相差的程度,却会相当巨大。

仔细观察分析一个心胸豁达的人,你往往会发现,他的思维习惯中有一种自嘲的倾向。这种倾向,有时会显于外表,表现为以幽默的方式、用自嘲的方式摆脱困境。

自嘲是一种重要的思维方式。每个人都有许多无法避免的缺陷,这是一种必然。不够豁达的人,往往拒绝承认这种必然。为了满足这种心理,他们总是紧张地抵御着任何会使这些缺陷暴露出来的外来冲击。久之,心理便变得脆弱的了。一个拥有自嘲能力的人,却可以免于此患。他能主动察觉自己的弱点,而不是去尽力掩饰。

从根本上来说,一个尴尬的局面之所以形成,只是因为它使你感到尴尬。要摆脱尴尬,走出困境,正面的回避需要极大的努力,但自嘲却为豁达者提供了一条逃遁出去的轻而易举的途径——那些包围我的,本来就不是我的敌人。于是,尴尬或困境,就在概念上被消除了。

豁达也有程度的区别,有些人对容忍范围之内的事,会很豁达,但一旦超出某种极限,他就会突然改变,表现出完全相异的两种反应方式。最豁达的人,则具有一种游戏精神,将容忍限度扩得很大。

有这样一个故事:一个身经百战、出生入死、从未有畏惧之心的老将军,解甲归田后,以收藏古董为乐。一天,他在把玩最心爱的一件古瓶时,不小心差点脱手,吓出一身冷汗,他突然若有所悟:"当年我出生入死,从无畏惧,现在怎么会吓出一身冷汗?"片刻后,他悟通了——因为我迷恋它,才会有忧患得失之心,打破了这种迷恋,就没有东西能伤害我了,遂将古瓶掷碎于地。

豁达者的游戏精神,即是如此。既然他把一切视为一种游戏,尽管他同样会满怀热情,尽心尽力地去投入,但他真正欣赏的,只是做这件事的过程,而不是目的——游戏的乐趣存在于过程之中。那么,他也就解

脱了得失之心的困扰。

有一个人,他的性情并不很开朗奔放,但他对待事情几乎从不见有焦躁紧张的时候。这并不是他好运亨通。细细观察体会,我们发觉他有一些与众不同的反应方式:比如,他被小偷扒走了钱包,发现后叹息一声,转身便会问起刚才丢失的身份证、工作证、月票的补办手续。一次,他去参加电视台的知识大赛,闯过预赛、初赛,进入复赛,正扬扬得意,不料,却收到了复赛被淘汰的通知书。他发了几句牢骚。中午,却又兴致勃勃拜师学起桥牌来。

这些,反映出他的一种很本能很根本的思维方式,那就是承认事实。事实一旦来临,不管它多么有悖于心愿,也毕竟是事实。大部分人的心理会在此时产生波动抗拒,但豁达者,他的兴奋点会迅速地绕过这种无益的心理冲突区域,马上转到下边该做什么的思路上去了。我们会发现,发生的不可再改变,不如做些弥补的事情后立刻转向,而不让这些事在情绪的波纹中扩大它的阴影。

这堪称是一种最大的心理力量。生活中我们常常为自己失去的东西难过,甚至明知已不可挽回,也不肯让自己去积极地排解。其实,在许多豁达者的眼中,任何一种失去就会诞生一种选择,任何一种选择都将有新的机会,失去了一些以为可以长久依靠的东西,自然会难过,但其中却隐藏着无限的祝福和机会。失去的时候,向前看,永远向前看——过了黑夜就是黎明。

如何做一个豁达人呢?你要记住以下三个要点,并不断提醒自己。

(1)上一刻归咎于回不来的过去。

时间是一件神奇的东西,它雕刻生命的年轮,推移事态的变迁,是最有效的疗伤良药,也是最无情的过客。世界上没有谁能够左右时间,过去的一切都会随时光定格在过去的某一时间刻度,无法超前,更无法错

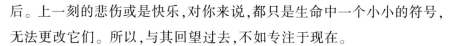

后。上一刻的悲伤或是快乐,对你来说,都只是生命中一个小小的符号,无法更改它们。所以,与其回望过去,不如专注于现在。

(2)把过去的痛苦和光辉放进历史。

过去的痛苦曾经让我们身心疲惫,甚至令我们深感屈辱。但是我们应该懂得,过去的已经过去,未来的影像是由我们现在的思想所决定,由现在的行动所创造的。将过去的痛苦锁进生命的历史,踏上新的征程,打造未来,才能获得成功,感受快乐。走出曾经的光环,就算它再夺目,也是属于过去的。专心于你的现在和未来,你的人生之路会更加绚丽。

(3)并非人人都是爱我的。

我们没有必要去喜欢自己认识的每一个人,因此,我们也没有权利要求所有人都喜欢自己。别太在意别人的眼光,走自己的路,让别人说去吧!人要有一颗豁达之心,当得不到别人的认可时,也照样可以活出自己的风采,对自己的每一天负责,相信自己能够做得很好。

第五课

论财富

—做金钱的主人，不做欲望的奴隶

　　面对财富，保持一份平常心很重要。北大人明白，生命中不是只有赚钱这一件事，还有比它更加重要的东西值得人们去追求。人们追求金钱，但绝不会做欲望的奴隶。

114

1.乐善好施助你走向成功

北大箴言：

帮助别人其实是一件乐事。既能够解他人于苦难之中，而提供帮助的人，也得到了精神上的满足——精神升华和完善。因此，每个人都应该加强这方面的道德修养。

乐善好施，是人类最古老也最美好的一种行为，更是中华民族的一种传统美德，它表现出了人们的慈善及淡泊之心。美国的演讲学家马克·吐温说过："善良，是一种世界通用的语言，且盲人可见之，聋人可感之。"英国的大文豪莎士比亚说过："没有慈悲之心的是禽兽，是野人，是魔鬼。"乐善好施的人无论走到哪里，都是受人尊敬受人欢迎的。

从前有个生意人，他忙碌大半辈子积累了一大笔钱。可是，他并没有人们想象中的那么快乐，因为无儿无女的他正在发愁如何收藏偌大的家产。他想了很长时间，也想出了很多方法，但无论哪一种都不能让他感到安全，更谈不上快乐。最后，他只好将所有的钱财都系在腰间。

有一天，他路过一个寺院，看到寺院的门前放着一个用金属铸成的大钵，过往的人纷纷将钱放在这个钵中。他百思不得其解，便向别人询问原因。别人告诉他："这个叫做'公共福田'，如果人们能够真诚布施，就会舍一得万，受益无穷。凡是被放到这里的钱财，都是用来救济穷人的，让众生能够脱离苦海。这个大钵名字叫'坚牢藏'，只要把金钱放在里面，便不会再受到任何伤害。反之，如果将金钱都放在自己身边，就很

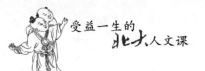

可能为自己带来天灾和人祸。"听到这里,这个生意人顿时幡然醒悟:"我终于找到可以存放金钱的地方了。"随即便高兴地布施。

佛家有言:"富贵从布施中来"。是的,布施能够让人感到快乐,感到祥和与安宁。因为乐善好施使得受施者摆脱了困境,使自己获得了快乐。只有会花钱的人才会赚钱,只有舍得付出才有回报。我们必须清楚,守财奴的节俭并不会使你的财富更多,只会一步步地断掉你的财路。而当你变得乐善好施时,才会发现真正有意义的生活,原来快乐并不在于拥有多少,而在于付出多少。

放眼望去,古中今外,历史上不乏许多极为明智的商业经营者,那些闻名于世的大企业家们,无一不是乐善好施的人。他们非常善于用余财热心资助慈善、公益事业,但上帝并没有因为他们的乐善好施而使他们变得贫穷,反之,任何时候他们所拥有的都比普通人多,在事业上得到了更大更高的回报。世界首富比尔·盖茨被美国的财经杂志评为"世界上最乐于慈善事业的人",他的一生都十分热衷于慈善事业,也正是因为他的乐善好施,他的事业才越做越大。

在中国古代,范蠡便是一位乐善好施的集大成者。两千多年来,人们一直奉范蠡为商业鼻祖,其中的原因除了他宝贵的经济思想之外,更重要的原因是范蠡能"富好行其德"。范蠡一生三次迁徙,每到一地他都凭智慧赚钱,曾三掷千金,他赚钱的"秘诀"就是散财,他赚到的钱财皆用来资助亲友乡邻,真可谓是"千金散尽还复来"。

快乐的"舍"是身心健康的标志,同时它也是一种难能可贵的魄力及一种豁达坦然的心境。人类最快乐的时候不是索取,而是舍。一个贯于乐善好施的人,他的心境永远都是平和的,不会因为"失去"而耿耿于怀。

　　五代时期有一个叫窦禹钧的人，他30多岁时还没有儿子，为此很是苦恼。一天，他梦到了已经死去的祖父，祖父对他说："你命中注定没有儿子，而且也活不了多久，所以应该趁现在早点修福积德。"

　　从此以后，窦禹钧开始尽力做好事。亲朋好友有了什么事情，只要他能够帮得上忙，就会全力以赴。一年所有的收入除了全家日常的开支外，全部拿来救济需要帮助的人。此外，他还自己花钱建了一座书院，收集书籍上千卷，聘请有才有德的老师，招纳来自四面八方的读不起书的贫寒子弟。但他自己家里却十分节俭，没有锦衣玉食，更没有荣华宝贵。有一次，家里的一个仆人偷了他很多钱，还写了一份卖女契约贴在自己年幼的女儿身上："永卖此女，以偿还所偷之钱。"然后便逃跑了。窦禹钧看他实在可怜，便不再追究责任，他烧了契约，收养了仆人的女儿。待她长大后，还为她物色了一个好女婿。

　　后来，窦禹钧一连生了五个儿子，个个都长得相貌堂堂，聪明之极。此时他又梦见了祖父，祖父对他说："这些年来，你行善积德，天上已经登记了你的名字。你不仅能够延寿30年，五个儿子也都会出人头地。以后你应该再接再厉，不可松懈。"果然，后来他的五个儿子相继登科。八十二岁那一年，窦禹钧无疾而终。

　　窦禹钧的乐善好施，为自己争取来了好运气，家族也跟着兴旺发达起来。

　　曾有人说："放在自家钱柜里的金钱的闪光，只能吸引它的拥有者毫无价值的注意力，正如萤火虫的光辉只能把自己暴露给捕捉者。"是的，再珍贵的东西，如果得不到使用和发挥，就如同一堆破铜烂铁，等着发霉生锈。钱财乃身外之物，死守着又有什么意义呢？当死神来临的时候，你不可能带走一分一毫，有再多的家产也买不回来一秒钟的生命。钢铁大王安德鲁·卡耐基也说过："如果一个人到死的时候还有很多钱，那么

他实在死得很可耻。"

帮助那些需要帮助的人吧!并不是要你做什么"惊天地,泣鬼神"的事情,帮助别人有时只不过是需要我们做一些常人力所能及的事情,甚至只是举手之劳,并不会给我们带来任何的负担。

只要我们人人都多一点爱心,多一点问候,多一点帮助,多一点博爱,这个世界就会变得美好起来。

弗·培根说:"金钱好比肥料,如不散入田中,本身并无用处。只有善于和别人分享,财富才能实现最大的价值。如果你想成为一个快乐的人,那么就做一个乐善好施的人吧。"

2.不做欲望的奴隶

北大箴言:

永无止境的欲望就像是一碗致命的毒药,无论谁喝了都无药可医。只有知足的人才能常常感到快乐,因为只有经常知足,才会在自己的能力所能达到的范围内去要求自己,而不是刻意去强迫自己。

西方有句谚语:金钱就是上帝抛给人类的一条狗,它既可以逗人,也可以咬人。这一句话便道出了金钱的两面性。对于金钱,人们只有两种选择:要么去驾驭它,做它的主人;要么被驾驭,做它的奴隶。很显然,选择前者才是明智之举。可是在现实生活中,不少人往往选择了第二种。

赚钱是为了什么?也许很多人认为这是一个"傻瓜式"的问题,赚钱不就是为了让自己的生活过得更好一些,更快乐一些,更幸福一些吗?可是,不知道那些整天为了钱而奔波的人想过没有,当你忙着淘金的时

候，是不是还记得自己最初的愿望呢？你真的得到快乐了吗？你真的感到幸福吗？在金钱面前，你是否连最后的一丝自尊与道德也变得不堪一击呢？

追求金钱是没有错的，正是因为这种欲望，人们才会去努力奋斗，去创造财富。但不幸的是，在财富面前很多人却迷失了心志，他们不顾一切地去"掠取"财富，甚至不讲仁义道德，发不义之财，在欲望的旋涡中打拼、彷徨、挣扎，难舍难弃，无法自拔，终日为钱所累，也泯灭了自己的本性。最后，虽然金钱越来越多，但是却无法满足他们的"野心"，欲望也越来越强烈。

从前有个大财主，他家里非常富有，以至于他不得不请来十几个账房先生为他管账。可是即便是这样，先生们还是忙不过来。虽然拥有这么多让别人羡慕的财产，但这个财主却并不快乐，甚至每天都寝食难安、愁眉不展，因为白天忙得不能睡觉，夜晚又兴奋得睡不着觉，还总是担心小偷来偷他的钱。而在他家的隔壁有一对穷苦的夫妇，他们靠卖豆腐过日子，尽管日子过得十分清苦，但老两口每天从早到晚却有说有笑，显得十分快乐。

每当听到老夫妇的笑声时，财主便会觉得百思不得其解，不知道有什么事情让他们这么高兴，便去问一位账房先生："为什么我这么富有却快乐不起来，而隔壁的邻居日子那么苦还能那么高兴呢？"账房先生回答说："老爷，这您有就所不知了，想知道答案其实很简单，只需隔墙扔过去几锭银子就行了。"于是，富翁趁晚上夜黑无人，将五十两银子扔到了豆腐店里。卖豆腐的老夫妇捡到了"天上掉下来的馅饼"，自然欣喜若狂，他们赚一辈子也未必可以赚到这么多。于是老两口忙着藏银子，又考虑如何花，还要担心被别人偷……这些银子弄得他们吃不好饭、睡不好觉，日夜难安。从此以后，财主再也听不到往日的歌声和笑声了，这时才恍然大悟："原来让我不快活的原因，就是这些钱财啊！"

故事中的财主虽然有豪华的物质享受,但他的内心却从未得到过真正的快乐,而隔壁的穷夫妻尽管日子清苦,但却没有过多的烦恼。"从天而降"的五十两银子打破了他们平静的生活,不知他们作何感想呢?

很多人总认为,金钱的多少是衡量一个人成败和存在价值的标准。这也正是为什么那么多人苦苦追求金钱的原因之一,但事实真的如此吗?一个依靠卑劣的手段发家致富的人,值得我们去尊敬吗?就像是守财奴葛朗台一样,他的一生都在为金钱所累,甚至为了钱可以不顾妻子和女儿的幸福。试问,这样的人活在世上是否有价值呢?

固然,追求金钱是没有错的,它可以让人们实现很多理想,得到想要的东西。但人生在世并不是只有金钱才值得追求,倘若一个人的眼中只有金钱,那么天长日久之后便会形成一种可怕的习惯。这种习惯主宰着他们的意识,控制着他们的思想,影响着他们的人生,直到有一天火烧眉毛了才会发现:原来这样的生活一点都不快乐,原来这样的人生一点都不值得。

一个欧洲观光团来到了一个原始部落,这里有很多具有地方特色的物品,引起了来访者极大的兴趣。其中,一位老者正在十分专注地做草编,看起来非常精致,观光团中的一位法国游客想:如果把这些草编运到法国,一定会得到女人们的喜爱,引起疯狂的抢购。想到这儿,法国游客问老者:"请问,这些草编多少钱一个?"

老人回答:"10比索。"

"天哪,这太便宜了",法国游客看起来有些欣喜若狂,他接着问,"如果我要买10万个这样的草帽和10万个这样的草篮,那么需要花多少钱呢?"其实,法国商人是想把价钱再往下压一压,这样他也可以赚到更多钱。

可是出人意料的却是,老者竟然不动声色地回答说:"如果这样的

话，那我得收你20比索一件！"

周围的人都以为老者是在说胡话，法国游客自然也不例外，他几乎不敢相信自己的耳朵："什么？20比索？这是为什么？"

老人生气地说道："为什么？如果我做10万件草帽和10万件草篮，那么我就没有一点时间来做其他事情了，这样会让我觉得乏味死的！"

老人的回答，值得我们每个人深思，他不为金钱所动的精神实在让人佩服。也许换成别人，早就已经高兴得忘乎所以了，即便把自己忙得晕头转向、天昏地暗也在所不惜。可他宁愿享受快乐，也不愿以金钱来换取单调的生活。在我们的周围，这样的人又有多少呢？

贪欲，是众恶之本。一旦产生贪婪之心，后果将会是很可怕的。一个国王若是过于贪婪，那么他作为国君的日子就所剩无几了；而一个官员若是过于贪婪，他的前途也不会红火太久；而一个商人若是过于贪婪，很可能会让自己葬身于"钱海"之中。一个品格高尚的人，他会更加注重自身修养，而不是专注那些充满铜臭气息的身外之物。

人只有保持了一颗平常心，降低欲望，就会无欲则刚。

3.往"比我们高"的人身边站

北大箴言：

倘若你和一般失败者面谈，你就会发现：他们失败的原因，是因为他们从来不曾走入过足以激发自己、鼓励自己的环境中。因为他们的潜能从来不曾被激发，他们总是与失意者在一起抱怨。所以，他们没有力量从不良的环境中奋起振作。

因为"仇富心理"的作怪,生活中,不少人只要一听到"富人"两字,总是少不了会嗤之以鼻。在他们眼里,富人家财万贯,豪车、豪宅,而穷人却要节衣缩食、捉襟见肘。可是他们却未曾想过,富人究竟为什么富?而穷人为何而穷?

有人认为,富人之所以富,是因为他们往往有着超群的智慧。可是只要大家仔细观察一下就会发现,曾经是世界首富的比尔·盖茨,却连大学都没读完。而台湾富豪王永庆只有小学文化水平。如此看来,穷人和富人的关键差距,其实不在于才华的多少,而在于各自所处的圈子和接触的人。而这两点汇聚在一起,就是"人脉"二字。

王效杰是一名硕士一年级研究生。因为他是一个从农村走出来的大学生,所以一直都觉得自己和城里的孩子有差距,在同学中他也总是自嘲,以"穷人"自居。平常的王效杰不大喜欢和那些家庭条件好的同学待在一起,总是喜欢和同一层次的"难兄难弟"在一起。而由于那些人大多本科读完后就进入了社会,受到了社会的熏陶,言语上不仅很粗鲁,而且有些消极避世。而王效杰和他们待的时间长了,也逐渐开始学会抱怨连连,而且还变得不思进取起来。

就这样消极了将近一年,当王效杰拿着不高不低的学术成绩站在那些兴高采烈的研究生群中时,却突然明白了一件事。对于一个刚刚走入研究领域的学生来说,要想真正地证明自己的能力,而且走出"穷人"的圈子,只有通过与那些自己认为更优秀的人接触,才能真正提升自己的自信心,同时让自己变得和他们一样的优秀。于是,在新学期开学的第一天,王效杰便报名参加了微软亚洲研究院访问学生。

初到那里,王效杰就感觉到和优秀的人一起思考和讨论问题是一种享受。他会时刻感觉到思维的冲击和碰撞,这个过程迫使他更快地把对问题的认识提升起来,同时也让王效杰认识到自我思维的潜力。因为即使再卓越的人也有无法想到的方面，而自己也有可能超越他们的想法和做法。一期的学习生活结束之后，王效杰不仅找到了自信，并且已经能像其他优秀的人士那样生活、那样去开拓自己的未来了。

很多时候，大多数的穷人只喜欢走穷亲戚，非常排斥与富人交往，所以圈子里绝大多数也只是穷人。久而久之，心态成了穷人的心态，思维成了穷人的思维，做出来的事也自然就是穷人的模式。

而相对于穷人来说，富人偏偏最喜欢结交那种对自己有帮助，能提升自己各种能力的朋友，他们不纯粹放任自己仅以个人喜好交朋友。在他们的眼里，只要是能够对自己有帮助的，而且实力在自己之上的，他们绝对不会放过结交的机会。因为他们明白，只有这样，自己才能从他们身上学到成功的秘诀，从他们那里获取到更多有利于自己成长的东西。

比如很多穷人在创业初期，总是喜欢拿资金量太少、不会有大发展等借口来安慰自己。或许从整体情况来看，的确如此，由于资金量少，业务半径较短，市场范围较小。但是换个角度来说，这也许恰恰是穷人创业的"短处"所在，为什么业务量不能上升？为什么市场范围小？就是因为识人不深，而且不懂得"人脉"结交的"富裕潜规则"。

要想真正实现从穷人到富人的蜕变，那么就应该学会站在"富人"的圈子里去思考、去办事。

谢方瑜是一名普通的办公室文员，她来自一个蓝领家庭，平时不怎么喜欢结交朋友。偶尔和她经常在一起的几个朋友，也同她一样，都是一些为了生活而到处奔波的打工者。为此，谢方瑜时常郁闷，为什么自己和朋友就永远都只能做一个打工者呢？

在谢方瑜的公司里，和她一个部门的田丽丽是一位很优秀的经理助理，而且拥有许多非常赚钱的商业渠道。她生长在富裕家庭中，而且她的同学和朋友都是学有专长的社会精英。相比之下，谢方瑜与田丽丽的

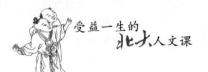

世界根本就有天壤之别，所以在工作业绩上也无法相比。

因为刚来公司不久，谢方瑜不知道该如何与来自不同背景的人打交道，所以少有人缘。一个偶然的机会，谢方瑜参加了某项职业能力提升培训，她才得知，原来自己之所以一直这样"默默无名"，与自己所结交的人和事有很大的关系。

她回家后仔细地分析了一下，因为平时和那些姐妹们在一起不是抱怨生活，就是抱怨自己的命运有多么的坎坷。而且通常那些朋友也和她一样，常常为了一点事情就沮丧不已。真正出了什么事情，彼此之间却因为能力有限而帮助不了对方。

从那以后，她开始有意识地在公司多和田丽丽联系，并且和田丽丽建立了良好的私人关系。私下里，她通过田丽丽认识了许多大人物，而事业上也开启了新的篇章。

的确，朋友之间的相互影响，会有潜移默化的作用。也许你今天胸怀壮志，准备干一番大事业，但是你的朋友却渴望安逸、平静的生活，于是在他的影响下，你的这番心思也渐渐地被淡化。慢慢的，就如同过往尘烟，一吹即散了。

也许，很多人会说，如果带着这种"有色眼镜"去看人，未免有点不太好。其实不然，如果你平常只知结交一些"一无是处"的朋友，他们只会接受你给他的帮忙，而在你处于困境时，对方却因为自身能力有限无法帮助你什么，这时你等待的结果也只能是深陷困境之中。所谓"近朱者赤，近墨者黑"，如果一个人总是在一些"小圈子"里面"混"，那么将永无出头之日。

成功是一个磁场，失败也是。一个人生活的环境，对他树立理想和取得成就有着重要的影响。周围的环境是愉快的还是不和谐的，身边有没有贵人经常激励你，常常关系到你的前途。所以，我们要想"抬高"自己价值，就必须往"比我们高"的人身边站。

4.为别人所不敢为

北 大 箴 言：

如果你留意观察，你就会发现过于谨小慎微的投资者是不可能获得巨额财富的。唯有具备极强创业精神的投资者才能使世界发生翻天覆地、日新月异的变化。

在我们身边，许多成功的富人，并不一定是比你"会做"，但重要的是他比你"敢做"。在很多情况下，强者之所以成为强者，就是因为他们敢于"火中取栗"，敢为别人所不敢为。

历史上的亚历山大大帝就为我们做出了榜样。

公元前333年的冬天，马其顿将军亚历山大率领军队进入亚洲一个城市扎营。在这里，传说着一个非常著名的神谕：谁能解开城中那个复杂的"哥顿神结"，谁就能成为亚细亚王。亚历山大听说后，雄心大起，决定驱马前去尝试。一连几个星期，他思来想去都没有解开，但又不甘心就此罢休。有一天，亚历山大突然顿悟，拔出长剑，一下将那个神秘莫测的"哥顿神结"劈成两半。于是，这个流传千年的"哥顿神结"就此被解开了。后来，亚历山大如愿以偿成为亚细亚王。

如果亚历山大拘泥于前人制定的规则，也许成为亚细亚王的另有其人，而不会是他。有时把胆子放大一点，是最聪明的做法。敢作敢为的人，经常突破常规，在别人意想不到的时间和地点，采取出乎意料的手

法,获取难以置信的成功。创业经商也是同样的道理。

在加州海岸的一个城市中,所有适合建筑的土地都已被开发出来并予以利用。在城市的一边是一些陡峭的小山,另外一边地势太低,每天被倒流的海水淹没一次,显然,两边都不适合盖房子。一位具有野心的商人来到了这座城市,凭借敏锐的观察力,他立刻想出了这些土地的赚钱计划。

他以很低的价格预购了那些山势太陡的山坡地和时常被海水淹没的低地,因为所有人都认为这些地没有什么太大的价值。接着,他用了几吨炸药,把那些陡峭的小山炸成松土。然后,雇用几架推土机把泥土推平,就这样原来的山坡地变成了建筑用地。最后,他找来一些车子,把多余的泥土倒在那些低地上,直到其超过水平面,这样又变成了一块建筑用地。

谁都知道螃蟹美味可口,然而,第一个吃螃蟹的人一定是带着冒险精神去尝试的。在商业竞争中,有远见的人总是采取开拓型的经营决策,争取主动,获得比竞争者领先的优势,从而出奇制胜。

也许第一次尝试,会消除你一往无前的勇气与一马当先的锐气,也会扼杀坚持顽强的韧劲与不怠不懈的干劲。但是,碰了一次小小的"壁",绝不应该放弃,而是一次次地继续实践、不断尝试,只要付出努力,最终会到达财富的彼岸。许多时候,我们失败的真正原因在于:没有去"再试一次"。正是缺乏"再尝试一下"的努力,使得我们与唾手可得的财富机遇失之交臂。

一个女孩经历了诸多的挫折,始终没有找到一个成功的入口。迷茫的她,给自己放了个假,带着灰色的心情去美国旅游。

一天,她在旧金山市政厅参观的时候,难得兴致高涨,信步漫游。不

知不觉来到市长办公室的门口，她不假思索地敲了门，不料一个壮实威严的保镖走了出来，惊奇地问道："小姐，我能帮你什么吗？"她愣住了，一时不知该怎么回答，顿了几秒钟，心想：既然敲了门，那就进去看看吧。于是，她精神十足地对保镖说："我能进去看看市长吗？"

保镖上下仔细打量了她一番，说道："你得稍等片刻。"说罢，他用监视器和市长通话，确定见面的时间和地点。不一会儿，那个胖嘟嘟的市长，大腹便便地走了出来，很高兴地和她一起聊天、拍照，就像一对早已认识的忘年交。

那一次经历是她旅行中最开心、感觉最好的一天，因为她悟出了一个道理："敲门就进去"。

结束了美国之行后，她凡事不再犹豫，用坚持不懈地信念，终于找到成功的入口，成为国内某知名证券公司银行部的经理。

她就是央视《说名牌》双胞胎美女主持人之一———马嵘乔。

敢于"敲门就进去"，是一种难得的精神，更是走向财富的敲门砖。

的确，冒险会具有风险，这也是许多人踌躇不敢迈步的最大原因所在。一提到"冒险"，人们就会自然联想到各种危险的恶性结局。将"冒险"同"危险"等同起来的思维定式，其实是一种思维误导。如果遵循这种思维定式，你的创造性、自信心、坚韧性和发展机遇将会遭到扼杀，你就永远不可能迈出风险创业的第一步。

创业的风险是很高的，但只要你能坚持学习、不断努力，事业成功的回报将是无限的。一位富翁指出："伟人经常犯错误，经常要摔倒，但虫子不会。因为，它们要做的的事情就是挖洞和爬行。"敢于承担风险的人改变着这个世界，几乎没有不冒风险就变富的人。

那么，究竟怎样改造自己的思想，了解自己并决定是否选择冒险呢？

（1）明确告诉自己，即使你不冒险，也不可能存在绝对的安全。绝对的安全根本不切合实际，风险无处不在。一个没有纷扰、失败、问题和风

险的世界是不存在的。

(2)冒险不是彻头彻尾的赌博,虽然冒险带有一定的主观色彩。真正意义的成功,不是赌博,而是靠实力、知识、机遇、决断和冒险。单靠冒险得来的成功不会长久,机会有时要求你赌一把就赌一把,但不要使自己的头脑发热得像个赌徒。时刻保持冷静的大脑,能够做到这一点的人,是一种平衡而能自制、在冒险中能够成功的人。

在冒险之前,我们必须清楚地认识那是一种什么样的冒险,必须认真权衡得失——时间、金钱、精力以及其他牺牲或让步。

在敢于冒险的同时,还要善于精心运筹,可以避免危险结果的产生。因此,你需要注意以下几点。

(1)发挥分析判断能力。只有具有高超的分析判断能力,才能够把众多非常复杂的关联因素综合起来做出正确的判断。

(2)预备必要的应变方案。偶然性、随机性的影响因素是难以预料和避免的。你如果只有一个方案,那就要冒很大的风险。预备好必要的应变方案,才能有效应对可能出现的不测事变。

(3)充分利用主客观条件。把一些未知的不确定的因素转化为可以把握的确定因素,善于将不利的条件转化为有利的条件,你就能在困境中化险为夷。

(4)给自己上保险。你的冒险方案需要加上有效的"保险设施",既要使冒险留有可调节的余地,又要妥善处理失误带来的可能后果,这样可以将冒险的损失降为最低。

5.抓住你的灵感

任何时候，都不要小看你脑子中一闪而过的那些想法，哪怕看起来是荒诞不经的可笑的念头。因为那都是瞬间迸发出的思维火花。

许多灵感产生在"非常"的场合或时间，甚至在梦中。当灵感到来之时，它是这样的强烈而生动；当它离去之时，又是这样的迅速而飘忽！如果不及时抓住，它就会像一只狡猾的狐狸般溜掉。

爱迪生曾经这样说："一个人应当更多地发现和观察自己心灵深处那一闪即逝的火花。"

关于牛顿与苹果的故事流传很广。1665年，牛顿23岁，在一个美丽的月夜，牛顿正坐在院子里，好像在思考什么。突然一只苹果落到地上，打断了他的思路。爱问、爱思考的牛顿把思路转向了苹果落地，他想，为什么苹果没有飞到天上去，而是落在地面上？那可能是因为苹果熟透了，它离开了树枝无可依靠才向下坠落；那可能就是因为大地对苹果有吸引力，所以它才被吸到地面上来。我们人不也是一样吗？地面上的东西不都是一样吗？都是紧紧被地面吸住而不能离开。但是天上的月亮为什么不掉下来呢？它也是挂在空中，无依无靠，是不是也应该落到地上来呢？可事实并不是这样，那是什么道理呢？这一连串的问题叩响了牛顿的心扉，他紧追不放，一定要搞个明白。经过长期的研究，终于发现了自然界最大奥秘之一的万有引力定律——牛顿运动第三定律。

而有意思的是,在科学界,很多的发现和发明与梦有关。元素周期表的发现就是一例。

1869年,在发现了63种元素后,科学家无可避免地想到,自然界是否存在某种规律,使元素能有序地分门别类、各得其所? 35岁的化学教授门捷列夫苦苦思索这个问题,夜以继日地思考分析,简直是着了迷。一天,疲倦的门捷列夫进入了梦乡,在梦里他看到了一张表,元素纷纷落到合适的格子里。醒来后他立刻记下了这个表的设计原理:元素的性质随原子序数的递增,呈现有规律的变化。

还有个故事。

半个多世纪前,日本横滨市有个叫富安宏雄的居民,因患病整天躺在床上,他辗转反侧、难以入眠。一天,他床边的火炉正在烧开水,茶壶盖子上迸出白色的水汽,并且发出"咔嗒咔嗒"的声音。富安宏雄觉得那种声音实在不好听,气恼之下,拿起放在枕头边的锥子用力地向水壶投掷过去。锥子刺中了水壶盖子,但是并没有滑落下来。奇怪的是,这样一刺,"咔嗒咔嗒"的声音反而立刻停了下来。他感到很诧异,整个人被这个意外的事实震慑住了。富安宏雄无法入睡了,他开始在床上大动脑筋。以后他亲自试验了好几次,证实水壶盖上有个小孔,烧开水时就不会发出声音了。于是他琢磨道:"我必须把这项创意好好利用,尽全力让它开花结果才行!"他在拖着病躯奔走了一个月后,其创意终于被明治制壶公司以2000日元买了下来。当时的2000日元约等于现在的1亿日元。

富安宏雄将水开了要响的茶壶变成不响,因而赚了1亿日元;我国又有企业家特意将茶壶变成响壶而赚了大钱:某水壶厂厂长听到朋友抱怨烧开水时经常因为忙家务忙其他而忘记正在烧的开水,他为朋友的水壶加了一个可以被水蒸气吹响的哨子，大受朋友的赞扬。厂长推而广之，将加了哨子的水壶变为"响水壶"，大批量推向市场，使工厂成了当地的知名企业。

他们肯定不是第一个发现同样问题的人，但别人抓不住而他们却抓住了。灵感总是来自不经意间，往往又稍纵即逝。如果你足够敏锐，抓住了它"灵光一现"的刹那，也许就能获得意外的惊喜。

6.创造财富的"黄金五大定律"

北大箴言：

任何远大理想的基石都要建立在实践的基础上，都必须为此一步一步地努力，再辉煌再宏大的野心和理想在剥去其美丽的外衣时，只留下一些小而具体的目标和不懈的努力。

巴比伦首富阿卡德只有诺马希尔一个儿子，当儿子成年后，阿卡德没有急于将财产交给他，而是送给他两样东西——一袋黄金和一块刻着黄金五大定律的泥板，让诺马希尔到外面去闯荡。诺马希尔遵守着泥板上的五大定律，历经10年的磨难之后，不仅保住了父亲给他的一袋黄金，而且多赚了两袋。

后来这五条定律，曾指引了无数人从贫穷走向富有。在此，将它们作以引述，相信对谋财者不无裨益：

第一定律：凡把所得的十分之一或更多的黄金储存起来，用在自己和家庭之未来的人，黄金将乐意进他的家门，且快速增加。

第二定律：凡发现了以黄金为获利工具且善加利用的聪明主人，黄金将甘心地为他工作，并且获利速度甚至比田地的产出高出好几倍。

第三定律：凡谨慎保护黄金，且依聪明人意见好好地使用的人，黄金会乖乖地在他手里。

第四定律：在自己不熟悉的行业投资，或者在投资老手所不赞成的用途上进行投资的人，都将使黄金溜走。

第五定律：凡将黄金运用在不可能得利的方面，以及凡听从诱人易受骗的建议，或凭自己毫无经验和天真的投资概念而付出黄金的人，将使黄金一去不返。

黄金定律是我们确定财富目标的原则。

另外，财富目标的选择，还需要考虑以下几个主要因素。

(1)自己的野心。你的目标来自你的野心，这是别人无法给你的。简单地说，你需要什么，就会产生强烈的欲望，欲望所针对的对象就是你的目标。

(2)自己的智慧。不管你是否承认，人与人之间在智力上存在很大的差异。这就决定了有些财富门道并不是对所有人都敞开的，也不是所有人都可以迈进的。

(3)自己的兴趣。兴趣之所在，动力之存在。你的兴趣会产生源源不断的能量，使你信心百倍、精神大振。对新观点、新事物要保持灵敏头脑、随身携带一个简单的笔记本，随时记下你所发现的赚钱之道。

(4)自己的能力。没有人是全能的，每个人都有自己的优势和劣势，长处和短处。需要注意的是，优势长处和劣势短处只是相对而言，没有绝对之分。学会与人合作，要记住你自己不可能是位全才，要学会不纠缠鸡毛蒜皮的小事，巨大的财富通常是有妙招的人同多才多艺的智者通力合作的结果。开发你的创造力，财富属于那些能把新观点付诸实际行动的人。

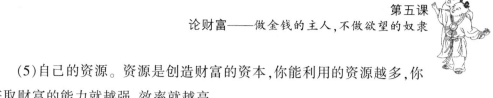

（5）自己的资源。资源是创造财富的资本,你能利用的资源越多,你获取财富的能力就越强,效率就越高。

（6）对环境的判断。除了个人的因素之外,外在环境对于你的财富目标也有着不可忽视的影响力。识时务者为俊杰,保持对环境的敏感性和洞察力,将会使你应变时游刃有余。学会迅速地审时度势,快速的决断能够使你占有领先的优势,有利于在经济大潮中处于不败之地。

（7）成功概率。大的成功率,必定有很多的人在进行,因此投资的回报率较低;小的成功率,存在着风险,但也会使一部分人望而却步,而且投资的回报率很高。要清醒地认识到世界上绝没有万无一失的赚钱之道,要善于捕捉赚钱机会,敢于冒险。

（8）目标的可操作性。开发月亮与开发地球相比,实现目标的难度截然不同。可操作性也是因人而异的,往往受主客观因素的影响。

7.一定要培养自己的理财意识

北大箴言：

"积少成多,聚沙成塔。"如果我们能够意识到理财是一个聚少成多、循序渐进的过程,那么"没有钱"或"钱太少"不但不会是我们理财的障碍,反而会是我们理财的一个动机,激励我们向更富足、更有钱的路上迈进。

有人说,理财是有钱人的事;也有人说,理财是高学历、商人的事;还有人说,理财是成年人的事。其实,理财面前人人平等,理财关系到每一个人。今天,拥有100万元的富人如果选择把钱全部存银行吃利息,那他

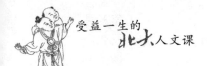
的钱很可能因为通货膨胀而在不断贬值。而一个只凭1万元进入股市的年轻人如果操作得法,倒有可能过不了几年就已经拥有了一套市价100万元的房产。

小洁出生在20世纪80年代,虽然早在高中时期就有了储蓄意识,但手段比较单一,只是把钱存银行做定期存款(从小到大的压岁钱,读高中时父母交给的生活费等),主要是存3年和5年的定期储蓄,因为当时的她短期内不会动用这笔钱。

到了大学后,她合理计划自己的支出,所有费用都在控制之中,父母每月给她的生活费基本上都有结余。但那时候,她还是只把钱存银行。

工作后,她的收入不高,但每年年初仍要制订一个储蓄计划,并尽力完成。之后,跟同事们聊天时,她了解了国债、基金等投资渠道。于是,就开始了自己的理财之路。由于她属于比较保守的人,抗风险能力也弱。所以,她用50%的资金买了3年期国债。

两年后,在人民币理财产品热销的时候,她购买了2万元,尝试一下。实际上,小洁对这类产品一点概念也没有,还好本金安全收回,收益超过了3%,比存银行定期好多了。

不过,小洁真正花功夫的是基金。近年证券市场行情比较好,各种基金收益率很高,所以,她又把手中30%的资金投了基金。

购买基金前,她经过慎重选择,做足了功课:先从基金公司的网站上了解信息,查看基金公司的综合实力排名,了解基金经理的情况。晚上,经济类的电视节目会推荐一些基金,她也会关注,了解基金发行情况。本来她打算购买几只老基金,但最后还是选择了新基金,因为老基金净值太高,会增加投资成本,后来,这几支基金的回报率都超过了6%,算是一笔不小的收获了。

所以,理财的关键不在于你能赚多少,而是你能在多大程度上照看

好你的钱，不让它们不知不觉地从指缝中漏出去。"不积跬步，无以至千里；不积小流，无以成江海"，永远不要认为自己无财可理，只要你有经济收入就应该尝试理财，必然会得到丰厚的回报。

理财在很大程度上，和整理房间有异曲同工之处，一间大屋子，自然需要收拾整理，而如果屋子的空间狭小，则更需要收拾整齐了，才能有足够的空间容纳物件。我们的人均空间越是小，房间就越需要整理和安排，否则会零乱不堪。同样，我们也可以把这个观念运用到个人理财的层面，当我们可支配的钱财越少时，就越需要我们把有限的钱财运用好！

而要运用和打理好有限的金钱就需要一种合理的理财方式！归根结底，我们应该明白这样一个事实，不能因为有钱，甚至钱多就不用理财；而钱财有限，则应该更需要理财。

在年轻的朋友当中，也不乏这样一群人，他们学历高，所学的又是热门专业，所以工作好、工资高，甚至每个月万儿八千也不是问题。所以这其中就有一部分人觉得没必要理财，节流不如开源。当然自己也会注意节约，不会每月花光光，一样过得很好，每年年底还能剩一点钱够零花。有这种想法的也是大有人在。

乍一听，好像这样的生活方式也挺好，不用费心去理财，钱肯定也够花，但这种很随性地对待自己钱财的态度看似悠闲自在，实际上还是因为没有遇到不可预期的风险。一旦遇到了，我们就会发现，目前的这种"自由"是有代价的，它会让你在缺乏有效防御的前提下，将自己暴露在风险之中，遭受挫折或损失。

在现实生活中，我们看到有许多白领由于工作压力较大，很少顾及理财。常常是把钱往银行一存，就以为是最安全的了。而实际上，正如我们在前面文字中所提到的那样，这种把钱放在银行里任其生灭的方式，在理财产品和理财渠道如此丰富的今天，其实是十分错误和愚蠢的。

今年25岁的王林，在一家房地产公司担任客户经理，年薪加分红在

十万以上。这在同龄人中是相当不错的收入了,看着银行里的存款一个月比一个月高,王林很是得意,觉得周围的同事今天聊保险、明天又选基金,真是有点瞎折腾。自己的收入那么高,存在银行里,又安全又省心,有什么不好呢?所以王林从来不会听公司组织的理财咨询课,同事们纷纷购买商业保险,他也从来不参与。

然而,天有不测风云,一次驾车游玩时,王林不小心伤了腿,需要手术治疗,并卧床几个月,这下子,光是手术费、住院费、生活费就要十几万元。而王林的所有存款也不过七八万元而已,好歹公司还有医保,但是也才一万多元。没有办法,王林只好去借,东拼西凑总算把救命钱给拿出来了,算是救了急。

此时的王林是追悔莫及,他恨自己没有未雨绸缪,本来只花几千块钱办个保险就可以解决的问题,结果现在倒好,不但自己从前的积蓄被一笔勾销,还成了"负翁"。他从这件事上长了记性,开始学习保险及各种理财手段,为自己规划一个稳定的未来。

说来说去,我们都是在讲这样一个道理:对一些高收入的年轻朋友而言,理财是同样重要的。

即使在目前,你的工资已经远远高出同龄人,暂时不必担心生计问题,但是要知道,随着时间的推移,你可能会面临结婚、买房的事情,甚至以后养育子女的问题,面对这一大笔即将到来的支出,如果不及早作打算,到用钱时怎么办?和父母要?找朋友借?再比如,假如有一天,你或者你的家人像上面的王林一样,不幸得了重病或受了外伤,在现有的医疗保障体制下,大部分的医疗费用由自己承担,需要很多钱来医治时,你又该怎么办?

其实,所有这一切不可预期的意外,只要你在平时有足够的风险意识,未雨绸缪,遇到问题时可能就会是另一种结果。

小李，一毕业就进入一家大型广告公司，拿着同龄人都羡慕的薪水和福利待遇，他虽然不大手大脚，但也从来没有理财的概念，所有存下来的钱，一概扔在工资卡里动也不动。他觉得这样处理钱就已经很安全了，至于那些股票、基金之类的东西，在他看来都是不实用的，说不定还会有什么风险把原有的积蓄给搭上去，还是老老实实放在银行最安全。

　　眼看，他卡上的钱越来越多了。与他差不多的同事都已经去炒基金、买保险，投资各类理财产品了，并劝小李也参加进来，小李还是纹丝不动，小李心想，这种理财方式太有风险，万一赔了怎么办？还是我这种"理财方式"最安全。

　　又是几年过去了，许多投资理财的同事们在新一轮的牛市中，理财收益都在10%以上，加上他们原有的存款，可以让他们轻轻松松地交付房子的首付钱，所以很多人纷纷开始计划着购房置业，而小李的存款却只能保证他在几年之内衣食无忧而已，小李这才发现和其他人相比，自己已然输在了起跑线上。

　　所以，综上所述，一定要培养自己的理财意识，收入高的就多做一些安全的投资，收入不理想，就少做一点，但不能不做。

8.记账帮你搬掉理财的绊脚石

北大箴言：

　　有句俗话说得好："吃不穷，穿不穷，不会打算一世穷。"它的意思很直白：我们辛苦工作得来的钱，如果没有好好地规划和打算，金钱就会像沙子一样从指缝溜走，无法积累起真正的财富。

很多年轻一族,在提到钱的时候,经常挂在嘴边的一句话就是"为什么我的钱总是不够花?""为什么总是存不下钱?"

不知道常常为"钱不够花"而苦恼的朋友们,有没有考虑过自己的钱是怎么被花掉的?你对自己的钱流向何处,心中有数吗?你认为自己的钱都花在"值当"的地方了吗?

大学刚毕业的小李上班两个多月,每个月4000元左右的薪水,单位还替他租了住房,但他这两个月都是"月光"。日常吃饭费用、交通费、电话费和水电费至多1000元,那其他的钱都怎么没了呢?小李自己也觉得不对劲,左算右算,请朋友吃饭、唱歌、出去玩、买衣服,这些又花掉了1500元左右,其余的钱怎么用掉了他还真一时想不起来了。

如何有效支配你的钱?最好的办法就是作预算,和自己算算账。在这一点上,可能不同的人还会有不同的认识,但是最基本的意识,是确信无疑的,就是先把自己的账算算清楚。

曾有一个"月光族"朋友自曝家底:虽然自己的月收入几千元,但也还是要父母每个"救济"她近2000元生活费才能过活。那么,这几千元的生活费她是怎么用掉的呢?

她自己举了下面这个例子。

有一天,她揣了100元钱去逛沃尔玛,本来只想买一瓶10元钱的杀虫剂,但从沃尔玛出来后,又逛了外面一些卖饰品的小店,觉得这也好看,那也不错,忍不住就把100元钱全花光了。即便如此,还是意犹未尽,看看旁边服装店的一款夏装正是自己的最爱,虽然,当时已经身无分文,但是信用卡还在!

结果,一路刷卡下来,对花了多少钱的概念就更没谱了,到最后大包

138

小包地拿了一堆东西回家,新鲜劲一过,许多东西就被束之高阁,打入冷宫。她也后悔过,但是过不了几天,冲动劲儿一上来,新的血拼就会再次上演。

另一位已经结婚了的蒋小姐,虽然收入尚可,但同样也感受到这种没钱的压力。蒋小姐参加工作一年多了,今年4月份刚刚结婚。据称,她和老公月收入加起来约6000元,平时与父母住在一起,除去每个月给父母缴1000元生活费,还贷款买了两套住房,月供总计2100多元,老公抽烟大概还要花500元。再扣去乱七八糟的花销,蒋小姐感到钱老是不够用。尽管以前也尝试着记账,但始终无法坚持,不知不觉手中的钱就没了,并且感觉所有的花销都是应该花的,绝对没有乱买东西,如果遇到朋友聚会或送礼较多时,还会入不敷出。

从上面的例子中可以看出,两位喊钱不够花的主人公,在消费账目上都是一笔糊涂账,对自己的钞票流向何处,心中没数,而这正是进行个人理财的第一块绊脚石。

有人也许会问:

知道了钱的去向又能怎么样呢?

记账和理财又有什么关系呢?

记账又不能让我的收入变得更多!

……

的确,光是记账确实不能够使你每个月2000元的工资变成4000元、5000元,但是记账却可以帮你做到以下几点:

控制过度消费

通过记账,你会很清楚地知道自己的钱都用来做了什么,对每一笔账都做到心中有数。哪些是必要的开销,哪些是非理性的、应该避免的花费,各占多大的比重。有专家统计,个人或者家庭的年节余比例要达到收入的40%才是正常的。参照这样的比例,有助于帮助你找到家庭超

支的大秘密,并对症下药。相信"月光族"如果能够学会记账,每月月底也就不会再度日如年了。

规划安全、合理的财务结构

记账,并不是单纯地把每笔收支记个流水账,更重要的是要进行归纳总结,就像每个单位的财务人员可以从账务中判断公司的发展方向,个人或者家庭也一样,可以通过记账制订日后的消费计划,这样才能为理财制定一个清晰合理的脉络。

9.财富都是"熬"出来的

北 大 箴 言:

对于很多创业的人来说,起点都是一样,谁胜谁负,比的就是"熬"的韧性和耐力。

想做一番大生意不是一件很容易的事情,每一个富翁的财富都是在商海中经历了一番不同寻常的搏杀得来的。生意的圆满如同人生的圆满一样,意味着必须走完全程,意味着必须历经千难万险,意味着就算身临绝境也要咬紧牙关继续向前奔跑,战斗到最后一刻。

"不要惧怕失败,即使被踩到泥土中,我们也不能甘心变成泥土,而要成为破土而出的鲜花,从绝望中寻找希望,人生终将辉煌。"说这番话的人叫俞敏洪,是新东方的一校之长。在从一个北大教师到一个"个体户"的过程中,俞敏洪可算是经历了一番折腾,用他的话说,好像他把以前从来没有经历过的事情都经历了,把一生中的挫折都尝过了。

当年，在北大教了4年书的俞敏洪看到他昔日的同学、朋友都相继出国了，他的心里也蠢蠢欲动起来，他开始紧锣密鼓地张罗着出国的事情。遗憾的是，在努力了3年半后，他的留学梦仍然无情告吹了。为了生计，也为赚点钱继续他的出国梦，俞敏洪在校外办起了托福班，为自己的出国学费快乐地忙碌着，他逐渐地感觉自己离那个出国梦一天一天地近了。

1990年一个飘落着细雨的秋夜，正当俞敏洪和他的朋友高兴地喝着小酒，聊着家常，描绘着他渐渐清晰的出国梦时，北大的高音喇叭响了，宣布了学校对他的处分决定。

学校这个处分决定被大喇叭连播3天，北大有线电视台连播半个月，处分布告在北大著名的三角地橱窗里锁了1个半月。北大的这种"礼遇"，让俞敏洪没有面子在北大待下去，颜面扫地，只得选择离开。被赶出家门的北大教师，"逼上梁山"，选择了做一个"个体户"，一介书生，就此迈进江湖。

提起自己的成功，和自己往日为了生存而苦苦挣扎的经历，俞敏洪说："当一个人在绝境中为生存而奋斗时，他做什么都不会感到有心理障碍的。"

这就是俞敏洪成功的理由。从最粗糙、最低级、最简单的事情开始，点点滴滴地做起，不在乎世人的眼光与评价，即使身处绝境也毅然前行不抛弃，不放弃，坚持到底。

漫漫创业路，如同在茫茫海上航行，有一帆风顺的时候，也有风浪袭头的时候。所以，创业中，总是伴随着困难和挫折，那些能够正确面对困难和挫折的人，财富的大门永远向他敞开；相反，那些面对挫折一蹶不振的人，永远也无法到达胜利的彼岸。

生活中的挫折是考验我们的创业意志是否坚强的一个重要标准，成功历来只青睐那些即使面对绝境也绝不屈服绝不放弃的人。

雅诗·兰黛就是这样一个坚强执着的女人。

这个从贫民窟中走出来的传奇美丽女性，凭着自己的努力，成为世界上最富有的女性之一。《时代周刊》将这位化妆品女王评为20世纪最富有影响力的20位商业天才之一。但没有几个人知道在她创业的过程中充满了怎样的曲折和艰辛。向化妆品王国进军的时候，她已经是两个孩子的妈妈，她创办的化妆品公司当时只有她一个人，生产、销售、运输、策划等都是她一肩挑。有时候接电话，她不得不经常变化嗓音，一会儿装经理、一会儿装财务部的总监、一会儿装运输部的负责人。但是，即使这样，她也没有一刻放弃自己的梦想与追求，以一种常人难以想象和理解的毅力坚持了下来。

不仅仅是雅诗·兰黛，很多超级富豪的创业史都充满了辛酸，都经历过创业的危机，都遭遇过生意和生活破灭的绝境。

松下幸之助决定创业时，所有的积蓄加起来只有100元，连买一台机器都不够，加上又不懂技术，艰难可想而知。为了渡过难关，他不得不先后十几次将妻子的首饰衣服送进当铺，我们可以想象他在绝境中的迷茫、困惑和痛苦，这样的压力和苦难不是常人所能忍受的。但是，松下幸之助挺过来了，并且最终实现了他的财富梦。

正如巴尔扎克所说："世界上的事情永远不是绝对的，结果完全因人而异。苦难对于天才是一块垫脚石，对于能干的人是一笔财富，对于弱者是一个万丈深渊。绝境能造就强者，也能吞噬弱者。"

阳光总在风雨后，梅花香自苦寒来。面对困境，创业者必须心态平和，理智应对，不仅要勇于面对，奋力拼搏，更要沉着冷静，能屈能伸，学会微笑和坦然面对人生。如此才能从困境中走出来，使你在事业上获得胜利、创出辉煌。

在创业致富的路上，当我们久久奋斗而不见成效时，一定要坚持住，

因为那时或许距成功只有一步之遥了，只要我们把这一步跨过去，成功便唾手可得。无论多么难，都要坚信，只要坚持就会有希望，有转机，这世界上，从来没有真正的绝境，有的只是绝望的思维，只要心灵不曾干涸，再荒凉的土地，也会变成生机勃勃的绿洲。

财富往往是"熬"出来的，很多首富之所以能够白手起家，并不在于他们比我们更聪明，而在于他们比我们更能"熬"，看准了，绝不放弃，越"熬"就会越有希望。

第六课

论爱情

——平平淡淡才是真，珍惜圣洁的爱情

爱着爱着，我们就长大了，自由、爱情、个性，错误、责任、代价，你能掂量出它们的分量吗？成长是疼痛的过程，成熟是痛过以后的事情。所以恋爱之前，你得衡量自己，是否有一颗足够强大的内心？

1.勇敢地伸出寻找真爱的手

北大箴言:

　　甩掉宅男宅女的帽子,勇敢地伸出寻找真爱的手,哪怕这寻爱的路上充满荆棘,你也能领略沿途的无限风光,感受爱的一切滋味。

　　宅男宅女的说法,最先出现在网络上。大意是指一类男女性格内向,不喜交际,不爱热闹,情愿窝在家里自由自在。他们的生活圈子小、范围窄,唯一的倾诉出口可能就是网络。

　　虽然现在网络四通八达,但网络毕竟是虚幻的。且不说网络骗局多少,单是要从网上培养一份感情,也不是三两天就能成事的。但是宅男宅女们却喜欢或者说迷恋这个载体。他们认为,面对电脑,面对一个虚拟的世界,要比面对一个现实而又复杂的世界容易得多。

　　现实世界中,人与人之间的关系,人情的冷漠,是宅男宅女们所害怕和逃避的。他们也许是不愿参与这种纷争,觉得没有必要;也许是无力参与,觉得害怕。其实,说到底,之所以成为宅男宅女,完全是一种性格使然。这种性格是懦弱的,是消极的。

　　宅男宅女,在爱情上也是被动的一方。他们每天宅在家里,与外界隔绝,所以获得爱情的概率大大减少。他们期望爱情,却又不敢主动出击。就像寓言中的《守株待兔》,企望天上掉下个"林妹妹"或者"宝哥哥",祈望不劳而获。带着童话般的天真和神话般的神奇,希望网络带来一个适合自己的公主或者王子,这就是宅男宅女最憧憬的。

　　有人说,王子配公主。你想嫁王子,而问题是,你自己是不是公主?灰姑

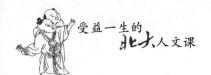
娘嫁王子的事是有的,但却是极小的概率,如果多了,也就不会成为经典。

宅男宅女们其实缺乏的是一种勇气,一种能力,一种热情。宅字上头是屋顶。头上顶着屋顶,就看不到外面精彩的世界,感受不到屋外的风情无限,当然就也无从去接触形形色色的男男女女。没有了接触,就不可能有更进一步的了解,人与人的情缘就更加难以继续。掀开头上的屋顶,离开虚拟的网络,到生活中实实在在地去寻找,这是获得爱情的最佳途径。即使爱情的开始来自于网络,也要到现实中去相处,去了解。

2.爱情从来没有一帆风顺的

北大箴言:

每一个经历爱情的男女,都多多少少会受到爱情的伤害。只是,在受伤的过程中,有的人选择退却,选择封闭自己,而有的人,则选择让自己重生。

"问世间情为何物?直叫人生死相许。"《梅花三弄》中的一句经典歌词,至今仍让人回味无穷。从古到今,剪不断理还乱的,仍然是一个"情"字!红尘中的男男女女,明明看起来头脑清醒,处事果断,可是一旦碰上感情,却总是抽刀断水水更流。

爱情中,在对的时间遇到对的人,是一种幸福,也是一种幸运。而世间,幸福和幸运并不总是眷顾每一个人。郎有情而女无意,或是女有意而郎无情,这样的现象屡见不鲜,于是,就有了世间痴男怨女的产生。

影视剧中的三角恋、婚外情,都是现实生活的再版,都是爱情中受伤的根源。

爱情一开始总是美好的,爱得生生死死,爱得轰轰烈烈,爱得山无棱

天地绝。爱情中的双方,爱着的时候都是自私的,都是放着全世界也可以不要,只要一个你这样的豪情壮志。

梅爱她的男友胜过爱自己的生命,事事以男友为中心。他不高兴的事梅坚决不做。总以为这样的爱能天长地久,却不想男友还是变了心,爱上另一个女孩子。收到男友的分手短信,梅伤心欲绝。当看到男友挽着那个女孩子甜蜜经过的时候,梅再也忍不住失去了理智,扑了上去。梅长长的指甲,刺进了那个女孩子的眼睛,女孩从此失去了一只眼。

恨泄了,可是梅的自由也失去了,而前男友,只留给她一句话:今生不想再见到你! 相爱一场,到头来,却落得此恨绵绵。悲矣。

人说,冲动是魔鬼。既是魔鬼,就必害人,所以冲动最终就是害人,不只害人,也害了自己。忍字是心头一把刀,面对爱人的背叛,就像刀插进心脏般的疼痛。留着痛,拔出来也痛。所以,当情感一旦出现危机,就是疼痛的开始。这份痛的深浅,只有自己才清楚。

爱不在了,就让它过去吧! 别无谓伤害了自己。无论是男人,还是年轻的女孩子,不爱了,就放手,让彼此拥有重新爱的权利。这话说起来容易,可是做起来却很难,但是再难,总要去尝试。

3.去爱吧,就像没有受过伤一样

北 大 箴 言:

爱情具有一种自我复苏的力量,如同希腊神话中的女神,只要在遗忘之水中沐浴一番,就能恢复贞洁。

147

柏拉图说，爱是一种疯狂，一种神圣的疯狂。今天我们谈论爱情时，经常把它当作人际关系的一个方面，一种我们可以控制的东西。我们关心的是，如何用正确的方式恋爱，如何获得成功的爱情，如何克服其中的问题，如何面对失恋的打击。

很多人之所以来接受心理治疗，是因为他们对爱情的期望太高，而实际结果却让他们大失所望。很明显，爱情绝不是单纯的。过去的纠葛，未来的希望，以及种种鸡毛蒜皮的琐碎小事——哪怕与对方只有一点点联系——都会对爱情产生深远的影响。

有时我们会以轻松的态度谈论爱情，却忽略了它强劲而持久的一面。我们总期待着爱情的抚慰，却往往惊讶地发现，它也能在我们心中留下空虚和裂痕。

柏拉图把爱称为"充实与空虚的孩子"。充实与空虚，恰恰是爱情的正反两面。

人们向往爱情，总是期待爱情抚平心中的创伤，让生命更加圆满。或许在过去，爱情也曾让我们感到痛苦，但我们从来不在乎。因为爱情具有一种自我复苏的力量，如同希腊神话中的女神，只要在遗忘之水中沐浴一番，就能恢复爱的能力。

每经历一次爱情，我们对它的了解就深了一分。失恋之后，我们总是痛下决心，今后绝不再犯同样的错误。我们的心变硬了一些，或许也会变聪明了一些。

但爱情本身永远是年轻的，永远带着青春特有的愚蠢和笨拙。因此，与其在失恋的痛苦无望中形销骨立，不如坦然接受爱情造成的空虚，因为空虚是爱情本质的一部分。

我们不必刻意避免重蹈覆辙，也不用让自己"变得聪明"。遭受失恋的打击之后，我们所能做的就是驱散心中的怀疑，再度投入爱情，尽管我们已经体验到了其中的黑暗和空虚。

4.精辟的恋爱问答

北大箴言:

恋爱不是调剂,不是刺激,更不是想象。

首先,一旦恋爱了,你要最快调整"恋爱"的状态,学着边恋爱边从已有的恋爱经历中找出影响你的"恋爱之道"。

我们不妨看看下面几个精辟的恋爱问答,以从中收获到恋爱的"学问"。

Q1.恋爱是源于两个人性格的相似还是互补?

恋爱最常见的形式是两性之间的捕捉与追逐。人际间的好感可以相互传达出强大的力量,以至于能够弥补客观条件的不足。是相似性而非互补性把人们结合到了一起。相似性主要包括三个方面的匹配度:价值观与人格、兴趣和经验、人际风格。其中,人际风格是最重要的关系预测指标,与和自己人际沟通风格有所差异的人交往会有挫折感,且较少有进一步发展的可能。

Q2.恋爱是要靠"追"到手的吗?

真正的恋爱是不需要"追"的。两个人的默契慢慢将两颗心的距离缩短,在无意识中渐渐靠近彼此。从你喜欢上他的那一刻起,也许他也在那一刻喜欢上了你,同节奏的爱情往往能奏出最和谐动听的乐章。

Q3.真正的恋爱应该是什么样的?

两个人在一起轻轻松松、无忧无虑,没有压力。

Q4.爱一个人就是要毫无保留地付出吗?

当然不是。每一个人都是独立的个体,恋爱中的男女也一样。不能因为有男朋友了,就过度依赖他。同样地,你爱他,不代表就毫无保留地把自己奉献给他。我们首先是属于自己的,我们有思想,我们有个性,对待恋爱的对象可以适当地有所保留。

Q5.外貌和性格对女孩子而言哪个更重要呢?

经常有女孩子问这样的问题。男人是喜欢女生美貌多一点,还是她的性格多一点。这个怎么回答呢?电影、电视、书籍、杂志往往告诉年轻的女孩子,其实性格是决定一段恋爱最关键的因素,可是不少书籍和杂志还是不遗余力地向你推荐各种名牌化妆品和衣服——为什么?答案是,女孩子的美貌同样非常重要!至少,在现实里,美女的单身率往往会比较低哦。因为,漂亮的名花都被争相赶来的蝴蝶采走啦!

Q6.恋爱时两个人应该怎么相处?

恋爱中的两个人相处最重要的是相互信任、相互理解,要懂得包容对方。有人说女人的美是因为有一颗包容的心。

Q7.一生中只有一次真爱吗?

真爱是需要发现的。往往你的初恋会非常纯洁,但不代表你一生只有这一次爱恋。你的人生或许会经历许多次恋爱,但往往能让你动心的只有两次:一次是你鼓足勇气去和你喜欢的人谈恋爱,一次是你下定决心嫁给你爱的人。

Q8.爱上一个人是因为习惯这个人?

没有谁是我们一生非拥有不可的,爱一个人,很多时候实际上是习惯了这个人。

Q9.现实和浪漫,哪种恋爱更靠谱?

现实。没有现实为基础的浪漫就是空中楼阁。大学时代的恋爱往往随着毕业而告终,大多是因为分隔两地,不得不向现实妥协。距离产生美是一句空话,只有相互靠近、相互理解的人才会碰撞出爱的火花,才会结出甜美的爱的果实。

……

以上九个关于"恋爱"的问题,我们在真实的恋爱生活中都会碰到。当你不确定时,不妨拿出来参考一下。

5.基因决定男人更主动

北大箴言:

在情场上,男女的关系有点儿像应聘者和主考官的关系,前者在后者面前尽情展现自己的才华和能力,后者通过仔细考核以及反复思量决定是否接纳。

或许不少人会这样认为,现在已经是一个人的个性得到充分展现与发展的时代,每个人都可以也应该主动地、积极地追求他(她)想要的东西。而在爱情关系上,也就不应该限定是男追女,而应该是男女双方都有互相追求的权力和义务,双方都应该学会主动地追求心中的所爱,以免真爱在不经意之间偷偷溜走。所以,没有必要限定让男性追求女性,而女性不能追求男性。

但从男人与女人的生理特征及心理特征来分析,在爱情上,男人主动追求女人会造就双方更深入更完美的爱情关系。

生理上的特点:

男性在爱情上的主动与女人在爱情上的被动跟男女的生理结构息息相关。弗洛伊德在描述男性性行为时,曾经使用了一套军事术语,比如,征服、投降、控制、占领。对此,弗洛伊德的解释为,男性的主动性行为是跟征战、侵犯息息相关的。有心理学家指出:男人欣赏足球比赛,看

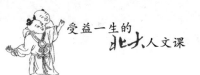
到球员射门的那一瞬间最为兴奋，还有些男人一看到战争和杀戮场面也会莫名其妙地产生快感，在这里，主动进攻和暴力侵略画上了等号，此乃雄性动物的天性。向前，向前，向前，男人只有不断地向前冲，他的男性特质才会得到最大限度的释放。

舞会上的情景逼真地再现了男攻女守的这一真理：由男人来挑选自己心仪的舞伴并主动邀请她共舞；女人端坐一边，静静地关注前来邀约者的风度举止，她可以接受，也可以拒绝。在爱情小说中，只见过有着浪漫情怀的女孩子在满心期待她心目中的白马王子从天而降。试问，有谁见过一个膀大腰圆的七尺汉子眼巴巴地盼着自己的梦中情人来主动示爱？

生理特征决定了男女心理特征的不同。让我们来看看男女心理特征的不同：

心理特征之一：男女两性的性心理基础不一样

男性的主导激素是雄激素，他渴望去争斗、去夺取、去展现自己的力量，雄激素是一种行动型的激素，他使人渴望去主动出击。

女性的主导激素是雌激素，她是安静的、柔软的、顺从的、被动的，她喜欢宁静而不喜欢去争、去夺。

所以，相比而言，男性更容易受到性的推动而去追逐、追求女性，他是急不可耐的、主动出击、主动争取的；而女性由于性的推动力小，所以并不急着要得到男性，她可以慢慢地等、慢慢地来。因此，男性往往会主动地去追求女性、争斗女性，而女性则相对被动地等待。

心理特性之二：男女两性最先打动对方的方式与速度不一样

男人喜欢上一个人靠眼睛，他特别容易被女性的外貌所打动，只看一眼就知道喜欢还是不喜欢。而女人喜欢一个人是用心，要心被打动。

对个性有感觉当然比不上对外貌有感觉来得快，因为一个人的个性并不会很快就完全地显露出来，总得经过一段或长或短时间的接触，让对方有机会表现了，才可能比较清楚地了解他的个性。所以，从吸引的快慢来说，男性可以很快就被第一次见面的女性所吸引，而女性则要经过一段时间的接触才能慢慢地被男性所吸引。

基本上，男女两性相互之间会有四个不同层面上的吸引：生理、情感、心理、心灵。生理激起欲望，情感激发爱恋，心理制造趣味，心灵创造爱情。这四个层面上的吸引往往并不是同时发生的，而是一个接一个逐渐深入的。只有一些比较强烈的一见钟情式的吸引，会使得这四个层面的吸引在很短时间内都达到很强烈的程度，但即使是这些很强烈很迅速的一见钟情，其各层面的吸引还是能分得出谁先谁后的。

但在吸引层面的发生顺序上，男女两性并不一致。生理上的吸引是男人选择女人最初的阶段，当男人和一些不同的女人交往过后，他会发现自己对某些人比较有感觉。这是个重要的步骤，因为他开始对某些人产生情感上的吸引。

当男人的选择越来越谨慎，只和生理及情感上产生吸引力的对象交往，男人会开始和对方发展心理上的吸引力，想进一步了解这个女人的内在。在这个阶段，他不只是被对方的外在所吸引，他也喜欢和对方作朋友，也被对方的性格所吸引。他为她的想法着迷，为她的感觉着迷，也为她的生活方式着迷，而这也激发出对方性格中最好的一面。

女人同样要经过这四个阶段，只是顺序上有点不同。

女人开始时总是心理上先被吸引，她观察对方的个性、作为，然后感觉到一些化学作用。接着是情感上的化学作用，使她觉得某些男人比其他男人特别，愿意和他们成为朋友。

在这些人当中，她又发现她对某些人有生理上的好感，这种感觉有时要很久才会产生，有时则突然就蹦出来。通常女人一开始被某个男人吸引，是因为他的为人，而不是因为他的外在。她先对某人发生兴趣，想要认识他，然后因为认识他而喜欢上他，最后才慢慢感觉到生理上的欲望。当她在心理上对一个男人的感情越深，她在生理上对他产生的化学反应越强。

具体说来，男性被女性吸引的四个层面的先后顺序是生理、情感、心

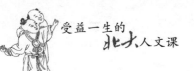
理、心灵上的吸引；而女性被男性所吸引的先后顺序是心理、情感、生理、心灵上的吸引。

因此，在两性关系中，一般的规律往往是男性先喜欢上女性。

心理特征之三：男女两性在情感上获得满足的方式不同

基本上，男女两性对对方产生好感的原因并不一样。当女人发现某个男人具备她需要的东西时，她就会对他产生好感。但对男人来说，情形却恰好相反。当某个女人需要男人的付出与帮助时，男人就感觉"来电"了。这种互相依赖的关系正好培养出对彼此的好感。在这一点上，主动的行为只能由男性来做出，女性顶多也是创造条件而已。

男人需要女人认同他的能力，而女人需要男人认同她的美丽、可爱、魅力、女人味。充满自信的男人有强烈的动机去取悦女人。他的生活越上轨道，就越渴望有个女人来与他分享。

约会的艺术在于男人扮演付出者的角色，女人扮演接受者的角色。约会的过程就是要女人放轻松，让男人来照顾她的需要。这个过程强调一个重要的模式：男人力求表现去满足女人的需要，女人则欣然接受男人的付出。结果男人因此变得自信、进取、有责任心，而女人觉得有安全感而愿意接受男人的帮助。

心理特征之四：男女两性在爱情关系中的需要不一样

在爱情关系中，女性最希望获得的是安全感与被宠爱的感觉。

安全感算得上是女性在情感关系中的最基本需要，只有先满足了这个需要才会去追求其他的需要；而被关心被爱护的感觉则是女性在情感关系中最内在、最强烈、最具吸引力的需要。

安全感的满足需要男性有足够的力量，坚定而自信，有足够的社会资源与地位，有能力向女性提供充分的保护。根据马斯洛的需求理论，生理的需要满足之后就是安全的需要。对女性来说，饱暖等最基本的需要并不难满足，因此安全的需要就显得很突出了。

对女性来说，被宠爱的需要虽然是最强烈的，但这也得在满足了安

全需要的基础上才去追求的。所以女性往往特别看重男性的能力。

　　而对于渴望获得男性的关心与爱护的需要,女性更看重的是这个男性是否愿意关心自己、是否愿意为自己付出,这比这个男性拥有更好的关心与爱护的能力更重要。所以女性的择偶策略是,她往往愿意接受对自己最好、最乐于向自己表示好感、表示殷勤的男性——也就是最爱自己的男性,虽然他可能并不是她所最爱的人。

　　对女性来说,无论男性多么优秀、多么有魅力、多么有吸引力、各方面多么完美,但如果这个男性并不主动,并没有热烈地追求她,并不很在乎她,并没有很主动地约她、关心她、渴望与她在一起的话,那么,她对他的热情就会很快消退。

　　所以,无论从生理结构还是心理特征,男人都更喜欢主动出击,而女人也更喜欢男人主动表示。约会中,男人就是给予者,女人则是接受者。男人向女人表达爱意,不断满足女人的需要,在这种追求和给予中,男人的主动性得以施展,男人的英雄情结得到满足,而女人则提供机会大方接受。在这种情况下,男人好比英雄救美,充满成就感,女人则像沐浴在爱河中的公主,备感幸福。

6.用优秀的自己去追逐爱情

北大箴言:

　　正如很多人懂的一个道理:机遇往往是留给有准备的人。爱情也是一样的。

　　每个人都想要自己的另一半足够优秀,但是,在此之前还是先看看

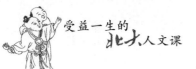

自己比较好，看看自己是不是能够配的上对方。否则，就算我们的生活中出现了这样优秀的人，也未必抓得住，最后的结局只会是和我们擦肩而过，成为匆匆过客。

如果有幸与这样优秀的人结识，相知相恋相爱，这应该是最完美的事儿了吧。但我们的内心想必肯定是有深深的不安，深怕得到后失去，这样的感觉远比一直没有得到来得更痛苦和不安。

当你是一个卖火柴的小女孩，只能有买火柴的顾客来。但是，当你是公主时，自然就是王子来，当然，还有你曾经梦想的生活。你是什么样的人，就遇到什么人。所以，在爱情之前，不妨先让自己足够优秀，用优秀的自己去追逐爱情。

一位年轻漂亮的女士在网上发帖说想要嫁一个年薪50万美元以上的人，向网友征询怎样才能嫁给这样的有钱人。

华尔街的一位金融家在他的回帖中这样写道：

"从生意人的角度来看，跟你结婚是个糟糕的决策，道理再明白不过，请听我解释。抛开细枝末节，你所说的其实是笔简单的"财"和"貌"的交易：甲方提供迷人的外表，乙方出钱，公平交易，童叟无欺。但是，你的美貌会随着时间消逝，而我的钱却不会无缘无故的减少。事实上，我的收入一直足年增加，而你却不可能一年比一年漂亮！因此，从经济学的角度来讲，我是增值资产，你是贬值资产！你现在25岁，在未来的5年里，你仍可以保持苗条的身材，俏丽的容貌，虽然每年略有退步，但美丽消失的速度会越来越快！如果它是你仅有的资产，十年后，你的价值将十分堪忧！

年薪能超过50万美元的人当然都不是傻瓜，因此我们只会和你交往，但不会跟你结婚。所以我劝你不要苦苦寻找嫁给有钱人的秘方。不过，你倒可以想办法把自己变成年薪50万的人，这比碰到一个有钱的傻瓜的胜算要大得多！"

有哪一位成功男士背后的女人是没有高智商，没有气质、气场，没有良好的家庭，优秀的教育背景的？不要总是想着好男人、优秀的男人会主动"投怀送抱"，想要赢得他们的尊重、赢得他们的好感和目光，就一定要先提高自己。

中国自古就有"门当户对"之说，即使在社会风气开明的今天，这句话也并不过时。不管是爱情还是婚姻，都需要两个人在各方面达到一个平衡对等的状态。在现实生活中我们也不难找到两个差距太大的人结婚的例子，但是他们的婚姻往往并不幸福，王子和灰姑娘的故事毕竟只是童话故事。

《简爱》中的女主人公是个孤女，相貌平平，不漂亮也没有任何背景，但在自己的努力下却遇到了自己的真爱，嫁给了罗切斯特先生。尽管两人历经磨难，但最终还是有情人终成眷属，圆满了。

如果没有简的努力和坚持，仅凭她的相貌是不可能得到罗切斯特先生的青睐的。她也是靠着自己的努力和坚持，由一个固执的小姑娘成长为一个优秀的女孩。会弹琴、会画画，是个有主见的人，关键是她靠自己的双手养活了自己，而且后来还因为继承了一笔遗产变成一个富有的人。

只有当我们有了足够优越的资本时，拥有优秀的伴侣也就自然成了顺水推舟的事情，指日可待。要记住，爱情不是偶像剧，只有社交能力强、对事业投入，又为人正直、富有同情心，无论是独处还是与许多人在一起都能怡然自得的女人才更容易吸引优秀男人的目光。

优秀是一种习惯，我们不能仅仅要求对方足够优秀，更应该提高自身素质，让自己也变得优秀起来，吸引越来越多人的目光。在以高标准、严要求的标准来挑选自己未来的另一半时，也以同样的标准来要求自己。这不仅仅是为了我们所爱的人，也是为了让自己更加完美。

所以不要再怨天尤人了，我们应该让自己优秀起来！就算现在没有很高薪的工作，但是你一样可以过得好。没有人陪你，但是你还有奋斗

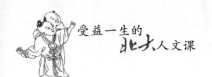
陪你,还有进取陪你,自然还有你的理想陪你。在没有遇到爱情之前,请把最好的年华留给自己。正如很多人懂的一个道理:机遇往往是留给有准备的人。爱情也是一样的,爱情也会在我们准备得足够优秀的时候,悄悄来敲门,来到我们的身边。

7.感情是慢慢培养出来的

北大箴言:

瞬间的激情,碰撞出闪电般的火光;霎时的两情相悦,演绎成海誓山盟。但这一切,并不足以照亮通往婚姻殿堂的康庄大道。

有些人总想碰见个完美的爱人,一见倾心复倾身,万事妥帖,恩爱白头。而事实往往是,一见钟情,再而烦,三而厌。反而是那些日久生情的配偶,比较经得起时间的考验。

不要迷信一见钟情。第一眼看到对方,就爱上了对方,但是这种美丽的遇见,由于双方没有经过相互了解,所以爱情也很不稳固。事实证明,闪电般恋爱、草率结婚常常导致婚姻的悲剧。

这世上除了令人惊羡的帅哥美女,还有许多耐看型的男人和女人。只要外表尚且过得去,那就多给对方一些时间,多进行接触和了解,见过几次面之后,再作决定不迟。或许在你与一个人初次见面时,他的形貌丝毫不能引起你的兴趣。但是这并不排除经过长时间的相处和了解,你会对他(她)产生情愫的可能。

在电影《一吻巴黎》中,年轻漂亮的娜塔莉与弗朗索瓦一见倾心,两人结婚7年依然处于热恋的状态。然而不幸的是,弗朗索瓦意外丧命于车祸，这让娜塔莉顿时由天堂堕入地狱，从此，每天都如行尸走肉一般生活，用拼命的工作麻痹自己。后来公司来了一位瑞士同事马库斯，两人性格水火不容，日常工作中也是摩擦不断，但也正是互相之间的碰撞让他们逐渐对彼此产生了爱的情愫，这段美好的爱情也唤醒了娜塔莉对生活的欲望和感受爱的能力。

看过《潜伏》的朋友们都知道，剧中人物余则成是一位地下工作者，在日本投降后，潜伏在国民党军统局中，为了工作需要，组织上派来假夫人翠平，但两人在长期相处中"弄假成真"成了真正的夫妻。虽然最后的结局是两人各奔东西，但两人之间的感情却是不能被抹杀掉的。

与"一见钟情"相对的是"日久生情"，日久生情的两个人，或许在一开始的时候并没有对对方产生脸红心跳的感觉，只是在一起的时间长了自然就产生了感情，这个时候双方对彼此都有了比较深入的了解，被对方的优点或者魅力所吸引，同时也能容忍对方的那些小小的缺点和不足，这样的感情相对来说也是比较长久的。

在古代，男女双方结婚前连对方的面都没见过，但也传出了不少轰轰烈烈的爱情故事。反观"先恋爱后结婚"的现代社会，离婚率却越来越高，"闪婚族"也往往会沦落为"闪离族"。如果我们把爱情比作美食，"一见钟情"的爱情就像一份快餐，只能让人满足一时的口欲，保持一时的新鲜感，当人们意识到它无法提供自身所需要的营养时，自然会选择放弃；而"日久生情"的爱情就像是一份老火靓汤，经过长时间的细火慢炖，不仅营养丰富，味道也回味无穷。

小文是一个很普通的女孩，没有出众的相貌，没有非凡的才华，家世也很一般，但她却有一个非常帅气的男友。

起初是小文先暗恋着这个男孩的，基于女孩原本的羞涩，她并没有向男孩表白。时间长了，这个男孩感觉女孩一直在关心着自己，直到有一天这个男孩感觉到，没有了这个女孩的关心生活好像没有了意义。自

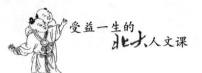

从跟女孩相处后,男孩像换了一个人,交际广了,朋友多了,灰暗的生活有了阳光。

后来男孩娶了小文,虽然她不算漂亮,但是她带给男孩真实的生活。当小文问男孩:"你为什么不选择比我更漂亮的女孩呢?"男孩回答道:"漂亮的外表是经不起时间的摧残的,假如你老了,我不喜欢你了怎么办呀,我要的是现实中的现实,不是虚无的东西。"

结婚后,事实跟男孩的预料是一样的。生活中的小文是一个非常懂得经营爱情的人,她用自己的聪明和智慧把两个人的感情经营得很好,当然生活中也有一些不开心的事情,但是小文总会用一些好的方法巧妙地处理,不仅不会伤害对方,而且给生活增添了不少乐趣。小文是聪明的、有智慧的,当然不是要小聪明而是用心去经营爱情,理解对方,懂得为对方考虑。这让他的先生很是感动。

对于外表不要用自己太多的有色眼光去看,自己是要找一个伴侣,找一个在自己伤心时安慰自己、在自己失意时鼓励自己、在自己有成就时比自己还高兴的人,和他一起生活的,如果只寻求那些美女或者帅哥,在以后的生活中他们不一定会分担你的喜怒哀乐。

人们常说:"和一个爱你的人在一起生活会比和一个你爱的人一起生活,更容易获得幸福。"如果两个人在结婚前并没有那么深刻的感情,那也没有关系,我们可以通过婚后生活的一些小细节,让彼此的感情升温。

感情中双方要学会"求同存异",两个人生活在一起,脾气性格、生活习惯和爱好不可能完全相同,非要把自己的标准强加给对方,只会引起对方的反感和不满。"大事求同,小事存异"才是明智之举。同时,对于一些鸡毛蒜皮的小事不要斤斤计较。

瞬间的激情,碰撞出闪电般的火光;霎时的两情相悦,演绎成海誓山盟。但这一切,并不足以照亮通往婚姻殿堂的康庄大道,那么多在爱情征途上跋涉的男女,在美丽的爱情之花绽放时,仍然选择持久地去了解、认识、理解对方，慢慢培养出来的感情才能抵挡住漫漫人生路上风雨的侵袭。

8.不要迷信"距离产生美"

北大箴言：

　　无论是时间上的距离还是空间上的距离，都会让彼此间找不到共同的语言，也不会明白对方的心思、苦衷、意见、见解。当你对对方的近况什么都不知道的时候，便不能更好地施加影响。

　　孩子哭的时候，如果你想让他停止哭声，任你在远处再怎么劝说，他还会继续哭。但如果你走到他的面前，抱起他并逗逗他，他往往会很快停止哭声。

　　当你有事情向老板请假的时候，如果你只是打个电话请假，老板在电话中通常会表示出不情愿，甚至不给你假。但如果你提前直接向他请假，通常他会表现得无所谓。

　　当你和女朋友闹矛盾的时候，你们越是不联系，矛盾往往越会加剧。但如果闹完矛盾不久后，你主动向女朋友道歉，你会发现，你们之间的感情会比之前更加深厚。

　　谈判时，如果你一直绕弯子不切入正题，对方则会认为你没有诚意，进而表现出不愿意与你进一步交谈。但如果你直截了当地和对方交谈，那么对方则会表现得更加积极。

　　……

　　生活中的很多事情都是如此，距离太远便会失去一定的吸引力。如

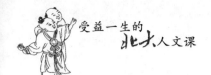

果你想影响对方接受你的观点、意见,以及为你做事情,那么就要拉近彼此间的距离,因为距离太远便无法实施影响了。

小罗是一个外企公司董事长的助理。在此之前,尽管公司提供的工资待遇以及各方面福利都很好,但董事长先后聘请了几个助理,不是他将对方解雇了,便是对方主动辞职,公司中一度没人敢介绍人过来应聘该职位。后来小罗应聘到该职位,不仅没有辞职,而且从应聘到现在已经有一年多了一直稳坐该职位,不仅涨了工资,还深受董事长喜爱。这是因为,他的积极不仅仅表现在工作中,只要是老板有事情找他,他会准时到达,而且私下里和老板的关系也很好,逢年过节经常会去老板家坐坐。后来,老板外出度假、旅游的时候偶尔也会带上他。正是这些私下里的交情,才让他对老板更加了解,也让老板更加重用他,使得他有效地影响了老板,在工作中表现得游刃有余,进而能更加顺利地在老板身边工作。

要实施影响,首先就要学会接近。不能接近,便不能实施影响,只有接近他人,才能够得到施加影响的机会。因为通常情况下,接近不会受到他人的拒绝,反而会拉近彼此间的距离,进而有利于实施影响。小罗便是一个在生活中懂得接近老板的人,正是他在私下生活中与老板的适当接近,才有效地影响了老板,让工作变得游刃有余。

心理学上认为,任何一个欲向他人施加影响的人,都要学会处理关系,这是一种靠近他人的微妙法则。处理关系并不是简单地完全附和他人的想法、意见,同意他人的请求,而是在你的引导下,让对方主动地与你接近,接受你的意见、观点,进而受你的影响。同样也不是谄媚,因为谄媚往往会失去客观性以及自我,正如有人说过的那样:"处理关系是把自己的脚放到别人的鞋子中,而谄媚是把别人的鞋子穿在自己的脚上,鞋子不合脚还要忍受着夹脚的痛苦。"

王华和李强的恋爱便进一步验证了此观点。

李强和王华是高中同学,李强一直暗恋王华。高考时他们考到了同一所大学,从上大学开始李强便一直追王华。大一下学期,他们相恋了,并且两个人的感情非常好,经常一起上自习,一起出去玩,一起回家,一起做彼此喜欢做的事情。大学四年的生活很快结束了,毕业找工作时,他们本想在同一个城市工作,但是好景不长,没过多久王华的家里便要求她出国发展,并给她办了出国手续。王华在父母的强迫下无奈地出国了,但两人都坚信双方的感情,不会因为距离而疏远。

　　王华刚出国的时候,两个人经常打电话、发信息,并且感觉两个人分开后,没有小的摩擦也没有大的矛盾,感情反而更加亲切。但渐渐地他们发现彼此的感情淡了,也不像以前那样将身边的事情和自己心中的想法彼此分享,两人之间的信息越来越少,电话越来越少,最后连邮件也没有了。两年后他们几乎失去了联系,两人在电话中沉默地分手了。

　　虽然心理学上有"距离产生美"之说,但在情感上,距离有时并不能产生美,在人与人相处的过程中更是如此,反而多数时候,会因为相对较远的距离,使美渐渐地消失。王华和李强分居两地后,虽然在开始的时候会觉得彼此间更加亲密,但是在时间与空间的距离面前,口头上的感情,显得是那样苍白无力,渐渐地,彼此间也没有了当初的默契与心灵相惜,更无法向对方施加影响。

　　疏远的距离,会让人与人之间感到陌生、孤独,而影响人是需要通过不断地交流和沟通,才能发挥效力的。如同感情一样,有时就需要一个深情的眼神、一个温暖的拥抱、一分温情的关心,这不是用几句言语能代替的。无论是时间上的距离还是空间上的距离,都会让彼此间找不到共同的语言,也不会明白对方的心思、苦衷。当你对对方的近况什么都不知道的时候,你又拿什么去影响对方呢?

第七课

论婚姻

——美满的婚姻都是磨合出来的

　　成功的婚姻需要两个人的付出，彼此的宽容、谅解，以及逐渐在试探中根据不断出现的问题调整"双方关系"，不仅是价值观和世界观的融合，也是个性、修养、生活习惯和细节的大交叉。

1.人为什么要结婚

如果恋爱是漂亮豪华的包装,婚姻就是打开包装后的耐用品。经济实惠,没有过多装饰。

人为什么要结婚,说起来很简单,但又很繁杂,认真地回答这个问题还真不那么容易。人们对"结婚"这个字眼太熟悉了,连不懂事的孩子有时也会冒出这个词来。"人为什么要结婚"实质是要人们回答结婚的动机是什么,人结婚的目的是什么,结婚的意义何在?

其实,不同的社会、不同的阶级、不同阶层的人,其结婚的目的也相差甚远。趋炎附势、攀龙附凤者有之,为脱贫致富、为享受荣华富贵者也有之……但总体来说,结婚是出于人的生物属性和社会属性的需要,是为了男女双方从中获得精神和生理上的满足。

人要结婚的基本动机之一是满足性的要求,实际上对这个命题无足大惊小怪。性要求同其他生理要求(如吃饭、排便等)一样,并没什么本质的不同,所不同的是性要求是伴随性发育和性成熟才出现的。随着年龄的增长、性的发育成熟,渐渐出现了性的要求。这就是两性接触的原动力。

人要结婚的另一个基本动机是为了种族延续。人类这个种族已有上万年历史,人类得以延续完全是由于婚姻关系的直接结果。传宗接代的思想一直都是明确的。如果每一对夫妻都不要孩子,那么用不了若干年,人类就要自行消亡。因而人要结婚不仅仅是两个人之间的事,

而是整个社会的事,是人类进化、社会发展和科学技术发展的保证与原动力。

我们都知道的一点是,人是群居动物,群居的内部资源共享,使整个力量增强,然后就出现文明、人类社会,出现社会分工等。当然,人在性和种族的延续方面不应单凭生物本能行事,而是还具有更高尚、更完美和更丰富的社会内容。人的思想、情感、社会意识和道德诸因素在人类两性结合中占有不容忽视的重要位置。因此,人要结婚除了以上两个基本动机外,另一动机就是为了满足爱情的需要。爱情是性和种族延续动机所不能包括的,也是人区别于动物的根本标志。人是有感情、有思想的。男女未婚青年在工作中、在共同接触中会产生爱情,爱情是人类情感中更高一层、更深一步的东西。没有爱情就很难成为夫妻。当爱情发展到男女约会已不能满足感情需要时,就会产生天天生活在一起的欲望,从而就自然要求以结婚的方式予以满足。

总之,人要结婚是男女未婚青年的自身精神、情感和生理的需要,也是社会发展、种族延续的需要。

做过管理的人知道,一个团队,并不是人越多,带来的效益越大,而是看什么样的组合。婚姻是人类社会最小的构成单位。在这个有效的单位中,它能带给单位内的成员以最大化的利益。当然,这种利益可能是精神的,也可能是物质的,也可能是全方位的。

婚姻存在的前提就是为了寻求彼此保护,协同工作生活,取得好好生存下去的更大机会。有人做饭,有人打扫房间,有人修马桶,有人装饰屋子……彼此相得益彰。更重要的是,心里有了依靠。

如果恋爱是漂亮豪华的包装,婚姻就是打开包装后的耐用品。经济实惠,没有过多装饰。"桃之夭夭,灼灼其华;之子于归,宜其室家"是婚姻的真正目的。两个人成了一个利益共同体,各尽所长。资源的合理配置,实现了效率最大化。

家庭是社会的细胞,它属于微观经济的范畴。微观经济是宏观经济

的运行基础。婚姻,是满足人类本性需求的初始条件,而非充分条件。婚姻,是在法律范畴之内的。法律只具有保护家庭成员所拥有共同财产的分配与分割的功能;而对于成员之间的吃饱、睡好是无能为力的。其功能仅限于经济层面,即作用于最低层面。一张结婚证书,绝不是美满婚姻的"博士文凭"。

在古代社会,家庭是一个最基本的生产单位。男耕女织,是一种生产劳动的分工协作,更是一种最佳的人力资源配置。现代社会人们组成一个家庭,像是在经营一家股份公司:其主要成员本着有钱出钱、有力出力的原则,共同合作经营。其理想境界应是:分配合理,利益均沾。其存在的边界,取决于边际投入与边际收益。任何一方感到其边际投入与边际收益不相称时,便会撤资散伙,分道扬镳;婚姻危机,随之而来。

从社会学的角度来分析,婚姻是人类得以延续的必然,结婚组成的家庭是社会的基本单元。每个人有相应明确的权利和义务,社会才能得以稳定有序地发展,于是形成了一套社会婚姻规则,每个人都必须遵守这套游戏规则。当然人们也有选择不结婚或不生育的权利,如果是自愿的选择,我就不做分析了。

爱情是婚姻的核心元素之一,因此结婚不仅是共同生活(共同生活指的是家庭成员优势互补、互相配合,共同承担相应的责任和义务,共同分享生活的喜乐,这里指的是个人和社会发展的需要)的需要,更是情感交流、关怀的需要。社会以家庭为组成单元,于是就有了亲人与其他人的区别,在当今这种社会制度下自然会产生信任危机,其他人并不是那么可信。私有制使人类的私利性得以滋生,高科技的普及无奈地使人与人之间的距离越来越远,社会似乎变得越来越冷漠了。于是亲人就成为最值得信任,同时能得到最多真诚的爱的对象,尤其是夫妻之间,这种情感的需求越来越强烈。

因此,因爱结婚的想法是婚姻思想的主流,至少爱是人们潜意识里最深的渴望。

2.爱得死去活来的恋人并不适合做夫妻

北大箴言：

　　婚姻里，要的就是合适。所谓合适，代表的是一种比较舒适的状态。

　　老辈人看来，结婚是两个人在一起过一辈子的日子，只有两个合适的人，才不会有那么多的磕磕碰碰、吵吵闹闹，才能开开心心、天长地久、白头到老。

　　"如果觉得合适就结婚吧"，这是无数母亲面对女儿的终身大事时的态度。她没有说爱，而说合适，不是因为"爱"这个字眼她说不出口，而是在潜意识里，经历了漫长婚姻生活的母亲们，看重的不再是爱，而是合适。

　　看看周围的现实生活中，比比皆是相依为命、牵手到老的平凡夫妻，爱到生死相许的两个人反而因各种各样的原因难成眷属、难以白头。这到底是为什么呢？

　　只能说，爱得死去活来、惊天动地的恋人并不适合做夫妻，他们的婚姻比普通人存在更大的风险。因为爱得越深，对方就会成为你目光的焦点，你无时无刻不在关注着他的一言一行。有时沾沾自喜，有时患得患失，一旦有什么不能做到尽如你意，没有给你预期的回报，你就会失落就会埋怨，"我对他付出了那么多，为什么他总是视而不见，无动于衷？"

　　这是很多恋人和夫妻间的问题，因为太爱，就不能用平常心来看待。搞得自己疲惫不堪，也把对方打入了痛苦的深渊。太多的爱，累了自己，伤了别人，得不偿失。最后爱情在琐碎生活的磨砺中消失殆尽，有情人

168

落得分道扬镳的伤感结局。

婚姻里,要的就是合适。所谓合适,代表的是一种比较舒适的状态。两个人在一起轻松快乐,没有压力,那样才可以保持永远的活力和热情,太多的牵扯会消耗过多的心力,让爱情在凡俗日子里迅速衰老,直到死亡。

很可能因了舒适,便产生习惯,因了习惯,而造就平淡。没有了三天一吵,两天一闹,也就没有了刻骨铭心的爱与恨。所以两人之间就有了更多的宽容和谅解,更加相濡以沫、恩恩爱爱。

一生的日子,要两个人一天天地过下去,爱情是玫瑰,只适合锦上添花。现实是多么的残忍,面对生活的苦和累,柴米油盐的琐碎,会让爱情所有的光芒变得暗淡,让爱情的花朵枯萎凋落。等到风景都看透,人们要找的只是一个能陪你看细水长流,把你当成手心里宝贝的爱人。

决定嫁(娶)给一个人,只需一时的勇气;守护一场婚姻,却需要一辈子的倾尽全力。因为,爱情可以高雅到不食人间烟火,就如琼瑶书上写的:只要两情相悦,无灯无月何妨,而婚姻,却要脚踏实地,苦乐与共地和爱人携手走完一生的日子。

在人生的长河中,我们会遇到许多不一样的人和事,也会遇到自己中意和中意自己的人,携手走过了那样一段人生的旅程。在经过无数次的摸爬滚打之后,一次次在角落抚摸自己的伤口的时候,我们会为自己所做的一切产生怀疑,为什么自己不能和自己心爱的女孩一起走下去,为什么总会出现这样那样的波澜?但,为之伤痛的感情只是人生精彩的开始,无论何时,都要记得自己最想要的感情是怎样的。因为那是你的坐标和原点。我们不可能一眼就能认出哪个人就是自己的宿命,但我们会去认识和感知对方的感情,慢慢地磨合。记住,感情是两个人的事情,但你感觉到对方对自己的求爱信号毫无反应或是已经不在反应时,请收起你的爱,因为你还需要气力和情感爱你的家人,更重要的是爱你自己。

3.信任是幸福婚姻的前提

　　信任是幸福婚姻的前提,也是幸福婚姻的基础。

　　人们在走进围城时,无不渴望自己的婚姻完美而持久。可是现代人的婚姻越来越像瓷器,精美而脆弱,一不小心就摔得粉碎。一个人目睹破碎的婚姻越多,对婚姻就越没信心。一个人对婚姻越没信心,越容易导致婚姻的终结。那么,怎样才能得到幸福的婚姻呢?

　　夫妻之间一旦缺少了基本的信任,家庭裂痕也就出现了。所以,夫妻双方一定要相互信任,有时候,信任比真相更重要。比如,妻子收到了一条短信,丈夫想,是谁发来的? 妻子与老同学聚会,丈夫怀疑妻子精神出轨;丈夫晚回来几个小时,妻子怀疑丈夫在外面是不是有了情人;妻子老家来人,丈夫怀疑妻子偷偷地给老家人钱;妻子与前男友见面,丈夫怀疑旧情复发;丈夫出差在外,妻子怀疑丈夫行为不轨……

　　由于这些无端的怀疑,搞得自己很累、很痛苦,甚至因此做出愚蠢的事来,最终把自己本来应该很幸福的婚姻亲手毁掉,闹得自己和亲人痛苦不堪。

　　曾记得一位女作家说过这样一句话:信任是心灵相通的桥梁,是家庭稳定的纽带,是化恶为善的基石。

　　信任是生活的基本态度。同样,在婚姻关系中,你们首先要信任你们的配偶是忠诚的、是爱自己的。信任,可以让你永远保持清醒的头脑,免受外来因素的干扰与侵袭,同时也充分地保障着婚姻的稳固坚实。试想,夫妻之间如果连最根本的信任都不存在了,还谈得上什么真爱？没有真爱的婚姻又怎么会稳固。信任是基石,宽容是相处之道,猜疑只会损害我们的婚姻。

在婚姻中,信任是一棵树,它需要你为它疗伤、浇水,需要你精心爱护才能越长越大。而你的努力所得到的报答,就是爱情的花朵和幸福的果实。

有个女人说,她深爱自己的丈夫,到了爱不释手的地步——她真的是从不放开丈夫的手。除了上班,她一分钟也不愿意丈夫离开自己的身边。她的丈夫说:"我如果在同楼的朋友家聊上20分钟,她就会来拉我回家。我如果和其他女性说3句话,她就会哭3小时。"这位妻子则说:"只要他不在我眼前,我就会特别担心。我会想象他和别的女人在一起。如果他说找朋友一起去踢球,我就怕他是骗我。他说让我信任他,我也真的想信任他。我知道他爱我,我也从来没有发现过他对我说假话,但我就是摆脱不了那个担心。你不知道,当我看到他与来访的女同学谈得那么高兴,我心里有多难过。"

信任像一棵树,嫉妒就是这棵树的伤病。有的伤是在树的根上,也就是说,有些人不信任配偶是因为自己性格中的缺陷。这是一些不自信的人,他们总觉得自己不如爱人有魅力,不如爱人聪明能干,不如爱人有名声,因而他们总担心爱人会成为仅是"我爱的人",而不再是"爱我的人"。还有一些占有欲强的人,他们认为爱人是自己所有,爱人的所有生活都应该是围绕自己的。前一种的伤较好医治,只要告诉自己"他和我结婚就说明我值得他爱",就可使受伤的树根复原。而后种伤医治起来则比较困难,必须脱胎换骨。

如果婚姻中的男女都理解相互信任的重要性,学会不随意对对方起疑心,对对方多一些信任,多给对方一些空间,懂得给对方空间就等于

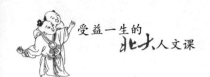

给自己自由,给予别人信任就等于让自己变得自信和豁达,就会让婚姻得到很好的保护。

4.作适当的调整和让步

北大箴言：

　　维持一个婚姻,保持两个人之间的新鲜和爱慕的感觉,坚定走完一生的信心,这绝对是一门学问和艺术。

　　为什么很多当年爱得无比炽热的伴侣,却在几年、十几年的婚姻之后,最终走上了穷途末路。那种感觉很是悲哀,明明还记得曾经的浓情和欢好,却只能惆怅地回望,再也回不去了。岁月真是折磨人的一种东西,能够磨损掉你生命中最重要、最珍惜的东西。所以,能够得到一个爱人其实很容易,青春萌动的时候,我们很简单就会爱上一个人,年少的时候为所爱的人吃苦也不觉得累,但是维持一个婚姻,保持两个人之间的新鲜和爱慕的感觉,坚定走完一生的信心,这绝对是一门学问和艺术。

　　很多人看轻了这门学问,在婚姻的相互磨合的过程中,虽然做到了逐渐适应,但是却不知不觉地消减了爱情,淡忘了爱的感觉,成为了名副其实的过日子。就像相偎相依的刺猬,互相取暖的同时,彼此伤害,心里留下了不能够磨灭的伤痕。最后,日子过久了,心也老了,芥蒂也存在了,不满像杂草重生,这时候,有一点点外界的诱惑和引诱,婚姻就很容易全线崩溃。

　　我们所拥有的婚姻未必是我们最希望得到的,结婚的对象未必是我们最喜欢、最欣赏的,婚姻将受现实的压力和个人能力、个性、学识、环境等方面的局限。所以当进入婚姻殿堂之前,你就要明白你希望在这段婚姻和对方身上得到什么,在知道任何人都无法满足我们所有的要求的基础上,要衡量出对于自己来说最重要的东西。

比如,有一个朋友喜欢高高瘦瘦、扮酷的男人,可她的老公却是一个矮胖的家常派小生,那么如果按照某些人的性格,可能这个朋友就会经常性地遗憾和苦闷了,可是她却觉得,自己喜欢那样的男人图片上有的是,又何必一定要放到家里欣赏呢,此胖子热情风趣,还做得一手好菜,绝对能保证自己未来有吃有喝、很开心,干吗不嫁?

她把现实和理想分的那么清楚,分别放到了不同的位置,所以才会幸福地那么单纯。可是太多的人做不到这一点,经常看到有的女人因为丈夫了矮了几公分就郁结多年,好像全世界都在鄙视自己和一个矮个子结婚,却不懂得看到这男人身上别人不具备的优点;有的男人因为自己老婆不够漂亮就心里结个疙瘩,尽管老婆贤淑得体,也掩盖不了自己内心的重创。这样的人归根结底是在放大伴侣的一些不足中连带着否定自己,好像是自己能力不够所以就不能拥有更好的。

自己和自己过不去的人真的不少,别人都在看他所得到的,只有他自己偏要看自己没有的。其实,大家都是红尘中平凡的男女,我们没有资格挑三拣四,当一切自己的选择成为定局,不再自寻烦恼的最佳姿态不是挑剔,而是宽容。

生活就是这么朴实吧,任何我们得到的东西都有自己的表象和内核,没有十全十美,也没有绝对的毛病和缺陷,就看你愿意怎么去选择、怎么去看待。

只有真正充实圆满的心灵,才能够欣赏到别人身上的优点,也会正确面对别人的缺点。懂得从最简单的生活中得到乐趣,懂得尊重一切不同的人,懂得用平凡的日子来满足自己,生活就会很简单、很幸福。

任何身份、任何地位的人,落到生活中都是差不多的,本质都是一样。谁和谁都没什么不同,经过岁月的磨练,我们终将会明白这一点。

5.及时"踩刹车",夫妻吵架不必论输赢

北大箴言:

就如同孩子哭闹是为了引起父母的重视,有的时候,吵架也是对方索取温暖的一种方式,它是很多人获得情感关注的途径。

先看两个故事。

故事一:男人加班,晚上11点还不回来,11点半女人打电话问,男人回答已经在路上了。女人反正也睡不着,就在床上边看电视边等他。听到门响,他回来了,没有马上进卧室,在外面的洗手间洗漱完毕,才进来卧室,脱衣服睡觉。而那时,女人的脸已经气成了绛紫色了。

男人的想法:女人已经睡觉了,不要吵醒她,还不赶快蹑手蹑脚地做好一切往床上一躺?

女人的想法:你知道我在等你,为什么不第一时间进来卧室看我一眼,哪怕我睡着了,帮我披披被子也好啊,要是能亲亲我额头,那就更美了;如果没睡着,那不正好跟我打个招呼,让我看见你,心里的石头可以放下来,然后再去洗漱也不迟啊!

之后,女人在床上破口大骂,说,你不爱我,你不在乎我感受,云云。而男人,觉得受了委屈,怎么这就算不爱你了?这个女人不可理喻,于

是,男人摔门而出,去了书房待着了。女人更加委屈,气愤难平,追到书房,继续大骂!

故事二:一对情侣,总是为了切菜这点小事情吵得脸红脖子粗。女孩子切西红柿、圆白菜这类蔬菜时会将蔬菜洗干净,然后一分为二来切,而男方看到她这样切菜就会指责,认为她应该先把西红柿、圆白菜的根部去除掉,然后再切。开始,两个人还是玩笑地去说这个问题,但到最后,谁也不让步,直到有一次在厨房里上演了一幕西红柿满天飞的蔬菜大战。

通常,我们认为尊重一个人就是聆听他的话语,并且表示理解。但很多人在理解过后的行为,却背离了尊重的含义,那就是"我给了你倾诉的机会,我表示理解,但是你是不对的,我要改变你的想法(行为)!"这样的尊重不是真正意义上的尊重,仅仅是你给改变对方适应自己做好的一种铺垫。

心理学中讲尊重是不仅要聆听和理解,并且要学会接纳彼此间的差异。只有我们尊重了别人和自己的差异的时候,才真正做到了尊重。当然,这个差异是和道德、法律等一些社会准则无关的。

上面说到的这对小情侣,的确是没有很好地理解尊重的含义,而是期待自己能够把对方塑造成自己熟悉的样子。但是,每个人的成长背景不同,造成了生活习惯、思维习惯、言行举止的不同,这些差异也是造就生活情趣的一部分。如果你选择的那个人和你的各种言行都如出一辙的话,那你等于自己和自己过日子,时间长了,恐怕会加速审美疲劳的出现。世界上没有两片相同的叶子,生活中也没有两个完全相同的家庭。

这样的争吵更多是由自己脆弱的自尊心引发的。不论谁都没有真正去尊重对方成长过程中养成的生活习惯,还将此类问题上纲上线。不难看出,这对小恋人把生活中的一些琐碎事情上升的高度太高了,什么事

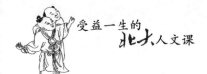

情都和道德、尊重挂上钩,这样会活得很辛苦。为什么会有如此之强的防范意识,恐怕更深层次的原因还是对拥有这份情感信心不足。一个人总担心别人看不起自己的时候,通常会感觉别人就是看不起自己的。

男人和女人争吵的时候,总希望说服对方,非要争出个是非曲直。所以拼命地抓住对方的语病,找出对方逻辑的缺陷,集中火力而攻之,让对方没有招架的余地。问题是"争理"的过程中往往会"伤情",赢了理往往使对方对你失去感情而已。夫妻之间的争执用"交情"来处理,远比用分析、辩论的吵架要更有意义。

因为男人女人的思维不同、表达方式不同,造就了婚后的种种矛盾。事实上,没有不吵架的夫妻,再相爱的两人都有意见不统一的时候,消极的对抗、冷战不解决任何问题。最后总归还是要用心了解对方,了解两个人的差异。

许多夫妻在争执时,总有一种错误的心理,就是一直希望以"理"来说服对方,结果谁也不服谁,反而越说越生气。其实,夫妻之间的争吵,一般没有什么原则或道理可言,而是许多是非纠缠在一起,不容易分辨清楚,往往容易发生"公说公有理、婆说婆有理"的现象。尤其在双方头脑混乱、情绪激动时,更不容易说清楚。

如果争吵到一定阶段或一定程度,发现这样下去却仍然无法解决问题时,那么其中一方就应该要及时刹车,并提示对方或许我们该暂时休战了。

有一位女士说得好:"我告诉我的先生,我快被他气疯了,但我说什么也不会离开。因为夫妻吵架并不代表婚姻将会破裂,我是你的妻子,你是我的丈夫,在这种关系没有改变之前,为什么我要离开自己的家呢?"

这并不是屈服、投降的表现,也不表示这么做便失去了面子,而是代表你有冷静、理智的修养和能耐。有时或许可以试着用幽默打破僵局,或者干脆把话挑明了说:"我们暂停吧!吵也解决不了问题,大家或许冷静一些,等以后再说。"并且在这些话说完了之后,无论对方再说些什么,也不要再有激烈的反应。还有,绝对不要将怒气带到床上。

如果你不喜欢亲爱的另一半老是坐在电视机前,看个没完没了,想提示他或许应该睡觉时,不要在他津津有味地欣赏时,说出扫兴的话,要懂得运用撒娇这种柔性战术,让男人全身酥麻麻,想反抗也全身无力、乖乖听话。比如说,刚好在乔丹灌篮的关键时刻,或连续剧正如火如荼,演到最后一集时,你最好别在这个时候打断或提出要求。有许多明智的夫妻相互约定,睡觉前后不吵架,更不许把争吵带到床上。这无疑是非常聪明而合理做法。此外,也不要一刀切断"外交关系"。夫妻在争吵之后心中难免不快,彼此互不理睬,中断了"外交关系"和"沟通管道"。由于双方还是生活在一起,如果这样做,将会十分别扭,同时也进一步伤害了感情。这种情况大多数人皆感到难以忍受,过两天就会后悔,想打破僵局,恢复以往的"亲密关系",但又不愿主动开口,反而造成"作茧自缚"。

不争吵不代表问题不存在或者解决了,回避的实质是更深层的对抗、是不自信、是无奈。所以冷战肯定是更消极的对待婚姻方法,是不可取的。不过,争吵,不一定就非得要冷战。你可以采取一些技巧。如果对方情绪特别急躁,你怎么办?你可以暂时撤离或者用幽默的方法把这个结打开。婚姻生活中要学会幽默的技巧,甚至限定争吵的时间,如"好,那么我们吵20分钟,你先说,我后说"。这样的方法可以避免让争吵升级,又给了彼此交流的机会。

因此不论双方争吵多么激烈,在"停战协议"签订以后,应该照常说话,恢复原来的生活,这才是正确的方法。

夫妻吵架还应该注意的一个问题,就是不能吵糊涂架。吵架的过程中要变成沟通过程,要澄清问题、探询结果,不要必须分清谁对谁错,家庭是个系统,出了问题往往是系统出了问题。运行模式出了问题,而不是某个人的错。在找到问题的症结后,夫妻双方要交流,探寻"怎样做,你就比较满意？"。然后试行一周或一个月，这样才能使婚姻及时脱离不良状态，从而进入良性发展轨道。

6.对待子女的态度要一致

北大箴言：

　　家长千万不要把各自的矛盾暴露在孩子面前，不要当着孩子的面争论不休。最好的办法是有一方先做出让步，事后再统一认识。在统一完认识后，再将这种统一的认识回馈到孩子身上。

　　战国时思想家韩非子说过："一家二贵，事乃无功；夫妻持政，子无适从。"就是说，一个家庭里父母各有所见、互不相让，家里就什么事也做不成；对子女进行教育，各持各的观点，子女就不知听从谁的。

　　在我国传统教育中的"严父慈母"一说，就是指父母"一个唱红脸，一个唱白脸"，父母互相配合、互相补充，相得益彰。事实上，这种观点并不一定合理。试想，如果一个家长过于严厉、苛刻，另一个家长过于温和，一味迁就、姑息、放纵，不难想象，就会出现以下的情形：孩子当着严厉的家长的面，就像老鼠见了猫一样、战战兢兢、唯唯诺诺，有事不敢放手去做、有话不敢去说、有理不敢申辩；而当着温和、宽容的家长的面，则像换了一个人似的，行为放肆，对家长的话置若罔闻，当成耳旁风。这样不仅不利于孩子树立正确的人生观和价值观，还会导致孩子性格的缺陷。

　　洋洋考试回来，高兴地双手"奉"上成绩单："爸爸，看我的成绩单。"爸爸看都没看，挥挥手说："不用看了，你就给我说说吧。"

"年级第一尚不足，全班鳌头颇有余。"古灵精怪的女儿学着《陌上桑》中的调调说话，脸上满是得意的神色。

爸爸听完，脸色变得沉重起来，正色说道："看看你这个态度，得了个全班第一，就高兴成这样，你怎么这么容易满足呢？下回你考个全年级第一名回来，再向我邀功。"果然，洋洋的"嚣张气焰"很快被打压了下去，她拿着成绩单悻悻地回了自己的屋。

吃晚饭了，妈妈进门去叫洋洋吃饭。

"不想吃，我又没考全年级第一，哪有资格吃饭啊？"洋洋还在生爸爸的气，"不表扬我也就算了，还这样损我一顿，实在太过分了。"

"你考了班里第一啊，我的宝贝女儿真棒，妈妈真为你高兴，快来吃饭吧。一会跟妈妈出去，妈妈给你选奖励礼物，爸爸不给奖励，妈妈给。"就这样，女儿被妈妈哄出来吃饭了。

在教育孩子的时候，父母之间心照不宣的"红黑"配合，在孩子的眼中却并不是那么和谐。父亲和母亲的立场不一致，会让孩子以为妈妈更爱自己一些，爸爸是一个没有情感的人。

父母之间对待孩子的态度不一致，就会给孩子带来很多问题，也会给夫妻关系带来很多问题。结果一方很累，另一方可能就不太负责。统一思想、态度。家长对待子女的态度要一致。

家长不仅仅指的是父母，还包括家庭中的其他成员，如爷爷、奶奶、姥姥、姥爷。幼小的孩子，尚没有什么是非观念，家长说是什么样的，那就是什么样的，他对家长是完全信任和依赖的。可见，家长对孩子的态度有多么重要。如果几个家长对孩子的态度都不一样，那么，孩子就会感到无所适从，得不到一个正确的信息，也不利于孩子形成正确的是非观。

年轻的父母和老一辈的家长之间在教育孩子的问题上难免会产生矛盾，就是父母双方在教育孩子时都会有一定的分歧，不可能都完一致。关键在于，家长千万不要把各自的矛盾暴露在孩子面前，不要当着

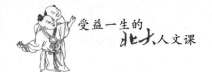

孩子的面争论不休。最好的办法是有一方先做出让步，事后再统一认识。在统一完认识后，再将这种统一的认识回馈到孩子身上。这样做还有利于家长在以后教育孩子时达成共识。

比较困难的是父母如何与老一辈的家长达成共识。作为老一辈的家长，大多数有着勤劳简朴的优良传统，大多数是从艰难困苦中走过来的。他们对隔辈的孩子一般都非常疼爱。同时，他们觉得自己带过几个孩子，显然要比年轻人有经验得多，因此不太愿意听年轻人的建议。这样一来，矛盾就容易产生。

作为年轻的父母，一定要看到老人的优点和经验，要多尊重他们的意见，同时也要注意在生活中时常向他们渗透一些新的教育思想和观念，可以通过电视、报纸、书籍、杂志等媒体，让他们自己来感受新的一切。时间长了，老人是会慢慢接受一些的。一定不要当着孩子的面和老人争吵，否则你实际上就是在教孩子不尊重长辈。在和老人统一思想时，一定要注意方式和方法，掌握好时间和火候。大多数老人是通情达理的，只要你在教育孩子的同时，耐心地与老人交流，你的想法和建议是会被老人接受的。因为你们的目的是一致的，都是想要教育好孩子。

7.对他(她)的家人不要期望值过高

北 大 箴 言：

爱情可以是花前月下，婚姻只能是大庭广众。

爱情是两个人之间的事情，但是婚姻是两个家庭的事情。如果说只是相爱，两个人可以尽情去相爱，不必告知他人，就算一辈子别人都不认可也依然可以去爱着。爱与其他人是没有关系的。而婚姻却大不相同了,如果要结婚,那就意味着,双方的父母成为共同的父母,双方的亲属成为共同的亲属,婚姻的双方不仅在感情上有联系,在财务和社会关系甚至法律关系上也产生联系。这样,婚姻就不再是两个人的事情了,而是两个家庭之间的事情。

婚姻把两家原本没有血缘关系的成员联系在一起成了亲戚。婚姻的当事双方接受对方的同时,还要各自接受对方的家庭。两个家庭价值观念和生活准则的碰撞,会让两个人应对不暇。如果只有一个人接纳你,而那个人背后的一群人不接受你,你会是什么感觉?

嫁人也罢,娶妻也罢,嫁和娶都是嫁给和娶进一个家族的生活习惯和做人标准。爱情则不然,爱情是两个人的事情,爱情可以超越年龄、家庭、文化等背景,所以王子可以和灰姑娘有爱情,但是不一定有婚姻,一旦有婚姻也不一定幸福。

不可否认会有这种情况出现:即使你感觉自己付出了全部心血与努力,但总是无法被他(她)的亲人所认可和接受。这时候,千万不要灰心丧气或者干脆放弃,甚至和他(她)的家人对着干。这些都只能使你的婚姻状况越来越糟,伤害的是你和老公(老婆)之间的感情,而对解决问题却毫无益处。

林燕妃是一个爱打扮的女人,婚后也一样。但老公可不这样看,他认为一个女人结了婚穿衣打扮就要有一个婚后女人的样子。每次买衣服回来,他从来没有说过一声好,不是说她买的衣服太幼稚就是俗气。说她穿衣方面花去的时间比在厨房多。

因为林燕妃夫妻和老公的父母住在一起,可想而知,婆媳太难处了。每天面对着几张脸,还得应对老公那些随时上门来的"狐朋狗友",实在是太累。现在,老公的母亲对林燕妃极不满意,嫌她没有女人的样子,不会照顾自己儿子。可是,他们的一些做法也让林燕妃看不惯。真不知道

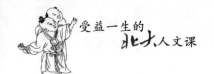
这种生活再这样过下去还有什么意义。林燕妃回到家一点都不放松。总觉得老公挣得不多,自己挣得也不多,两个人养活好几口人,从前的恩爱变成了为家里一些鸡毛蒜皮的事动不动打口水仗。

林燕妃觉得,她的几个朋友活得那才叫滋润呢,有房有车家里还雇着保姆,她们不是在家玩牌就是逛街、健身、美容,生活没有压力,买东西眼睛都不带眨一下的,很惬意。再看自己的生活,为了生活过得好一点得拼命工作,还有许多事由不得自己做主。她常常后悔,抱怨这样的生活什么时候是个头哇。

林燕妃的生活就是大多数人最真实也最普通的生活。问题是林燕妃现在只看到生活的另一面,比如失去自由,还得照顾公婆,觉得婚后压力变大了等。

其实,只要换个角度和心情,日子就会过得有趣而有意义。每个人在社会中承担的义务和角色太多,想要做好每一个角色,就要把心态调整到最好状态。

首先,要对即将到来或者正在进行的婚姻,有一个能够应对矛盾的心理承受能力。在结婚之前,两个人就应该对双方家庭有基本的了解,在充分了解之后再做出自己是否接受的决定。如果你接受了,以后就不要一味地抱怨,而要为自己的选择负责。

其次,千万不要把对方父母的财产理所应当地视为己有,而做出很多不恰当的行为。很多父母在孩子婚后,仍然在经济和生活上给孩子以支持和援助,那是他们的舐犊情深,而非天经地义,做晚辈的应对此表示感激。

还有一个误区是很多人都有的期望值过高,大部分人在结婚时会想,我要把他(她)的父母当成自己的父母,而双方的父母通常也会这样,把他(她)当作自己的儿子或女儿吧。怀着这样美好的愿望,但最后的结果为什么常常适得其反呢?每个人都觉得自己受了委屈,自己付出了热心却受到了冷遇。

原本互不相干的人想一下子变成亲人,那是不可能的,双方的生活习惯、经历、思考问题的方式、语言习惯等都极为不同。而且,当你将对方的父母当作自己的父母一样看待时,你也就希望他们对你也如自己父母一样,但事实上,对方稍有不周,你就会心理失衡。

所以,期望值过高反而会伤到自己,即使不能做到爱屋及乌,大家能以礼相待,互相尊重和体谅就已经足够了。

8.巧妙应对婚姻生活中的5个第一次

北大箴言:

已婚男人经常会遇到这样的情况,当他责怪妻子某些事做得不好时,她或者立即以一种莫名其妙的理由反驳你或者躲在一边低声啜泣,而当他妻子唠叨他时,他也会马上反唇相讥。这种冲突实际表明了男女双方在对待相同事物上存在明显的分歧。

天下有一千对夫妻,就有一千种幸福或悲伤,但绝大部分夫妻都会遇到5个"第一次":第一次家庭大战,第一次生孩子,第一次大的工作变动,第一次健康危机,甚至是第一次离婚。

这5个转折点也许会让你身心疲惫,也可能让你越来越爱他。那么,我们如何才能达到后一种效果呢?

第一次家庭大战

婚姻让夫妻成了一家人,却使你们对待伴侣反而不像对他人那样尊重或宽容,有这种心态作祟,当你们发生摩擦时,事态自然就变得不堪起来。

杨露和马力结婚两个月后，就因为婆婆的经济要求，双方发生了第一次严重冲突。马力的妈妈是一个时髦老太太，经常要求儿子为她支付出国旅游、购买衣服首饰的费用。杨霞终于失去控制："你怎么这么蠢呀，你这辈子就跟你妈一起过好了！"

绕过暗礁：

一项调查显示，夫妻能否长期相处下去，关键看他们如何处理冲突。争论是无法避免的，那么就应该尽量避免争斗。怒火中烧也不要由着性子冲对方叫嚷，先休战，让自己冷静下来，直到你能用平和的口气来谈话，这就把争斗控制住了。

具体的方法如下：

·认真倾听对方的解释，不要打断或插话，也不要试着维护自己的立场；

·就事论事，不要翻"陈芝麻烂谷子"；

·最大程度地理解对方，诚心实意地与对方共同寻求解决冲突的办法。

收获：

杨露说："我有意识地克制自己不再说'我告诉过你要这样做'这类带有批评意味的话。我上前拥抱他，然后相互道歉，好像又回到了谈恋爱的时候。"

婚姻生活中，主动回避争论是掩耳盗铃的做法，忽视问题的存在只能导致彼此的怨恨。建设性的争论反倒能增强双方的关系，因为它表明你们是具有高度信任感的夫妻，不怕向对方吐露心声。迈过了这道坎，你们的关系就会向前迈出一大步。

第一次生孩子

分娩的痛苦、养育孩子的劳累，是恋爱中的情侣无法想象的。生育孩子对女性来说，更意味着巨大的心理挑战。

"当我有了孩子后，我似乎在重复我奶奶那辈人的生活。"30岁的楠

楠、一个有4年婚龄的新妈妈说。"洗衣服、做饭、喂奶、打扫卫生、换尿布,我完全被这些琐碎事淹没了。我非常妒忌丈夫能离开家去上班。当他晚上回到家后,我积蓄了一整天的糟糕情绪就会爆发出来,引起一场家庭大战。"

绕过暗礁:

楠楠的感觉并不是不正常的,做了妈妈,职业女性势必要分出相当的精力给孩子,在很长一段时间,养育孩子会取代工作、娱乐成为头等大事。但别忘了,新爸爸的世界也被彻底改变了,最明显的一点就是他肩上挑起了全家的重担。男性此时的心理特点是,通常感到自己被排除在照顾孩子的事之外,并因此产生失落感。

所以,最好的办法是利用他的这种失落,分配他做些力所能及的事,让他感受到家庭成员之间紧密的纽带联系。

抚养孩子会让夫妻俩在生理上过度的紧张疲劳,自然会影响到夫妻生活。一般来说,新妈妈为了好好地照顾婴儿,会和孩子睡一张床,与丈夫分居。看到自己心爱的伴侣完全变成了一个喂奶工具,大多数新爸爸会深受打击。

通常,6周后夫妻就能够恢复正常的夫妻生活;6个月后,女性的身体与生理恢复到怀孕生子前的状态。女性生育后身体复原需要一段时间,这时的身体是很敏感的。如果妻子不想夫妻生活,可以通过抚摸和亲吻来取代它,同样也能保持亲密关系。

收获:

通过抚育孩子,学会了怎样将父母和伴侣的角色结合起来,婚姻也进入一个崭新的阶段。"孩子使我们的感情更加深厚,因为他是我们共同完成的第一件最为严肃认真的事情。"楠楠的丈夫说,"我们学会了互相帮助,以便高效率地处理好家务事,享受到属于我们的二人生活。"

第一次大的工作变动

夫妻俩无论是谁的工作有了变动,不管是升迁还是贬职、解雇,或者

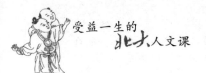
被派往外地分公司,都会引起家庭的波动。这时,夫妻关系被放在次要位置,工作占得优先权。工作变动不仅仅意味着经济状况发生改变,还能改变两性关系中的地位、权力、自尊以及对方对自己的看法。

朱迪和梁波夫妇结婚4年生活中工作稳定、收入丰厚,但梁波在30岁那年决定改行做法律,他花了整整3个月时间找工作。"找工作期间,不仅仅是我们的收入大幅度下降,而且我只能待在家里,占用妻子的家庭办公室。"梁波说。

梁波的妻子朱迪是一个自由职业者,也不习惯丈夫天天待在家里,她必须不受干扰、集中精力工作。而且为了不影响梁波的情绪,朱迪说话还得小心翼翼,生怕伤害丈夫的自信心。为此,她也感到很压抑。

绕过暗礁:

第一步当然是重新做家庭财政预算,重新分配家务活,但最重要的还是重新认识、调整双方在婚姻中所扮演的角色。

这段艰难时期里,最严峻的问题还是夫妻之间存在的压力。为了缓解紧张气氛,和丈夫进行亲密交谈是解决问题的关键。

收获:

工作和金钱与自身的安全感、自我价值的体现是直接相连的。因为婚姻中第一次大的工作变动必将引发这些问题,所以通过解决这些问题,可以促进夫妻之间加强责任感和协作精神。

就像朱迪所说的:"我知道很多家庭矛盾都是因为钱引发的,但我们已经尽力克服了钱所带来的困惑。"她的积极宽容心态让丈夫少了很多压力。解决好了工作变动问题,你会庆幸自己有一个支持你的伴侣,有了他,无论生活变得如何艰难,你都不会独自去面对这一切。

第一次健康危机

家庭中任何一个成员生病,生活立刻会发生翻天覆地的变化——疾病不仅仅改变了生活秩序,还给了每个人的机会来观察、考验对方如何关心照顾病人,同时也在思考自己如何面对疾病、死亡带来的恐惧和生命的脆弱。

26岁的的谢兰结婚周年刚过就做了一个大手术。手术前,谢兰在丈夫的脸上看到了恐惧。"在手术前的几周里,他变得相当消沉。"谢兰说:"他根本不同我谈任何关于手术的事情。"好在手术进行得非常成功,而且排除了癌变的可能,但是两人的生活变得非常混乱。

谢兰卧床休养了两个月,接下来的半年她都不能工作,甚至不能做家务。更糟糕的是,她和丈夫心中充满了焦虑、敏感、孤独的情绪,排解这种情绪比治病似乎还困难。

绕过暗礁:

在健康危机降临的时候,每个人都有自己的处理方式。病人担心的可能是钱或者失去工作这类问题,另一方却害怕失去伴侣,独自面对生活。所以,你们应当说出各自的感受,共同来应对这种"可能失去"的恐惧心理。

但是,大多数的女人讨厌别人说自己脆弱。生病时其实最需要关怀,却不愿意说出来,担心流露出弱点被别人觉得失去价值。其实这大可不必,还是向丈夫寻求帮助吧——即使你是一个相当独立的人。

如果你是健康的,那么问问丈夫希望你能为他做什么。记住一点:就算陪在他身边,也能起到很好的安慰作用。

谢兰的丈夫请假在家照顾地,他们之间曾经有的隔阂很快就弥合了。她养病期间身体非常虚弱,完全停止了夫妻生活,但丈夫无微不至的关怀却加深了他们的亲密。

收获:

"当丈夫向我坦承他所恐惧的是我的手术时,我意识到他是那么深爱着我。"谢兰说:"他悉心照顾我,甚至要带我去洗手间、为我洗澡。他是唯一一个为我做这些事时我感觉坦然的人。"

第一次面对离婚

不,这说的不是你,但是你好朋友的离婚过程就像是对你自己婚姻

的一个考验。

你开始思考:到底是什么导致了夫妻间的裂痕,离婚为什么成了解决问题的唯一办法?

29岁的梅子目睹了好朋友依依的离婚全过程。梅子和其他女朋友们谈起依依的离婚时,心里都在想:下一个会是谁?

绕过暗礁:

梅子和丈夫联合起来,共同帮助依依。他们经常请她到家中吃饭,帮她带孩子出去玩,并鼓励她重新确定今后的生活方向。在帮助依依走出离婚后的困境过程中,梅子和丈夫的关系更密切了,他们彼此更默契了。

还有另一种情况,即你们夫妻和另外一对夫妻都是好朋友。这时,如果他们闹离婚,离婚战线就会延长到你们家里来。你们想和双方都保持良好的关系,但最终却发现,和一方保持友谊对另一方就意味着背信弃义,特别是其中一人有了婚外情时,着实应该考虑一下如何与朋友讨论"离婚"的话题。

当朋友问你站在哪一方的立场时,不妨撒个小谎,或是隐瞒你所得知对方的新恋情。你们夫妻俩应当暗中协商好不要受影响,不要讨论那些会引起你们争议的话题,把自己卷入朋友当中让你们夫妻不能共同应对的事件中去。

你可以帮助朋友,也可以为朋友而哭泣,但是如果为别人的离婚而使你和爱人之间发生争执甚至吵架,或是把朋友的问题映射到自己的家庭生活里,那么,还是退后一步吧!抛开别人的问题,计划一些浪漫的行动,例如周末短途旅游或是到心仪的意大利餐厅共进一顿烛光晚餐。

收获:

梅子的丈夫对依依和她儿子的关心深深感动了梅子。想想自己的伴侣是如何地关心着自己,你根本不存在朋友的那些问题时,你就会发现,其实在这个世界上你是多么幸福!

9.安全度过七年之痒

　　婚姻就是不断重复"老一套"模式:A(女人抱怨)——B(男人辩解)——C(女人生气)——D(男人发火)——E(女人新的抱怨)——F(男人新的辩解),当婚姻陷入这样一种恶性循环状态时,那么这桩婚姻将走向G(婚姻破裂)。假设一个循环周期为一年,到了第七年问题还没有解决,婚姻就容易陷入危机。

第1年享受欢乐

　　新婚是人生中最美妙的时刻,娶了可爱的女人,你还有什么心情搞7年计划。过了这年再说罢!

　　拥抱、亲吻、用心爱她。

第2年制定家规

　　婚姻中的男女总喜欢用各自的标准要求对方,但奇怪的是他们从未想过制定一个双方都了解和认可的规矩,矛盾也正是从这种互不知情的专制与抗争中产生。

　　国有国法,家有家规。在一个幸福的家庭之中,规矩并不意味着限制,它是提示双方都应当承担的责任限度和对事物的相同理解。

　　已婚男人经常会遇到这样的情况,当他责怪妻子某些事做得不好时,她或者立即以一种莫名其妙的理由反驳你或者躲在一边低声啜泣,而当他妻子唠叨他时,他也会马上反唇相讥。这种冲突实际表明了男女双方在对待相同事物上存在明显的分歧。

为了避免这些根本不必要的矛盾,让未来的婚姻能够在一条秩序井然的道路上前行,已婚男人必须清醒地意识到家规的重要意义。婚姻的第2年,激情过后的你需要立即着手同妻子制定一套行之有效,双方认可的家庭内部章程。

家规内容应当包括:

1.各自应承担的家庭责任;

2.家庭财产的合理运用和分配;

3.对待亲友的态度;

4.各自工作的安排。

第3年确立户主

一家之长的确立绝不是户口簿上第一页的争夺,对每一个已婚男人来说, 它象征着一个家庭对内对外的处世态度以及夫妻双方在婚姻生活中的依赖倾向。不论是你,还是你妻子,目的都是要让婚姻有一个最坚实的承重点。

现实婚姻中常常出现鲜明的夫妻主从关系,这种主从关系不仅代表了绝大多数婚姻的存在方式, 也显示了家庭中确立户主的重要性。但是,这种主从关系不能简单地理解为谁说了算的问题。

因为根据已有的婚姻调查报告,婚姻中男女的性格大多是以一种互补的形式出现,这也为主从关系的存在提供了可靠的基础。然而,家庭中真正的主从关系的形成并不是如此直接的互补可以轻易解决的,它仍然需要男女双方经过一段时间的共同生活, 从相互了解中找到各自的位置。

外向、勇敢等并不是确立户主的先决条件,关键在于谁能够并且愿意始终承担一个家庭的重大责任或者琐事,谁在处事态度上更冷静、更理智。户主的确立实际上也是一种家庭关系的确立,是男女双方保持平衡的重要前提。

第4年预约未来

女人的浪漫从来不会因为年龄的增长而稍有消减,也不会因为婚姻的现实性而放弃,给女人一个远期的梦想并不需要男人付出什么,却能让她们感觉幸福,同时也能使她们更易于接受男人的过失和男人对婚姻供给的不足之处。

第5年自我认识

经过3、4年的洗礼,你已经没有理由推说自己不了解婚姻。如果你的期待还只能停留在不休的抱怨之中,你必须在这个时候重新认识自己。

是时候问自己一些现实的问题了:什么是幸福的婚姻？理想的婚姻应当包括什么？你为你的婚姻做了什么？你对你的婚姻有哪些不满意？你是否努力使你的婚姻变得更加幸福？

新娘是你选的,婚宴是你挑的地方,旅行结婚是你设计的线路。你应该明白,是你自己跳上了北上的列车,寒冷的天气并不能成为你逃避的借口。你是一个成熟的已婚男人,你应当小心地呵护你的婚姻,为自己也为爱人幸福地去生活。

第6年加减乘除

幸福本来是无法用尺度来衡量的,但是既然许多令人一筹莫展的问题可以通过创造性地应用算术方法来加以解决,幸福也就有了变得同样奇妙。

说到幸福,走过了6年婚姻的你可能会显得倦怠,甚至已经在依靠不时地念“忍”字来走进家门。但你知道吗？幸福从来不是旁人单纯地给予,也不可能留在不思进取的人的身边。你的婚姻完全可以幸福地延续下去,却因为你的惰性而失去积极的动力。假如你试试用“加减乘除”的方式对待婚姻,或许你会了解婚姻其实十分有趣。

加法:从事新活动,开辟新天地。

还记得你们的新婚之夜的感觉吗？那种第一次的感觉不是很令人兴奋和难忘吗？如果现在的婚姻模式让你感到厌倦,何不尝试一下新方式。如在早晨相拥,一起在午夜驾车兜风……所有你想做的事情都可以。

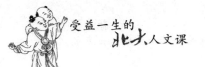
化生活中的限制为机会。如果你觉得婚姻中的某些东西限制了你，而这东西又不能改变，你完全可以化被动为主动。

减法：放弃生活中已成为你负担的东西，终止你不再喜欢的东西。

阿伦从结婚起就住在老丈人家里，但他根本无法适应那里的生活方式和习惯，并且经常因为这个缘故同妻子争吵，后来甚至为此离异。其实他需要做的只是搬出去单住这么简单。

乘法：扩大和他人及周围生活的交往和接触。

婚姻的幸福取决于双方，但孤独的二人世界会产生许多意料不到的矛盾。这时最需要的是出去走走，而不是像新婚那样独处。外面的世界就像幸福婚姻的补氧器，外界的人和生活也能帮助你确定婚姻的真实存在。

除法：将你或她的职责分作较易处理的几个部分，并将其中的某些部分委托他人代理。

所谓"会生活"，在某种意义上意味着作出聪明的选择和必要的妥协。

当你做了6年家务的妻子要求你做些家务时，拒绝并不是个好方法。你不如将洗衣服、收拾房间划在自己名下，然后请小时工来帮忙。那样你既讨好了妻子又承担了道义上的责任，代价不过是少抽几盒烟。

将难以处理的问题化整为零，分别解决。婚姻中的问题并非一朝一夕形成，一次解决也不现实。如果婚姻中你承担的责任多得让你束手无策，不妨采取各个击破的方式加以解决。

幸福的婚姻因人而异，通往幸福的道路也不相同。假如你面临的问题是懒怠、乏味或孤寂，通过加法和乘法会获益匪浅；假如你终日忙忙碌碌、疲惫不堪，则可以用减法和除法加以改善，最重要的一点是要行动起来。

第7年MPI—婚姻潜力调查

尽管已经一起生活了7年，但你也许还不知道。你们婚姻的实际情况

与其可望达到的理想状况之间仍然存在一定的差距。如果你能够有效地开发出婚姻中潜在的幸福动力,你将不再为现在的状态烦恼。

MPI又叫婚姻潜力调查,它是婚姻问题专家大卫和梅斯发明的。根据他们近50年的婚姻研究发现,90%的夫妻在家庭幸福方面没有发挥出应有的潜力。这同时表明绝大多数破碎的婚姻是由于缺乏更深层的相互了解才各奔东西。为此,大卫和梅斯精心设计了MPI,帮助测定及改善婚姻的现实状况。这项测验十分简单,只需夫妻双方各自就婚姻中10个基本方面的状况根据自己的感觉做出估计,打出分数。

1.共同的目标和价值观念;

2.为增进婚姻关系所做的努力;

3.交流思想的技巧;

4.感情与理解;

6.对男女各方职责的一致看法;

7.同心协力,配合默契;

8.夫妻生活的充实;

9.钱财的使用安排;

10.教育子女(对没有孩子的夫妻来说,在于怎样对家中问题商讨、决议)。

第八课

论朋友

——如何适应人际关系的变化

机会和运气不是每个人都有的,那么,为什么一些人可以在逆境中披荆斩棘地走出来,而另一种人,却会在困难面前倒下去,从此一蹶不振?更有甚者,有人会走向自暴自弃,或者走向死亡?这儿的差别就在:有的人有好朋友,有的人没有好朋友。

1.请注意别让友情超载

朋友要留在关键的时候再用,不要把他们的善意滥用在无关紧要的事情上,就像遇到危险之前要保持火药干燥一样。

友情确实可以成为我们在社会生活中的动力机器,但它毕竟马力有限,需要不时加油。为了让它发挥功效、正常运转,请注意别让友情超载。

张超是一个很讲义气的小伙子,大学毕业后分在省级机关工作。自打成家有子之后,他越来越有一种负疲感:自己是不是那种薄情寡义之人?

他越来越怕接到朋友或家乡故人的电话或信,内容无非是说"我几时几时要到你那儿, 帮忙买张卧铺票"、"帮我联系个医生"、"陪我逛逛百货大楼"、"托你带件什么东西"、"帮我……"诸如此类的琐碎小事。你要说这些事有多难吧,也确实没多难;你要说没多大事吧,可每次总把人折腾得筋疲力尽。更可怕的是朋友到家里来住,地方小倒腾不开,再加上吃喝用拿,自打朋友走后的那几天,妻子的脸色总是怪怪的,阴晴不定,时不时嘴里冒出一句:"狐朋狗友!"弄得张超左右为难,尴尬万分。

张超的感觉其实没有任何错,错出在他的朋友身上。

传统的友情总是抱着一种不讲道理的假设:"是朋友就该如何如何。"事实上,任何人都没有这种必须帮助你的义务,假若你够朋友,你就不该要求别人如何如何,在友情的逻辑中,上述假定应更改为"只有

如何如何,才能交上朋友"。

一个健康的个体必然充分注重保护自己各方面的权利, 他总是希望得到有价值的东西,选择对自己有价值的人交往。许多人常常为功利与情义而纠缠不清, 总想把自己真实的动机掩盖起来, 其结果反而是两败俱伤、一无所获。要记住,积极健康的个体并非无私无欲,但能取之有道。

都市人的生活就像军营一样,上班、下班、吃饭、熄灯都是整齐划一的。不同的是,这种秩序不是靠纪律而是靠生产和生活方式决定的。你找都市里的朋友帮忙时,或许没耗费他们的金钱与精力,但却可能打乱了他们正常的生活秩序,为了搞车票,要耽误工作而且欠人情;为了陪你吃饭,没能接孩子,妻子不高兴……朋友也许不好意思说他的付出与牺牲,但你若将这一切视为当然或应该,时间久了,就不会有朋友了,因为你的心中只有自己。

要想友谊地久天长,就要相互理解体谅。无论在哪里,都不能"靠"朋友。拿朋友当拐杖则是贬低朋友,滥用朋友的情义。能够帮你的朋友比一切都珍贵,珍贵之物绝不应滥用。

2.再好的朋友也要保持一定距离

北大箴言:

距离是人际关系的自然属性。有着亲密关系的两个朋友也毫不例外,成为好朋友,只说明你们在某些方面具有共同的目标、爱好或见解以及心灵的沟通,但并不能说明你们之间是毫无间隙、融为一体的。

朋友间建立一份真诚的友谊,的确是一件非常美好的事情。伯牙鼓

琴,子期知音,高山峨峨流水净净。能够保持这份友好的情谊,使之能够经受风雨的吹打,则是更为可贵的。

随着你与朋友距离的缩短,"金无足赤"的人类的瑕斑也在友谊的光环中出现,过深的了解使你发现了对方人性自私甚至卑劣的一面。于是,不和谐的音符开始出现,被欺骗感和不忠实使你对友谊产生了怀疑,冷淡和争执又将友谊根基动摇,再难恢复其原来的亲密。这时你便会懊恼:为什么破坏了相互间的距离美、和睦美。

刘路大学时的好哥们鲁辉因为生意失败缺钱周转,刘路就拿出来自己的几万元积蓄借给了他。鲁辉知道刘路是倾囊相助,所以对他感激不尽。但之后每晚鲁辉都会打电话给刘路大吐苦水,刘路每天下班很晚回来后,还要花两三个小时陪他聊天解闷。说完他的事,他又开始说刘路家的事,而且上上下下的事他都不免要评论几句,大大小小的事他都要打听。

开始,刘路觉得他心情不好,只要问起,都说上几句。可有一天他回家很晚,发现妻子对他爱理不理,原来鲁辉在电话里跟他妻子评论了不少他的家事,害得妻子以为他对她有意见。更糟糕的是,鲁辉会在半夜三更会来找他,让刘路陪他去酒吧。

这样的日子持续了将近一个月,刘路再也忍受不了,妻子、孩子的生活也受到了影响,对他牢骚满腹。刘路觉得自己现在也自身难保了,再也没精力帮他了。有一天,他也跟鲁辉大吐苦水,鲁辉非常尴尬,之后两人的联系越来越少,友情也变淡了。

很多人误以为好友之间应该无话不谈、亲密无间,却不晓得过多了解别人的隐私和过多介入别人的生活于人于己都是负担!无论你和朋友多么知心,都须明白"疏不间亲、血浓于水"的道理,你的朋友最亲近的人是他的配偶、子女和父母,而不应是你。

生活中常见的一幕是:约朋友周末出来聚聚,朋友说要陪老婆或女友,便讥笑朋友"重色轻友"。其实,"重色轻友"也没什么不对,无论多要好的朋友,都不应占用对方太多的时间,不应过多介入对方的家事,不要经常性地无事拜访或经常做不速之客。

而且,生活中总会发生跟自己朋友利益冲突有矛盾的时候。互相走得越近,伤害越大。有时候争吵的时候会互相揭短,过后大家又很后悔,但已经来不及了。

君子之交淡如水,好的友情不是靠说出自己的隐私来维系的。

苏菲毕业后结识了琳达和凯蒂,他们在同一个单位工作,既是同事又是朋友,结下了深厚的友情,都说有相见恨晚的感觉。她们三个经常黏在一起玩,甚至每晚聊到半夜,像是热恋中的男女,一日不见如隔三秋。但就是这样友谊竟也产生了裂缝。

有一天,因为到外地出差,苏菲和琳达单独住在了一起,交谈中她们俩才得知凯蒂很虚伪。原来,凯蒂平时在琳达面前总是说苏菲的不是,而在苏菲面前又净是说凯蒂的不是,一直在破坏她们之间的感情。

至于谁是谁非,凯蒂的目的又何在,不得而知。总之,三个人亲密无间的情形再也看不到了。

在结交朋友的时候,不要一味相信对方的友谊。如果对方是一个别有用心、居心不良的人,友情随时可能被玷污。因此你必须谨慎从事,没有任何坏处。常言道:"逢人只说三分话,未可全抛一片心。"

如果你的朋友是一个知情达理的人,他必定会劝告你、开导你、劝说你,如果你的朋友是一个好惹事生非的人,很有可能把你的话传给你议论的人,引起对方的怨恨。如果你的朋友用心不良,还会夸大事实、添油加醋,有意挑起冲突,则很有可能使你在朋友圈中处于十分尴尬的境地,严重的还会酿成大祸。

　　沈辰与任娟是好姐妹,以前她们是同事,自从结婚了之后两个人的关系也随着发生了变化,变成了闺蜜。

　　一直以来,沈辰的感情都不是很顺利。在与丈夫谈恋爱的时候,她就曾想过分手,可是任娟听了之后说现在大龄女人很难找对象的,还不早点结婚算了,分了再找就晚了。沈辰听了感觉也是如此,于是就结婚了。

　　如今,沈辰丈夫三天两头都见不到踪影,经常在外面花天酒地,在外面还养了一个情人。这些事情让沈辰无法忍受,她因忍受不了这样的侮辱,坚决地同丈夫离婚了。

　　她本来因为这段失败的婚姻非常痛苦,不想再提起,然而任娟却常常"提醒"她"你怎么那么傻。女人,谈恋爱的时候双眼一定要睁大点,仔细找一个好老公。结婚之后呢,就睁一只眼闭一只眼。哎!感情就这回事,忍一忍就过去了,谁知道你都不通报一声就离婚了。你看现在一个人难过了吧!"

　　任娟对他们感情的这一番评论,让沈辰听傻了,因为她万万没有想到的是任娟不是安慰她,而好像是在责备自己没有看好老公,离婚之后过的生活是自找的。

　　"离婚是我自愿的,为什么要通报你们,感情是我的,不需要你们的评论。当初你为什么不劝我别嫁给他呢?"

　　朋友的感情不要去评论,只能试着去理解。感情是两个人的事,如果第三个人插手,就会变得复杂起来,即使你们是朋友也不行。在朋友遇到感情问题时,也是他最脆弱的时候,他需要的是安慰,不是指责,也不是指手画脚。

　　在这个时候,真正的朋友就会体谅对方、安慰对方。而那些控制欲强的人则会把自己的观点强加给朋友,对朋友进行批评或指责。

　　朋友间应保持适当的距离,怀着关切的目光在旁边默默注视着他,

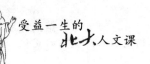
一直默默关心着他;绝不过多干涉对方的生活,而在他需要的时候挺身而出,为他排忧解难,像一场及时雨一样滋润着朋友的心田,令他备感轻松,这才是真正的朋友。

面对朋友的感情问题不要触及,因为你的评论不可能会站在两个人的角度上去考虑,也不会一个人体会着两个人截然相反的感受,更不可能感受到他们由相爱到分手、由海誓山盟变为分道扬镳的整个过程,所以你的评论是不真实的、不切实际的,反过来评论朋友的感情是与非对于你来说没有一点好处,反而为你们的友情添加了伤痕。

每个人都有自己的生活方式,无论多好的朋友都不要过多的干涉朋友的爱恨。就算怀有很好的期许,有时候有些话点到为止才是起码的尊重。

3.三类朋友可以作为我们的智囊

北大箴言:

人际关系是人们在社会活动中形成的相互联系,其中最广泛的关系要数朋友关系了。人生在世离不开朋友,多一个朋友,就等于增加了一种信息源,多了一个保护层,多了一条生活、事业和快乐之路。

我们和不少朋友的交往虽然愉快,但关系却不一定能长久。

分析得出结交朋友的过程分为如下两个阶段:一是因某种缘分与别人邂逅,对对方产生好感,然后交流,进入"熟识"阶段。相处时觉得有趣或愉快通常都在这个阶段。二是熟识之后开始有一种共患难的意识,彼此间产生友谊。认为朋友会对我们有帮助通常在这个阶段。这个阶段的友谊联系性强,彼此间也容易产生超过利害关系的亲密感。交往的本质其实也就是互相启发和学习。彼此从不断摸索中逐渐改变和成长,以建立起稳固而深厚的友情。

在工作和生活中,如下三类朋友可以作为我们的智囊:

(1)提供有关工作的信息和意见。这种人大都从事记者、杂志和书籍的编辑、广告和公关工作,即使你不频频相扰,对方也会经常提供宝贵的意见,"电话智囊"就是这一类。

(2)提供有关工作方式和生活态度的意见。这种人多半是专家,甚至是本行内的第一人,可以把他们视为前辈或师长。

(3)与工作无直接关系。原则上不是同行,而通常是我们在参加研讨会、同乡会及各种社团时认识的,有些也是"酒友"。他们不但可以是"后援者"甚至有时是我们的"监护人"。

关系与我们的工作和生活都是密切相关的,生活当中关系的发展不可避免会用到一些业余时间,如可以定期安排和亲朋好友间的活动。工作和生活应该有区别,工作关系的建立,则应利用休息或零星时间进行联系,在现代忙碌的工作中,对内外人际关系的建立应把握对人的最高热诚,利用好完成重要工作的时间空当,和同事、上司可利用午饭时间或上班休息时间,与不同人员进行交流,在不影响达成工作目标的前提下,良好的交流定会促使你将工作更高效地完成。

举个例子来说,人力资源部门在推行方案或是进行各种新计划时,首要的一点是必须获得最高管理层的支持。首先,提前与领导沟通,就以后可能出现的问题和碰到的困难告知领导,领导心里就会有底。在真正推行起来的时候,一旦碰到问题就可以随时获得高层的帮助。其次,如果得到领导重视,领导发了话,下面就没有人敢不听了。倘若某个部门经理不想听你的,但是他必须要考虑到领导。因此,良好的关系对于工作是很有利的。

现今市场经济社会,每个人都有不同程度的压力感。如果你正处于

只能维持最低生活水平或者事业发展的紧要关头，把友谊放在头等重要的位置上显然是解决不了生计问题且不利于事业发展的。

多帮有用处的人并不意味着不帮好朋友，两者并不矛盾。按中国传统心态来看，社交不应该有目标而只能"淡泊而纯真，别无所求"，奉行一种无为哲学。谁在交往中注重对方的使用价值，然后想方设法接近并利用他，就会被认为"太势利"。

而现代社会的交际观念则认为社交有三个基本目标：信息共享、情感沟通和互求、互助。我们不能只强调前两者而拒绝相求、相助，为了相求、相助而社交并不是"势利"，而是人类有别于其他动物的一种社会行为。试想：如果一个人既不能与你共享信息、沟通情感，也不能与你相求或相助，你能与他交朋友吗？恐怕是不会的。由此可见，人际交往是要有所选择的，选择就是一种目标的体现。

建立良好的"关系"，首先要认清目标，接着寻找有相同需求的人，最后与之联系，建立关系。也就是说，目的是有相同需求的人。有人单靠直觉建立"关系"，也有人要努力不懈才去发展一点点"关系"。前者往往难以预料结果，而后者比较知晓拉拢关系的"天时地利"。因此，"关系"通常要花一点功夫才能取得。

善于拓展"关系"的社交高手不管是在宴会、洽谈公事或是私人聚会上总是能掌握时机。对于这些"沟通大师"而言，人生就是一场历险记：会议室、酒吧、街角、餐厅，甚至在澡堂里，处处都可以"增长见闻"，因此他们随时竖起耳朵，收听精彩的内幕消息或是蜚短流长。他们相信只要多走动必定会有收获。会拉关系的人不仅口吐莲花、左右逢源，而且任何蛛丝马迹都逃不过他们的法眼。他们就是天生的侦探或者记者，颁给他们"社会学"荣誉博士一点也不过分。

总之，人们总是在心里想着身边的"关系"有无用处，以及怎样寻找有价值的关系，看看是否能从双方的需要上做些文章，以使彼此的关系套牢并得到自己想要的信息。这样才会有更大的发展和成功。

4.朋友是女人最放松、最舒适的减压方式

北大箴言：

女人需要朋友,就像生物需要阳光、空气和水一样,没有朋友的女人活得不轻松、不灿烂、不生动。

让女人最放松、最舒适的减压方式,既不是健身操,也不是长途旅游,而是向同性密友开怀倾诉。

美国心理学家开瑞·米勒博士在一次调查报告中公布,87%的已婚女人和95%的单身女人说,她们认为同性朋友之间的情谊是生命中最快乐、最满足的部分,这种情感关系也是最深刻的,为她们带来一种无形的支持力,就像空气般必不可少。西方心理学家也指出,拥有稳固的同性朋友是现代女性健康生活的最重要的方式之一。

30岁以后的女性进入生命历程的"多事之秋",结婚、生育这些新的经历会带给她们许多从未有过的体会,当然,烦恼和困惑也随之而来,包括对同性的感觉也会发生变化。绝大多数女人会对同性产生信任和依赖的感情,因为这是一个与自己完全相同的群体,她们能够理解和体会你的所有悲喜,并给予你最贴近的关怀和帮助。排解烦恼、缓解压力的最常用方法就是找同性朋友倾诉。分担性大于分享性,可以说是女性友谊的最大特点。

美国心理学家米勒博士在调查报告中,鼓励女性把同性友谊列入到你优先考虑的各项事情的首位。他说:"亲密的关系,作为一种预防性措施,一种对于免疫系统的支持,能够降低疾病对你的威胁,无论是头疼

脑热还是心脏疾病以及各种严重的身体失调等，也就是说，一个人要保持身体健康，不仅需要锻炼身体和正确的饮食，同时更需要加强对友谊的维护；由于女人和同行之间的沟通更开放、自然，并且能够给予对方同等的回馈，所以这种亲密关系，更容易在女人和女人之间产生。"

对女人之间的友谊，很多人抱着并不看好的态度，女人太敏感、太容易比较，让友谊之花变得异常脆弱。很多人觉得女人的友谊只是爱情没来的时候的替代品，一旦拥有爱情，友谊也就被抛到一边。但是现代社会，我们越来越发现友谊对女人的重要性。

在《欲望都市》里，我们看到性格、经历不同的四个女人彼此关怀，无论她们在寻找爱情的路上经历何种风风雨雨，身边的男人换了一个又一个，但是，她们四个人友谊却一直持续着，即便到50岁时，她们中有人做了妈妈，有人做了新娘，有人依然单身，但这些都没有妨碍她们彼此关爱对方，没有妨碍她们的友谊。

《绝望主妇》中，我们依然看到四个女人彼此鼓励，彼此分担，在家庭、生活遭遇巨大打击的时候，是友谊给予她们力量，让她们不孤单、不迷惘。

不仅仅男人需要友谊，女人也一样。好的友情让我们更放松，也更能寻到自我。

无论如何自强自立的女人，都害怕孤独。所以她们需要友谊，喜欢交朋友。女人友谊的最主要的用途，一是说，二是听。女人由于天生的心理特点，就是要宣泄自己的情绪，要释放心中的快与不快，而最好的对象不是亲人而是朋友。找一个听众来配合自己。互动当然就更好，"未成曲调先有情"，对方还没说到高潮呢，听的人却哭个磨磨叽叽，或笑个前仰后合。分担了她的痛苦，或分享了她的快乐，那是多么的"闺密"。

女人和女人交朋友，是心与精神的贴近，女人悲伤着朋友的悲伤，幸

福着朋友的幸福,这是相濡以沫的感情。优秀、自信的女人为自己女友的优秀而自豪,丝毫不会妒忌,因为她们是朋友,也因为女人的自信。女人不害怕女友会超过自己相反,那是动力、榜样,它能激励女人们共同起步、共同提高。

但很多女人一旦步入婚姻,就疏于友谊维持,全心全力为家庭付出,眼里只有老公、孩子这个小家,让自己的视野和心房不断缩小。有一天,孩子长大了不再需要她了,丈夫忙碌顾不上家了,女人才感叹自己的孤独无助。想起曾经为围绕在身边,分担自己心事的朋友。才发现,自己已经无意间用婚姻把自己隔绝起来。

女人需要朋友,即便在婚姻的琐碎中整日忙碌,也需要给自己放个假,出来跟朋友聚会一下,倾诉自己的情绪,发泄自己的不满,分享朋友的趣事,让友情滋润自己的心田,让友情驱赶自己心中的阴霾。提醒自己,自己还拥有很多,世界很宽广,不要把自己的心局限在小笼子里。

女人在友情中不仅获得安慰,还获得建议和勇气,那种被爱的感觉更会增添女人的自信,使女人更坚强、更能承受迎面而来的各种挑战。

5.异性友谊的最高境界

北 大 箴 言:

异性友谊的最高境界:站在不远不近的地方去欣赏对方。

很多人质疑异性友谊,因为它难以把握、难以捉摸,可遇不可求。其实男女之间的友谊是人的一种高尚的感情,是介乎于爱情和友情之间的一种情感。这种感情她本身不是爱人,不是情人,但又超出一般朋友,

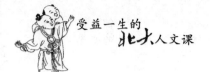
这种感情是不言爱,更不言性。但会令你心动,却又不会动情;让你温暖,但不会有激情,纯净中有甜美,平淡中有绵长。

两人的心贴的很近,身体却离的"很远",这是一种精神层次的"柏拉图",只有理性的人才能做出。只有理智人才能得到。两个人在一起时,有着精神上的默契,有着心灵的统一,他们可以谈爱情、谈婚姻、谈未来,可以无所顾忌地谈人生所有的问题,心有灵犀,心意相通,相知相惜,互相扶持,互相敬重。随意但庄重,亲密但理性,相知而无私,拥有这种感情的两个人,不会当自己是异性,他们可以紧紧地握手,也可能会结结实实地拥抱,但那与性无关,是友爱是欣赏,是思无邪,而绝不是欲望,不是占有。他们会一起欣赏尼采,会一起探讨拜伦,但绝不是互送一朵小花。他们可以一起去郊游,可以一起去喝酒,到了车站,说声拜拜,各走各的路,不用相约,不用相守。

奥黛丽·赫本和被誉为"世界绅士"的格里高利·派克,在《罗马假日》中相识,那是一次经典而隽永的合作,但两人终而未能成为眷属。后来,他将自己的好朋友介绍给她,他送给他们的结婚礼物是一枚蝴蝶胸针。她去世后,他来看她最后一眼,并且在自己87岁高龄的时候,在慈善义卖活动中,他拄着拐杖,颤巍巍地买回了当年他送出的蝴蝶胸针,将它带在自己的胸膛,陪伴他离世升入天国。

这种纯洁友情超越了爱情,永远让世界为之唏嘘动容。

柴可夫斯基和梅克夫人是一对相互爱慕而又从来没有见过面的朋友。梅克夫人是一位酷爱音乐、儿女成群的富孀,她在柴可夫斯基最孤独、最失落的时候,不仅给予他经济上的援助,也给了他极大的鼓励和安慰。激励柴可夫斯基在音乐殿堂一步步走向顶峰,柴可夫斯基最著名的《第四交响曲》和《悲怆交响曲》都是为这位夫人而作。

二人从未见过面的原因并非因为相距遥远,相反他们居住地最近时

仅隔一片草地,之所以不见面,是害怕心中那种朦胧的美和爱,在见面后被某种太现实、太物质的东西所替代。他们一生中最亲密的一次接触,只不过是两驾马车相遇时,彼此深情凝视的几秒钟。

正是这样的距离产生了美,创造了美,使他们把爱恋的强烈欲念转化为精神上的欣赏,升华为完美崇高的人性,超凡脱俗使他们的交往成为亘古永恒。但他们两人仅仅是友谊吗?那互相爱慕的种子早已经在各自心里生根发芽,只是,他们用理智克制,只让它成为精神上永远的相依。

6.避免异性朋友对婚姻的影响

北大箴言:

婚姻的排他性决定了彼此不希望看到对方有一个关系过从甚密的异性朋友。

我们每个人都希望自己有一个异性的朋友,有一个自己除了配偶以外的知心朋友,男人的知己叫做"红颜知己",女人的异性朋友叫"蓝颜知己",每个人有着自己的知己当然是一种理想化的并伴有浪漫色彩的事情。

在现实中,有相当一部分人做到了,而且在和自己的配偶之间行走得游刃有余、张弛有度,这其中的技巧是相当地重要的,我要说的是这种技术不是闹着玩的技术,一旦处理不善就会影响婚姻的稳定,会让你的配偶产生误解,这是我们要注意的现实影响。

何谓红颜知己?按照通行的解释就是:比朋友的情谊多,比情人的情

意少。这就是一个尴尬的知己，我们不能不承认，这种介于两者之间的友情，是向情人这边倾斜的，问题的关键是两人有着一时的控制力，这仅仅是一时的，和你的一生相比，这种控制力就只能是短暂控制过程，因为在彼此的心里对对方有着相当的好感，就是有着爱的情愫，这当中有相当敬佩对方的东西在作祟，把彼此视为知己，往往有些不好言说的东西就是不对自己的配偶说（或者是自己的配偶没有能力理解自己的想法和做法），而愿意对自己的知己倾诉，这就是一种信任。但是，在这信任里头已是掺杂着说不明道不清的情愫（往往是双方不愿挑明或是还没有挑明），这是一种危险的知己。

红颜知己(蓝颜知己)与情人之间到底隔着的是一种什么样的状态，也就说两者之间距离是多少？

当然，这里不是零距离，但也一定不是鸿沟。如果说有距离的话那也就是仅仅在于两人之间没有肌肤相亲，这种关系之间的距离算是鸿沟吗？

不要以为男人与女人之间这道鸿沟不易迈过，在一对互不相知或者是相识(仅仅是相识)的男女之间这道鸿沟也许永远是鸿沟，但是，在这种红颜知己之间，这种隔膜随时都会冲破，因为两者之间的距离仅仅是一层纸，有一点风吹草动这层纸就会千疮百孔。

如果你和你的红颜知己来往过多，这就会让自己的配偶产生误会，这种误会是致命的，配偶内心的涟漪就会在心田里扩散，让配偶纠结于心。尤其是男人，万万不会容忍自己的配偶在自己以外还有心灵的配偶，这是对男人心灵和天性的挑战，其后果我们可以想象到，其后果不是争吵就是家庭被拆分。

婚姻的排他性就决定了彼此不希望看到对方有一个关系过从甚密的异性朋友。

因此，我们要时刻检测异性友谊是否纯正——

忠诚自己的配偶——异性朋友在忠于异性友谊的同时，是否忠于自己的配偶？是否向对方的配偶也提供了同样的友谊？

远离"性"——异性友谊的美好,第一标志就是对"性"本身的远离。而异性友谊的建立,往往源于共同的事业与职业,共同的志向与兴趣,共同的见解与理解。

志趣相投——异性友谊的空间是大空间,异性友谊的志趣是大志趣。创造并强化这样的友谊,使之提高品位,彼此会更加默契。

7.爱和宽容是获得友情的基本原则

北 大 箴 言：

人世间的所有美好,都出自于人心里面的"宽容",一点点宽容之心,就能给世界带来极大的好处。如果我们都能宽容待人,哪里还会有那么多的问题呢？

人和人之间其实没有什么解不开的疙瘩,但是由于相互之间的不宽容,彼此之间的隔阂才会越来越深。相反,如果彼此之间多一些宽容,所有人都可能会成为朋友。

美国试飞员胡佛,有一次驾驶一架飞机升空试飞。在任务马上就要完成时,这架飞机的引擎突然熄火,整个飞机都失去了控制,从空中急速下坠,当时情况极其危险。但是胡佛以高超的驾驶技术,冷静地采取应急措施,使飞机安全着陆。

事后,当人们检查故障时发现,原来导致这次飞机事故的原因是机械师加错了燃油,也就是说,这个粗心大意的机械师险些要了胡佛的命。

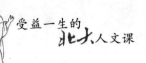
知道这个结果的时候,机械师吓得魂飞魄散,他以为胡佛一定会勃然大怒,甚至会把自己开除掉。但是胡佛却走到他的跟前,紧紧拥抱机械师,对他说:"我相信你以后不会再犯类似的错误了,所以你以后接着为我保养飞机吧。"胡佛宽容地对待机械师的特大错误,机械师在以后的工作中也更加认真,两人也因此成为朋友。

宽容就是有这样的魔力,他能把两个即将会变成仇敌的人变成朋友,所以说"宽容能让你得到友谊"。

爱和宽容是获得友情的基本原则。对于人际关系中的是是非非,我们应该多一些容人之量,少一些小肚鸡肠,对亲人如此,对朋友、同事甚至是陌生人也应如此。

有个年轻人,毕业之后分到县城一所高中当老师。

他有一位嗜酒如命的同事,经常在醉酒之后惹是生非,所以很多人对这个人退避三舍。只有这位年轻人从来不拒绝和这个人一起喝酒,并且尽力限制他酒后的一切不合理行为,还会把他安全送回家中。

在这个年轻人的圈子里,有个性格非常暴躁还时常恶语伤人的朋友。在朋友相聚时,也许某人无意中说一句无关紧要的话,便会惹得他大发雷霆,甚至当场发作。这样一个炸弹人,谁也不愿意离他太近,只有这位年轻人还依然同他保持着良好的友谊。

很多人对这年轻人的宽容之心非常不理解,甚至有人说:"能和那种人交朋友,估计他自己也不怎么样。"但是当这些人和这个年轻人真正接触过以后,都觉得这个人非常值得交往。有些心直口快的人就对年轻人说:"你还是离那些人远点为好,他们都不是什么容易相处的人。"这个年轻人笑了笑说:"他们确实有许多缺点,不过我觉得都不是什么不可接受的毛病,只要宽容一些,他们也会慢慢改过来的。"

因为年轻人的宽容,他身边的朋友越来越多。每当社会上有什么新

机会,大家都会给他推荐。每当他个人有什么重大举动,这些朋友都会积极支持。有钱的出钱,有力的出力,有智谋的出谋划策。这个年轻人也最终成为一个功成名就的人。

若想朋友之间长久交往,温良恭俭让的谦和之德与礼貌之举是必不可少的。不过,朋友之间如果只是一味地重视礼让,不但贬低了自己,而且丧失了原则,恐怕更加糟糕。所以,朋友间的交往要恰如其分,不强交,不苟绝,不要誉以求新,不愉悦以求合。

朋友之间在非原则问题上应谦和礼让、宽厚仁慈,多点糊涂。但在大是大非面前,则应保持清醒,不能一团和气。见不义不善之举应阻之正之,如力不至此,亦应做到不助之。如果明明知道有人在行不义不善之事,却因他是长辈、上司、朋友,即默而容之,这就是一种很自私的趋避。

有时候,立定脚跟做人的确是会冒风险的,也可能会受到暂时的委屈,遭到别人的误解。但是,这种公正的品德最终会赢得人们的尊敬的。如果是真心待人,就应该对他加以爱护,不但帮助他渡过重重难关,而且也要帮助他克服重重困难,天长日久,朋友们自然会了解你的为人和品格,包括自己的上司和同事。

8.朋友之间要不计前嫌

北 大 箴 言:

当我们有对不起别人的地方时,是多么渴望得到对方的谅解啊!是多么希望对方把这段不愉快的往事忘记啊!但是,我们为什么不能用如此宽厚的理解开脱他人?

　　朋友之间，要有点"不念旧恶"的精神，况且在人与人之间，在许多情况下，人们误以为"恶"的，又未必就真的是"恶"。退一步说，即使是"恶"吧，对方心存歉意、诚惶诚恐，你不念恶，礼义相待，进而对他格外地表示亲近，也会使为"恶"者感念你诚，改"恶"从善。

　　唐朝的李靖曾任隋炀帝时的郡丞，最早发现李渊有图谋天下之意，便向隋炀帝检举揭发。李渊灭隋后要杀李靖，李世民反对报复，再三请求保他一命。后来，李靖驰骋疆场，征战不疲，安邦定国，为唐王朝立下赫赫战功。魏征也曾鼓动太子建成杀掉李世民，李世民同样不计旧怨，量才重用，使魏征觉得"喜逢知己之主，竭其力用"，也为唐王朝立下丰功。

　　宋代的王安石对苏东坡的态度，应当说，也是有那么一点"恶"行的。他当宰相时，因为苏东坡与他政见不同，便借故将苏东坡降职减薪，贬官到了黄州，搞得他很凄惨。然而，苏东坡胸怀大度，他根本不把这事放在心上，更不念旧恶。王安石从宰相位子上下来后，两人的关系反倒好了起来。苏东坡不断写信给隐居金陵的王安石，或共叙友情，互相勉励，或讨论学问，十分投机。苏东坡由黄州调往汝州时，还特意到南京看望王安石，受到了热情接待，二人结伴同游，促膝谈心。临别时，王安石嘱咐苏东坡：将来告退时，要来金陵买一处田宅，好与他永做睦邻。苏东坡也满怀深情地感慨说：劝我试求三亩田，从公已觉十年迟。二人一扫嫌隙，成了知心好朋友。

　　相传唐朝宰相陆贽，有职有权时曾偏听偏信，认为太常博士李吉甫结伙营私，便把他贬到明州做长史。不久，陆贽被罢相，被贬到了明州附近的忠州当别驾。后任的宰相明知李、陆有这点私怨，便玩弄权术，特意提拔李吉甫为忠州刺史，让他去当陆贽的顶头上司，意在借刀杀人，通过李吉甫之手把陆贽干掉。不想李吉甫不记旧怨，上任伊始，便特意与陆贽饮酒结欢,使那位现任宰相的借刀杀人之计成了泡影。对此,陆贽自然深受感动,他便积极出点子,协助李吉甫把忠州治理得一天比一天好。李吉甫不搞报复,宽待别人,也帮助了自己。

有一句名言说"生气是用别人的过错来惩罚自己"。老是念念不忘别人的坏处,实际上最受其害的就是自己的心灵,搞得自己痛苦不堪,何必呢? 这种人,轻则自我折磨,重则就可能导致疯狂的报复了。

乐于忘记是成大事者的一个特征,既往不咎的人,才可甩掉沉重的包袱,大踏步地前进。

乔治·罗纳是一位优秀的律师。由于工作的关系,他认识了很多人,也结交了很多朋友。"二战"时,他逃到了瑞典。他因为会说几国的语言,所以很容易地找到了一份书记员的工作。他保持着自己爱交朋友的习惯,不久之后,他就有了一批很好的新朋友。

他的一位朋友很爱出去旅行。一次,他和那位朋友一起出去旅行,到达了一片沙漠。一开始他们走得很顺利,但不幸的是,半路上,车子抛锚了,他们不得不步行走出茫茫的大沙漠。他们艰难地上路了,走得很辛苦。沙漠里不仅又干又热,而且不时有风沙迷住他们的眼睛。恶劣的环境让他的朋友变得暴躁起来,他开始抱怨,而乔治也埋怨朋友不该选择这样一个危险的地方旅行。他们越说越气愤,最后吵了起来。那位朋友咆哮着:"乔治,如果我手里有一支枪,我一定要打爆你的头。"乔治·罗纳没有回击,而是冷静下来,蹲下身,在沙子上写下一行字:某年某月某日,布兰克对着我发火,说要打爆我的头。一阵风沙吹过,那行字很快就无影无踪了。

历经艰难之后,他们终于走出了沙漠。有一段时间,他们再也没有来往过。但是,等到他们冷静下来之后,都觉得自己做得不对。于是,在一个酒会上,他们又走到了一起。那位朋友举杯对乔治道歉说:"乔治,对不起,都是我太冲动了,我真不该对你发那么大的火,而且把你带到沙漠里旅行也太欠考虑了,幸好我们都活着回来了。"乔治也举杯检讨了自己的过错。然后,他拿起一把小刀在一块石头上刻下一行字:某年某月某日,布兰克和我互相检讨自己,我们的友谊长存。

布兰克奇怪地问:"乔治,你为什么那天在沙子上写字,而今天在石头上刻字呢?"乔治·罗纳认真地回答:"爱要刻在石头上,而恨要写在沙子上,这是为了让我们记住爱,而忘记恨。沙子上的字很容易就被风吹掉了,就像我心上没有留下任何痕迹一样,而石头上的字,是无论如何不会磨灭的,它见证着我们之间的爱和友谊。"

我们每一个人都应该有这样的胸襟,因为爱是我们心头最值得纪念也最值得珍藏的回忆。将爱刻在我们的心里,我们的生活会变得更加阳光;而恨则不过是心头的一阵风,吹过就烟消云散了,并不值得介怀。当爱长存我们心底的时候,我们的生命便会更加精彩。

第九课

论成功

—— 成功就是成为最好的自己

　　什么叫成功？成功有一些什么样的标准？见仁见智，各不相同。由此而产生的各种成功误区也很多。北大人认为，成功只是一种对人生的积极追求，是自我努力实现目标之后的满足感，是一种快乐的心情和良好的情绪。

1.成功不是发财和出名

北大箴言：

　　如果说谋权、发财、成名,就叫成功,那么这个社会就会产生极大的不和谐。

　　统计学的资料证明:在一个社会里,能够真正发大财、成大名的人可能不到1%。如果按照这个标准来衡量什么是成功的话,那么在这个社会上就只有1%的成功人士了,那么还有99%的人呢? 他们必然会产生一种失败的情绪,他们也会处于一种失落的状态。

　　我们经常会听到这样的对话:
　　遇到男士就要问:"买房了吗?""没有! "
　　"买车了吗?""没有! "
　　"你都30岁了还没买房,买车?你有什么出息呀?你以后怎么娶老婆、成家啊? "
　　碰到女士就问:"怎么样,钓了个金龟婿吗?""没有啊! "
　　"30岁了还没钓到金龟婿啊,你这一辈子惨了。"

　　言下之意,他们仅仅把发财和出名看做是成功,用这种眼光来衡量大众,那么多数人是不成功者。所以,就有学者指出,现在社会上有一种罪,叫作"不成功罪"。假如我没买房、没买车,我就抬不起头来,就觉得在社会上没有地位,不好意思面对周围的人,实际上这种思想是非常有害的！所以说如果成功标准定在所谓的"三大"，就会使人产生一种极强的自卑心理，这是它给社会带来的第一大危害。

这种标准会对我们的青少年产生不良的影响。因为现在某些所谓成功学的著作，某些成功学的大师，宣传成功就是谋权、发财，就是出名，结果让现在有些孩子受到了这方面的影响。有些孩子读书之前，首先就渴望进名校，哭着喊着也要挤进名校，从小学到中学再到大学，宁可让父母多花钱，也要进名校，好像不进名校就很没面子。

有些偏远地区的学校，竟然在高考时打上这样的横幅——"不过黄河过长江，死也不在家乡读。"这些所谓"激励"的标语，在每年的高考已经是屡见不鲜了。在他们看来，要读大学，就要读真正的大学，名牌的大学，如北大、清华、复旦、南开这些著名的高等学府，而对于其他的普通院校，就认为那些学校没有品牌效应，认为那是失败的人才去的地方，是没有出息的人才会去的学校！这种错误观念对孩子会产生极为不利的影响。在每年高考结束之后，我们就可以看到这样一种现象，有些高考失利生或者是落榜生，会离家出走，甚至自杀。可见，这种观念无论是对个人还是对社会都是极为不利的。

在有些学校，一部分学生已经深受这种思想的影响。他们还在读小学、读初中的时候，就开始攀比：比谁的爸爸官大；比谁的爸爸开的是奔驰还是宝马！并以此作为自己炫耀的资本。身上的衣服、鞋子更是比得不可理喻！从小就比名牌，好像穿一身品牌衣服，就表示高人一等，心里面就会产生一种优越感。如果不制止这种思想观念，那么很可能就会产生连锁反应。因为在学校期间心里面已经暗存了这样的一个标准，一旦走入社会就会产生很强的落差！毕竟不是每个人都能发财和出名的！由于之前缺乏正确的引导和教育，使之不愿意从事平凡的工作，不愿意和从事平凡工作的人做朋友，由于过高地评估了自己的能力和价值，很容易在竞争中面临失败！所以，这种标准对于孩子的成长是非常不利的。

这种标准如果成立的话，它还会产生一种负面的影响。

古波斯有一个人叫西罗斯特拉斯的人,他想:"我没有钱,也没有社会地位,但是我要出名,我该怎么办呢?"后来他想了一个办法:火烧神庙。他居然冒天下之大不韪,一把火烧掉了古波斯最有名的神庙,他把神庙烧掉以后就坐在那里不走,等着别人来抓自己。

别人抓了他以后就问他:"你干嘛要烧这座神庙?"

他说:"我为了出名啊,我这个人为了出名,什么事都干得出来!"

别人就说:"你再怎么要出名,也不能够烧神庙啊!这是犯众怒的,你要遭天谴的"。

结果西罗斯特拉斯讲了一句令人啼笑皆非的话,大意为"我不能流芳百世,也要遗臭万年"。

这就是为追求出名而不惜一切代价的故事,显而易见,如果成功的标准是那样界定的话,那对于我们整个社会都是有危害的。尽管成功的含义广泛,但还有一说,即个人的行为受到社会大众普遍一致的认同和赞赏。

有这样一个真实的故事,会令我们感触颇深。

有一位年轻人,他被检查出得了一种叫脊索瘤的绝症,脊索瘤在当今医学上是很难治的病,而这个年轻人家在农村,经济上不太宽裕,因此没有抓紧治疗。到了2006年,他在劳动时突然晕倒了,送到医院作进一步的检查后,发现他的脊索瘤已经严重恶化,离脑的主干只有两毫米的距离了,也就是说他的生命已经快要走到尽头了,医生"无情"地给他下了死刑宣判书。听到这个消息以后,这个年轻人想:"我的生命即将离去,我还能为社会、为别人做些什么呢?"

后来他想到了,他的眼球还有用!因为他曾经看到报纸上报道过,眼角膜捐献出来还可以救助别人,使他人重新获得光明!于是,他就给深圳的眼库写了一封信,自愿捐献自己的眼角膜。

深圳眼库的工作人员收到这封信后,都很感动,特地派人赶了过来。

当他在捐献眼角膜的协议上签完字以后,有记者问他:"您为社会做了贡献,请问您对这种捐献,没有其他要求吗?您真的是无条件的吗?"

这位小伙子就说:"我是有条件的。"

记者一愣:"是什么条件呢?你不是说无偿捐献吗?"

年轻人笑了,说:"我的条件只有一个,就是接受我的眼角膜捐献的人,必须记住我妈妈的生日!我妈妈为了我,受了一辈子穷,受了一辈子的苦,没有享过一天福。在我死之后,我希望接受我眼角膜捐献的人,每年在我妈妈生日的时候,能够给我妈妈打个电话,或者寄个贺卡,跟她说一声生日快乐就行了。"

这位小伙子,他到底是属于成功者,还是属于不成功者呢?

这位小伙子叫张海涛,今年35岁,是河南平顶山市汴城村人。

在我们看来,在他力所能及的范围内,已经做了件非常了不起的事情,在他生命即将离去之时,为他人捐献了自己的眼角膜,为他人和社会奉献了最后的光明和希望!他为我们的社会,为他自己的家庭,尽了自己最大的力量。我们绝不认为他是失败者;相反我们认为他是道德的成功者、精神的成功者!因为社会大众将会对他的崇高精神表示赞赏和认可!

所以说我们对成功,要有一种更全面的理解。

2.关于不成功的三十个理由

北大箴言：

　　每一个人,哪怕自己的岗位很普通,哪怕自己的职位很平凡,但是如果你能脚踏实地地努力,成功就属于你。这种成功不仅让你获得了极大的愉悦,还对社会有所贡献。

　　很多人认为成功是很难达到的一种境界,这是一个错误的看法。

　　如果你不知道什么叫成功,那么每一位认为自己不成功的人,都可以来看看关于不成功的三十个理由,如果你具有了这三十个条件,那么你就别想"成功"了。

　　1.不利的遗传背景。天生智力不足的人,是很难成功的,唯一的补救方法是:以勤补拙。

　　2.缺乏明确的人生目标。凡是没有明确的人生目标的人,便是没有成功的希望。

　　3.缺乏志向与抱负,对什么都无所谓。凡是不愿上进和不愿付出代价的人,便绝对没有成功希望。

　　4.缺乏足够的教育。这个缺点克服起来还是很容易的。无数成功案例证明,自学的人往往是学习得最好的人,光有一张大学文凭是不够的,光学习知识是不行的。重要的是知识的运用。人之所以能得到报酬,不是因为他们拥有知识,而是因为他们能将知识运用在工作上。

　　5.缺乏自律。纪律来自于自我控制,一个人必须能控制自己所有的情绪行为。在你要控制别人之前,一定要先控制住自己。你会发现自我控制是最难的。你如果不能征服自己,就会被自己所征服。当你在镜子里看到自己时,他既是你的最好朋友,也是你最大的敌人。

6.身体状况不佳。

7.童年时代不良环境影响。小树苗是弯的,长成大树后依然是弯的。多数犯罪倾向,都是在童年时代由于不良环境和不当的交友造成的。

8.拖沓。这是最常见的一种失败原因。挥之不去的拖沓习惯总是时刻跟随着每个人的身影,等待着破坏人们成功的机会。为什么老是失败,是因为我们总是等待!要知道时机永远不会刚刚好。就在你站立的地方,用你手中现有的工具开始吧,无须再等!

9.缺乏百折不挠的精神。很多人做事虎头蛇尾,而且还有看到失败的迹象便立即退却的倾向。百折不挠的精神是没有任何东西可以取代的。

10.消极的个性。消极的人是不会获得同别人合作的机会的。

11.容易冲动。促使人们采取行动的所有冲动,以性冲动最为强烈。冷静的人往往成功的概率要远大于冲动的人,他们不会把事情做到过火或偏离预定轨道。这时就需要控制好情商,把冲动加以升华或导入到其他轨道。

12.不能控制不良欲望。赌徒的欲望驱使着数以百万计的人们走向失败。业精于勤,而荒于嬉,实在是圣训。

13.缺乏迅速的决断力。成功的人都能迅速果断的下定决心,并根据情况的变化而改变他的决定。失败的人往往优柔寡断,而且心志不坚,容易改变主意。

14.心灵脆弱。他们往往会恐惧或不能正视生、老、病、死、爱别离、冤家聚、求不得这人生七苦其中的一种或几种。这样又如何放开胆子去做事呢?

15.选错结婚的对象。这是失败者中最常见的理由。失败的婚姻是充满悲哀和不愉快的,这样会毁掉一个人的所有抱负。

16.过分小心谨慎。要明白利益永远与风险成正比。不愿冒险的人,

通常只能选择别人剩下的东西。

17.选错了事业伙伴。商业的失败以此为多。一个商人在寻找事业伙伴时,应极其小心,在志同道合的情况下,对方应该是智慧和诚实的。

18.迷信和偏见。迷信是恐惧和无知的象征,成功的人应该是虚怀若谷的、无所畏惧的。广开言路,博采众家之长更是不可或缺的;固执己见,偏信一家都是消亡之道。

19.选错职业。所选的如果不是你所爱的,那么你是不会成功的。不喜欢自然无兴趣可言,相信没有几个人会用心对待它。

20.未能专心致志。什么都会一点的人其实什么都不会。如果你有两个或更多时间不同的闹钟,那么你就无法掌握准确的时间。有一个目标就够了。

21.花钱没有节制。不会理财是必败无疑的,挥金如土的人无法适应节俭的生活。必须规定收入的固定比例作为储蓄,以养成有计划的储蓄习惯。

22.缺乏热情。缺乏热情的人往往比热情的人受到大众的欢迎要少的多,那样信任自然也很薄弱。

23.偏执。不能容纳许多问题的人很少能成功,他们不能容忍不同的宗教、种族、思想观念,以致于极力地排除异己。

24.没有节制。最具有破坏性的放纵与饮食、性活动有关。过分沉溺在这些放纵里,会对你的事业造成致命伤。

25.没有与别人合作的能力。孤军奋战自然比不上团队协作,众人共同承担的责任岂是一个人的肩膀所能顶得住的。

26.拥有不是靠自己努力而得到的权力。这类人往往无法承担这种权力(也可以是财富)所应付出的责任,那么用它来促使自己成功,危险性很大。

27.蓄意欺骗。欺骗导致丧失信誉,甚至是自由。

28.以猜测代替思考。形成于思而毁于随,如果不是未卜先知,那就

是瞎蒙,小心血本无归、倾家荡产。

29.缺乏资本。开创了事业,却没有足够的后续资本,如果解决不好,自然前功尽弃、功败垂成。

30.能力欠缺。

很难想象世界上有能够"满足"以上30个条件的人,所以,成功绝对不是奢侈品,绝对不是只有1%的人才能实现的东西,成功就在一位理发师在为客人提供了满意服务后的微笑里;就在一位花匠精心培育的花圃里,在他看着鲜花满园的那种幸福的目光里;就在老师为自己的学生批改作业时,那画出一个一个红圈,写下一句一句表扬的笔端里;就在一位清洁工在清扫完街道后为行人创造干净和谐环境的汗水里!

3.成功既属于少数杰出人才,也属于普通大众

北大箴言:

很多时候,人们在做事情时都心存畏惧,当你坚持下去,你会发现成功并不难,阻碍你成功的唯一限制就是你头脑中对成功的那种误解。在成功的道路上,我们会遇到很多挫折和坎坷,但是只要你能够很好地把握机遇,充满信心去挑战困难,你会发现成功其实不难。

1968年,在墨西哥奥运会的百米赛道上,美国选手吉·海因斯撞线后,转过身子看运动场上的记时器,当指示灯打出了9.95的字样后,海因斯摊开双手自言自语地说了一句话。这一情景通过电视网络,至少有好几亿人看到,可是由于当时他身边没有话筒,因此海因斯到底说了些什么,谁都不知道。

　　1984年,洛杉矶奥运会前夕,一位叫戴维·帕乐的记者在办公室回放墨西哥奥运会的资料片。当看到海因斯的镜头时,凭着做记者的敏感,他认定海因斯一定说了一句不同凡响的话,凭着做体育记者的优势,他很快找到了海因斯。当他提起16年前的故事时,海因斯想了想笑着说:"当时难道没人听见吗?我说,上帝啊,成功那扇门原来是虚掩着的!"

　　谜底揭开之后,戴维·帕乐接着对海因斯进行了采访。针对那句话,海因斯说:"自美国运动员欧文斯于1936年5月25日在柏林奥运会上创下10.3秒的百米世界纪录之后,以詹姆斯·格拉森医生为代表的医学界断言,人类的肌肉纤维所承载的运动极限不会超过每秒10米。的确,这一纪录保持了32年。32年来,这一说法在田径场上非常流行,我也以为这是真的。但是,我想我应该跑出10.01秒的成绩。于是,每天我以自己最快的速度跑50公里。因为我知道,百米冠军不是在百米赛道上练出来的。当我在墨西哥奥运会上看到自己创造9.95秒的纪录之后,我惊呆了,原来10秒这扇门不是紧锁着,就像终点那根横着的绳子,是可以跨越过去的!"

　　后来,戴维·帕乐根据采访写了一篇报道,填补了1968年奥运会留下的一个空白。而海因斯的那句话则给世人留下了非常重要的启迪!

　　无论你做什么样的工作,只要你努力地行动,就会发现许多门都是虚掩着的,尤其是成功之门。

　　过去人们对婚礼司仪这一工作认识不够,而美国男孩约翰就是在别人的婚礼上发现了商机,把婚礼司仪当成了自己的职业和毕生的追求,在很短的时间内,他就在别人的婚礼上挣了几百万美元。

　　19岁的约翰是美国纽约州立大学历史系的一名学生,小时候因为一次意外事故使他的腿受伤了,在这次事故之后,他就开始变得不爱说话了。这种沉默的性格从他读小学一直保持到大学,大学刚开始,约翰便开始爱上了图书馆,每天泡在图书馆里面翻阅历史、文学等各方面的书籍,这使他积累了非常丰富的知识。

上大二的时候,约翰开始不安分起来,在美国很多年轻人喜欢自主创业,或者是在外打工使自己过上独立生活。约翰看着自己的同学一个个开上了自己挣钱买的小车,也开始走出学校去寻找工作,他想让自己多与社会接触,多做一些尝试,这样既可以找到自己的兴趣所在,也可以为未来择业和事业的发展多做有益的铺垫。

约翰有一个从小玩到大的好朋友,在一家电视台做摄影师,没事的时候约翰就老爱去找他玩。由于他朋友的摄影水平很不错,所以一般有什么会议、活动,包括公司里有人结婚,公司都会派他去做录像,约翰就经常跟着他一起去做录像,这样约翰就在平时的帮忙中学到了很多关于摄影方面的知识。几个月以后,约翰的摄影水平提高了很多,慢慢地也能够独立地拍些像样的带子出来了。

于是,约翰决定自己去帮人拍一些录像,遇到有人打电话来拍婚庆录像,约翰背上摄影机就跑去了。一开始,他并没有打算挣什么钱,只是为了让自己的课余生活能够多一些乐趣。但是由于约翰在拍摄的时候能够注意到每一个细节、认真捕捉一些突发的场景,有时候还能根据主人的要求进行剪辑,慢慢地,很多人知道了约翰的技术,纷纷找他来拍婚礼录像。每次人家都会给约翰一些小费,靠这些小费,约翰的收入在同学中也已经是首屈一指了。

在一次要给新人拍婚礼录像时,约翰早早地到场了,等到来宾都快来齐的时候,原来拟定的婚礼主持人,却因为临时有事无法赶到现场。这一下操办婚礼的人可急坏了,宾客都来了,就等婚礼司仪了,这可怎么办?

在他们急得团团转的时候,不知道谁出了一个主意:"拍录像的小伙子经常参加婚礼,让他来主持应该没有问题。"

在主人的再三恳求下,约翰接下了这个任务,不过能不能完成,他心里也没有底。他把自己关进一间小屋子里,设计婚礼的开场白。为了能够活跃现场气氛,约翰除了采用在婚礼仪式上的一些常规环节,还加了几个小小的创意。等婚礼开始时，约翰拿出在学校表演过的一些小节目，逗得在场的人哈哈大笑，结果这场婚礼举办得非常成功。事后主人不仅夸赞了约翰一番，还给了他一个大红包。

此后，很多人知道了纽约州立大学有个既能拍摄婚礼录像又会主持婚礼的小伙子，找约翰的人越来越多，每逢节假日，他有时候一天还要跑好几场，摄影兼做司仪。

随着约翰一手操办的婚礼次数越来越多，他逐渐认识到，这样一个人小打小闹成不了大气候，于是他便四方筹措，开办了一家属于自己的公司，经过约翰的不断经营，时至今日，它已经从一家原先只有十几平方米的小店发展到了2000平方米的大公司，他现在推出的婚庆服务也是花样齐全，包括婚礼主持、摄像、婚纱摄影、鲜花外卖、预定酒席等几十个品种。不到30岁的他已经是身价百万了。

通过这个创业成功的故事我们可以发现：其实成功没有想象中的那么难，成功的机遇就在我们身边，关键是要去尝试、去实践，耐心地朝自己的目标奋斗，只要我们能够做出别样的精彩，那么成功也只不过是窗户上的一层纸而已。

短短几年间，一个性格沉默的学生，成为了一位引人注目的司仪，并且拥有了自己的公司，这难道不是成功吗？事实上，我们应该同时突破成功的另一个误区，那就是我们的心理误区，即我们要把自己的目标确定得大众化一点、普通一点，或者说把自己的人生规划实际一点。

要成功，关键是我们应该在内心建立一种我要成功的企图心和积极自信的心态，不断地朝自己的目标努力奋斗，坚信成功只是一种对人生的积极追求，是自我努力实现目标之后的满足感，是一种快乐的心情和良好的情绪，我们便能发现成功既属于少数杰出人才，也属于我们普通大众。其实人人都能走向成功。

4.不被条条框框限制住的人才能成功

北大箴言：

伟大的创造、天才的发现,都是从突破思维定式开始的。善于创新,
不被条条框框所限制是成功最需要的精神所在。

思维是人类最为本质的特征,是人一切活动的源头,也是创新的源
头。有了创新思维才能开始创新活动, 有了创新活动才能产生创新成
果。一个人的思维能力总体处于发展、变化的趋势中,但也会存在一种
相对稳定的状态,这种状态是由一系列的思维定式构成。

有位警察到森林打猎,他在野兽经常出没的地方隐蔽起来。忽然,一
只鹿跑了出来,这位警察立即跳过灌木丛,朝天开一枪,并大喊"站住,我
是警察!"这个故事看起来是个笑话,但它却说明了思维定式的习惯力量。

人们发现问题、研究问题、解决问题往往都是凭借原有的思维活动
的路径(即思维定式)进行思维的。人们认识未知、解决未知,都是以已知
或已知的组合、变换为阶梯。要想提高思维能力,就要突破原来的思维
定式,更新原来的思维模式,优化、深化思维的品质。

思维最大的敌人,是习惯性思维。世界观、生活环境和知识背景都会
影响到人们对事对物的态度和思维方式, 不过最重要的影响因素是一
个人过去的经验。生活中有很多经验,它们会时刻影响我们的思维。无
数事实证明,伟大的创造、天才的发现,都是从突破思维定式开始的。善
于创新,不被条条框框所限制是成功最需要的精神所在,固执于原有的
思维,过分依靠原有的优势和经验是成功的大忌,只有不被条条框框限

制住的人才能独当一面。

有位年轻人乘火车去某地。火车行驶在一片荒无人烟的山野之中，人们一个个百无聊赖地望着窗外。

前面有一个拐弯处，火车减速，一座简陋的平房缓缓地进入他的视野。也就在这时，几乎所有乘客都睁大眼睛"欣赏"起寂寞旅途中这特别的风景。有的乘客开始窃窃议论起这座房子。年轻人的心为之一动。返回时，他中途下了车，不辞辛劳地找到了那座房子。主人告诉他，每天火车都要从门前"隆隆"驶过，噪音实在使他们受不了，房主很想以低价卖掉房屋，但多年来一直没有人问津。

不久，年轻人用3万元买下了那座平房，他觉得这座房子正好处在转弯处，火车一经过这里时都会减速，疲惫乘客一看到这座房子精神就会为之一振，用来做广告是再好不过的了。很快，他开始和一些大公司联系，推荐房屋正面是一面极好的"广告墙"。后来，可口可乐公司看中了这个广告媒体，在3年租期内，支付年轻人18万元租金。

成大事者常常能突破人们的思维常规，反常用计，在"奇"字上下功夫，拿出出奇的经营招数，赢得出奇的效果。

亨利·兰德平日非常喜欢为女儿拍照，而每一次女儿都想立刻看到父亲为她拍摄的照片。于是有一次他就告诉女儿，照片必须全部拍完，等底片卷回，从照相机里拿下来后，再送到暗房用特殊的药品显影。而且，副片完成之后，还要照射强光使之映在别的像纸上面，同时必须再经过药品处理，一张照片才告完成。他向女儿做说明的同时，内心却问自己说："等等，难道没有可能制造出'同时显影'的照相机吗？"对摄影稍有常识的人，听了他的想法后都异口同声地说："哪儿会有可能。"并列举一打以上的理由说："简直是一个异想天开的梦。"但他却没有因受此批评而退缩，而是将他告诉女儿的话当作一种契机。最后，他终于不畏艰难地发明了"拍立得相机"。

"拍立得"相机正式投产后，发明者如何宣传和推销这种新式相机呢？经过慎重考虑，兰德请来了当时美国颇有名望的推销专家·霍拉·布茨。布茨一见"拍立得"顿生好感，欣然受命担任专门负责营销的经理。

迈阿密海滨是美国的旅游胜地，每年来此度假的旅客成千上万。精明的布茨认为这里是理想的推销场所，他专门雇用了一些泳技高超、线条优美的妙龄女郎，在海岸浴场游泳时假装不慎落水，然后再由特意安排的救生员将其救起，惊心动魄的场面引来了许多围观的游客，这时，"拍立得"相机立刻大显身手，眨眼工夫，一张张记录当时精彩场面的抢拍照片展现在人们面前，令见者惊讶不已，推销员便趁机推销这种相机，就这样"拍立得"相机迅速由迈阿密走向全国，成了市场的热门商品，畅销不衰。公司因此生意兴隆、名声大振。

很多事情都是因人而异的，一味地因循守旧，是不会取得成功的。我们要打破存在于我们思维里的桎梏，找到适合自己的思路，才能成功。

5.懂得表现自己、善于推销自己

北大箴言：

世界上有两种无用的人，一种是没有什么东西献给社会，另一种是不知道怎样把自己已有的东西展示出来。

聪明人要懂得怎样表现自己，懂得适时地展示自己的长处，让别人

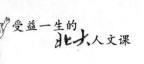

了解自己。现代社会是一个知识爆炸的社会,要想尽快地获得成功,首先就要懂得展现自己,推销自己。

罗伯特从西部工程学院结业之后,决定利用他所学到的商业技巧,推销他的专长。他先想好适合自己的职务及希望的待遇,然后在广告费用符合预算的情况下,刊登了以下内容的广告:

"工程界最具实力的主管先生:你是否愿意让一个电机系毕业生,以不支薪的方式工作一个月,用以表现他的能力?我是电机系毕业的高材生,对公司非常忠诚,做事可靠、有耐心、平易近人,能与同事和睦相处。我充满热诚,而且不断地充实自己。"

广告刊登之后,罗伯特收到数百封的回函。美国钢铁公司的一位主管写信给他:"下星期三到纽约总公司来找我。如果你真得那么优秀,可以一块儿把行李带来,准备和我一起到工厂上班。"

罗伯特的求职方法很特别,很引人注目。工作一个月不支薪,很容易让企业主管心动,因为他证明自己有实力,愿意先在工作上付出,然后才谈到报酬。他所列出的个人特质并不夸大其词,只是告诉未来的雇主,希望能给他一个月的时间来证明自己的能力。

罗伯特见到钢铁公司的主管之后,立刻递上一份已打印好的资料,非常详细地介绍自己,包括教育背景、籍贯、嗜好、经历等个人资料,还附了一张近照及一份咨询人的名单。

罗伯特得到了钢铁公司的青睐,他不需要再免费工作。他的薪水在第一个月后,根据他的工作表现由双方议定。虽然别的公司提供更高的薪水,罗伯特仍然决定接受这份工作,因为他清楚这里有很多的晋升机会。

聪明人是懂得在关键时候进行自我表现的人,因为他们知道,只有把自己的优势展现出来,别人才会知道你的能力和才华。

公元前251年，秦国的军队包围了赵国的都城邯郸。赵王派平原君出使楚国，要求楚考烈王与赵国联合起来抗击秦国。平原君打算从门客中挑出20个有智有勇的人，随同他前往楚国。他挑来挑去只有19人合乎条件，还差一人却怎么挑也觉得不满意。

这时，毛遂主动站了出来说："我愿随平原君前往楚国。"

平原君一看，是平常不曾注意的毛遂，便不大以为然，说："你到我门下已经三年了，却从未听到有人在我面前称赞过你，可见你并无什么过人之处。一个有才能的人在世上，就好像锥子装在口袋里，锥尖子很快就会穿破口袋钻出来，人们很快就能发现他。而你一直未能出头露面显示你的本事，我怎么能够带上没有本事的人同我去楚国履行如此重大的使命呢？"

毛遂据理力争地说："您说的并不全对。我之所以没有像锥子从口袋里钻出锥尖，是因为我从来就没有像锥子一样放进您的口袋里呀。如果早将我这把锥子放进口袋，我不仅是锥尖钻出口袋，我会连整个锥子都像麦穗一样全部露出来。"

平原君觉得毛遂说得很有道理，便答应毛遂作为自己的随从，连夜赶往楚国。

楚王不愿联合赵国抗秦，平原君说服不了他。毛遂上台去说服楚王。楚王听说毛遂是平原君门下的食客，怒气冲冲地要他下台去。毛遂按着剑走近楚王，大声说道："大王所以敢当众斥责我，是因为楚国人多势众。但如今大王与我处于十步之内，楚国纵然强大，大王也倚仗不着，因为您的性命掌握在我毛遂手里！"楚王被毛遂勇敢的举动吓呆了。接着，毛遂又向楚王分析，共同抗秦对赵、楚双方都有好处。毛遂的一席话，终于说服了楚王。楚王决定和平原君歃血为盟，联合抗秦。

毛遂自荐的故事说明，不要总等着别人推荐自己，那样你可能一辈子也不会露出"锥尖"的，一辈子默默无闻，没有人知道你的长处和价值。真正聪明的人要懂得表现自己,推销自己,关键时刻要懂得毛遂自荐。

美国著名的人才调查中心的研究表明,成功人士大都具有推销自我的意识,这种意识对他们事业的成功具有很大帮助。在人才竞争非常激烈的今天,懂得表现自己、善于推销自己是我们每个人都必须掌握的一种生活技能。

当然,表现自己并不是无原则地吹捧自己,也不是阿谀奉承、拍上级的马屁,而是展示真实的自我,给自己的才能找到一个适当的表现机会。当你能够成功地推销自己的时候,你会发现,你一直在追求、在渴望的东西就会不期而至。

6.彻底"解剖"你自己

北 大 箴 言:

歌德曾经说过,在任何事情当中,人最后必须也是仅能求助的还是自己,事实也就是如此。所以我们要发现自己,认识自己,发掘自身的能力。

人不善于对自己进行审查、不善于承认自己的缺点,总认为自己是对的。人也不善于对自己进行透彻的分析,了解自己真实的一面。常喜欢只把好的一部分拿出来,把坏的部分隐藏起来。这种表现不仅限制自身的发展,还会影响到其他人乃至社会。

"你从哲学中获得了什么呢?"对此问题古希腊大儒学派创始人是如此回答的:"我从哲学中发现了自己的能力。"

这种能力的获得给人们提供了思想与心理向着更高、更纯粹境界提升的可能性。

被自己所蒙蔽的人是难以有自知之明的。就好比假扮英国绅士的人不会使用刀叉一样，不知缘由便开始高谈阔论、不懂装懂、虚有其表，是件非常可笑的事情。没有自知之明的人狂妄自大也是如此的，但很多人却成为了这类笑话中的主角却不自知。

发现自己就是从自己的各个方面全面地发现自己，不仅是发现优点，还有缺点。例如发现自己的可爱、发现自己的胆小、发现自己的灵活、发现自己的自卑、发现自己的毅力、发现自己独有的个性等，从多方位进行发现。

一个人是由许多不同的部分而组成的。片片面面凝聚在一起形成了一个完整的人。不断地以这些片片面面进行交流，理性的对话，就是自我了解的过程。在进行不断的对话、相比过程中，我们会变得更加善解人意，我们的想象力会得到更进一步的发展，好的一面会积极地发挥其作用，坏的一面不断地减少。

安提司泰尼是善于发现自己的人，善于自我对话。当看到铁是被锈腐蚀掉时，他说道：嫉妒心强的人会被自己的热情消耗掉拥有的一切，这是他同自己的嫉妒谈话的表现。对自己的嫉妒性加以警惕，不让它这么做。他善于做善事，常去帮助走在黑暗中的人们，在常人眼里他们都是无可救药的恶人，劝戒安提司泰尼不要跟他们混在一起，这时他便同自己的德行和自信谈话，他会说，医生治疗病人的病却没有染上病。当恶棍们为他鼓掌时，他便会说，我担心我是否有做错事。这是他同自己的警惕性谈话。

他认为不被人唾弃的人必该公正地面对诚实的生活，这是他与自己的原则在谈话。

哲学之父、精神分析大师克尔肖顿尔,孤独一生,但也是位善于发现自己的人。

肖顿尔在世时,与这个世界格格不入,不合群。他不断地对虚伪的世界、庸俗的人们、被蒙蔽的人们宣战,得到的便是辱骂与唾弃。他没有放弃战斗,同时他在属于自己的一片天空中不断地认识自己并与内心进行谈话。

许多年之后,就是这位曾经被人们所遗弃、被世人敌视与厌弃的他,成为了后世人精神的启示者。他鄙视"菲利斯丁",他是"智商越高越不合群"的典型。一生当中他几乎都是同自己谈话,并记录下来,这从他写的数万页的日记中便能看出。

伟大的诗人、作家、艺术家们也善于发现自己。这样才能使自己的作品更能切合实际,更有独特之处,有自身的风格。

伟大的诗人里尔克在其最成功的作品中如此写过:"不和任何人见面,除了对自己的内心说话之外,绝对不开口——这的确是我立下的誓言。"

对于诗人来说,写诗就等同于对自己对话。里尔克所指的"对自己的内心说话"便是作诗的过程。诗人们把自己内心的每一份感受都会以诗的形式表现出来。诗人对人生的看法,使之高兴之处,使之疼痛之处等。从他们的作品中,我们更能更客观地了解到所谓的我们眼中的人们及生活。

发现自己是为了更好地了解自我、发挥自己的能力。

哈伯德曾说:其实,在这个世界上的每个人都是一个财富的仓库,只不过你没有发现而已。

客观地认识自己当然是困难的,然而作为一个想正正经经做一番事

业的人,对自己先要有个正确的认识,这是一个起码的要求。

你可能解不出那样多的数学难题，或记不住那样多的外文单词,但你在处理事务方面却有特殊的本领,能知人善任、排忧解难,有高超的组织能力；

你在物理和化学方面也许差一些,但写小说、诗歌是能手；

也许你分辨音阶的能力不行,但有一双极其灵巧的手；

也许你连一张桌子也画不像,但有一副动人的歌喉；

也许你不善于下棋,但有过人的臂力；

……

在认识到自己长处的前提下,如果你能扬长避短,认准目标,抓紧时间把一件工作或一门学问刻苦、认真地做下去,久而久之,自然会结出丰硕的成果。

7.把挫折视为成功的一场"演习"

北大箴言:

成大事者最大的优点就是抗挫折能力,从不把挫折看成过不去的难关,而是把挫折当作成功的一场"演习"。

不论是伟人还是凡人,在人生之路的漫漫征途上,都会遇到挫折。而伟人所遇到的挫折可能会更多。"一帆风顺"只是极少数幸运者的专利,大多数人都要经历沧桑与挫折, 尝遍挫折所带来的痛苦。值得注意的是,尽管挫折对任何人来说都不可避免,但是,在经历了挫折以后,有的人走向了成功,有的人却走向了失败。造成这种本质区别的根本原因在

哪里呢？就在于对挫折与逆境的认识和态度不同。

路易斯·巴斯德是公认的19世纪最伟大的生物学家。他是微生物学的鼻祖，他的成就在于极大地拓展了医学领域，如立体化学、细菌学、病毒学、免疫学、分子生物学等。他关于大多数传染性疾病均由于细菌感染的发现，即著名的"疾病的细菌源理论"，是人类医学史上最重要的发现之一。他对桑蚕疾病的研究成果，拯救了整个丝绸行业。此外，他还开发出炭疽热、霍乱、狂犬病等多种传染病的疫苗。巴斯德的成就不仅止于此，他最为著名的成就是他所提出的关于加热食品以防止食物腐坏变质，防止人体避免细菌中毒的理论。

巴斯德曾多次遭受致命疾病的打击，身体极度虚弱，甚至整个身体的左侧全部麻痹等。尽管身体上遭受如此重创，个人生活上也经历磨难，但是，巴斯德始终在坚持，始终在继续自己的工作。就像巴斯德自己所说的那样："让我来告诉你我实现目标的秘诀吧，我的长处仅仅是不屈不挠而已。"

一个不经历挫折的人，是不能够坚强起来的；同样，不经过挫折磨砺的成功，都是脆弱的。成大事者最大的优点就是抗挫折能力，从不把挫折看成过不去的难关，而是把挫折看成成功的一场"演习"。一个人没有抗挫能力，必然会一击即倒。

艾柯卡，美国汽车界无与伦比的经营巨子。曾任职世界汽车行业的领头羊——福特公司。由于其卓越的经营才能，使得自己的地位节节高升，直到坐到了福特公司的总裁。

然而，就在他的事业如日中天的时候，福特公司的老板——福特二世却出人意料地解除了艾柯卡的职务，原因很简单，因为艾柯卡在福特公司的声望和地位已经超越了福特二世，所以他担心自己的公司有一天改姓为"艾柯卡"。

此时的艾柯卡可谓是步入了人生的低谷,他坐在不足十平米的小办公室里思绪良久,终于毅然而果断地下了决心,离开福特公司。

在离开福特公司之后,有很多家世界著名企业的头目都曾拜访过艾柯卡,希望他能重新出山,但均被艾柯卡婉言谢绝了。因为他心中有了一个目标,那就是"从哪里跌倒的,就要从哪里爬起来!"

他最终选择了美国第三大汽车公司,克莱斯勒公司,这不仅因为克莱斯勒公司的老板曾经"三顾茅庐",更重要的原因是此时的克莱斯勒已是千疮百孔,濒临倒闭。他要向福特二世和所有人证明,我艾柯卡的确是一代经营奇才!

接管克莱斯勒公司后,艾柯卡进行了大刀阔斧的改革,辞退了32个副总裁,关闭了16个工厂,裁员和解雇人员,从而节省了公司很大的一笔开支。整顿后的企业规模虽然小了,但却更精干了。另外,艾柯卡仍然是用自己那双与生俱来的慧眼,充分洞察人们的消费心理,把有限的资金都花在刀刃上。根据市场需要,以最快的速度推出新型车,从而逐渐与福特、通用三分天下,创造了一个与"哥伦布发现新大陆"同样震惊美国的汽车业神话。

1983年,在美国的民意测验中,艾柯卡被推选为"左右美国工业部门的第一号人物。"

1984年,由《华尔街日报》委托盖洛普进行的"最令人尊敬的经理"的调查中,艾柯卡居于首位。同年,克莱斯勒公司营利24亿美元,美国经济界普遍将该公司的经营好转看成是美国经济复苏的标志。

有人曾经在这一时候呼吁艾柯卡竞选美国总统。如果说在福特公司的艾柯卡是福特的"国王",那么在克莱斯勒的艾柯克无疑就是美国汽车业的"国王"。

艾柯卡之所以能创造这么一个神话,完全是受惠于当年福特解职的

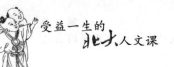
逆境。正是因为这一挫折,才使艾柯卡的事业进入第二个春天。

从艾柯卡的经验中,证明了一点:能正确面对挫折的人,才能从挫折中寻找改变人生的机会。

在现实生活中,人人都有追求理想,大家都渴望成功。然而,挫折却像凛冽的寒风一样,摧枯拉朽、残酷无情。若想使春天的幼苗不被寒风刮折、吹死,就得拥有抵御寒风的措施。要想在无数次挫折中取得成功,唯一有效的办法就是通过努力提高自己抵御挫折的能力。

8.正确的方向是成功的基石

北大箴言:

如果方向是错误的,勇气终会成为"盲目蛮干"的代名词,坚持不懈也会与"固执己见"同义。

很多时候,成功除了需要勇敢和坚持不懈以外,更需要方向。如果要想取得成功就必须翻越高墙的话,那么"方向"就是寻找一条可以绕墙而过的路,而不是在墙上开辟一条新路。

要想获得成功的人生,就必须有一个准确的定位。首先我们要规划人生,找准人生定位;还要塑造阳光的心态,学会快乐和感恩;最重要的是,别忘了要提高修养,培养自己的优秀品质,使自己拥有可能成功的积极因素。

给人生一个定位,看似很简单,其实做起来却是很困难的,我们应该如何来定位自己的人生呢?我们又应该定位怎样的人生呢?

首先,你要学会的是,必要时,请适当降低目标。

有个人布置了一个捉火鸡的陷阱,他在一个大箱子的里面和外面撒了玉米,大箱子有一道门,门上系了一根绳子,他抓着绳子的另一端躲在一处。只要等到火鸡进入箱子,他就拉紧绳子,把门关上。一天,有十二只火鸡进入箱子里,还没等他回过神来,一只火鸡就溜了出来。他想等箱子里有十二只火鸡后,就关上门,然而,就在他等第十二只火鸡的时候,又有两只火鸡跑了出来。他想,只要再进去一只就拉绳子,可是在他等待的时候,又有三只火鸡飞了出来。最后,箱子里一只火鸡也没剩。

你可能会想:这个人太不懂变通了,十二只捉不到,十一只也很好啊!捉不着更多,捉一只总行吧。可他就是不拉绳子,真是太笨了。

是的,在实施计划、向既定目标推进的过程中,必须时刻注意内外部环境的变化,当既定目标无法达成时应及时调整目标。当环境已经发生变化时,固执地坚守已经不合理的目标,没有任何意义。如果故事的主人公发现一下子捉到十二只是不可能的,于是把目标定在十只或者八只上,到最后就不会落得两手空空的下场了。

当然,降低目标可能是你的思维理念所不允许的,你可能更加赞同:"没有条件,创造条件,也要完成目标。"可是有些时候仅靠你的力量是无法创造条件的。这时,果断地适度降低目标可能是你最好的选择。降低目标并不是要你像打了败仗的逃兵一样没有章法,而是要讲究策略。作出降低目标这一决策要快速果断,幅度要适当。任何优柔寡断和侥幸心理都是要不得的。

所以,在面临抉择时,要沉着冷静地分析各种情况,及时了解变化,及早调整目标,并果断出击。

其次,别尝试得不偿失的胜利。

有一回,鹿和马为了一块草地争吵得不可开交,都想将这块草地据

239

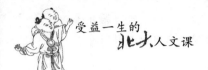

为己有。最后，鹿仗着自己那对厉害的角，终于战胜了马。这对马来说，简直是无法容忍的，谁能甘心于失败呢？怎样才能重新把鹿赶走呢？马考虑来考虑去，终于决定求助于人。它找到一个很强壮的男人。这个男人来到草地上，将鹿杀死了。

从此，这块引起纠纷的草地完全归马独自占有了，马天天高兴得不得了。而那个男人则在马背上架了鞍具，给马头套上了马笼头，又在马嘴里安上一副结实的马口铁。然后，那个男人大笑着对马说："我帮助你取得了胜利，那么，从今以后，你得老老实实听我使唤，为我服务。"于是，那个人将马据为己有了。

马为了一块草地付出了自由的代价，这太得不偿失了。可是在现实中，我们有没有干过这样的"傻事"呢？为了得到向往已久的职位，我们不断地写匿名信，向上司告其他候选人的"黑状"。因编造谎言，结果虽然得到了新的职位却如坐针毡，或者因事情水落石出而被扫地出门。为得到更大的市场份额，大打价格战。结果虽逼退了竞争对手，自己却背上了沉重的债务包袱……

在嘲笑马愚蠢的同时，我们更应该检讨自己。每个人都有争强好胜的心理，但在开战之前，我们必须反问：这场战争真的有必要打吗？我们会付出什么，又会得到什么？所得能抵偿所失吗？如果在战前我们能理智地思考得与失的问题的话，我们就可以避免无谓的战争。

你可能会说："我分析过并且认为是对我有利的，可最终结果却恰好相反。"那是因为你把一切想得太美好了，就像马从未想到过人会要求自己付出自由一样。很多时候我们不愿正视那些潜在的危险，侥幸地认为不利的事件不可能发生。但最终正是这些事件使得我们付出了巨大的代价。别尝试得不偿失的胜利，那无异于自取灭亡。

最后,你需要明白的是,正确的方向永远是成功的基石。

有两只蚂蚁想翻越一段墙,寻找墙那头的食物。一只蚂蚁来到墙脚就毫不犹豫地向上爬去,可是每当它爬到大半时,就会由于劳累和疲倦而跌落下来。可是它不气馁,一次次跌下来,又迅速地调整一下自己,重新开始向上爬去。而另一只蚂蚁则是先观察了一下周围环境,然后从不远处的地方绕过墙去。很快,这只蚂蚁绕过墙来到食物前,开始享受起来,而另外一只还在不停地跌落下去又重新开始。

很多时候,成功除了需要勇敢和坚持不懈以外,更需要方向。如果要想取得成功就必须翻越高墙的话,那么"方向"就是寻找一条可以绕墙而过的路,而不是在墙上开辟一条新路。

有些人,在面对困难时,总像前一只蚂蚁一样,毫不犹豫地迎难而上。他们认为这是勇敢的表现,但事实却表明他们是在盲目蛮干。成功需要的是智慧,而不是蛮干。所以,我们必须像第二只蚂蚁那样,仔细地寻找是否有可以绕过困难的途径。如果有,那为什么还要与困难硬碰硬呢?我们无法预料在通向成功的路上会遇到怎样的困难与挫折,但在困难和挫折面前,我们可以用我们的智慧为我们选择正确的方向。

人生的方向是相当重要的。有了一个好的方向,成功来得会比想象的更快。所以,不管是经营人生还是管理企业,好的方向永远是成功的基石。在开始一项行动之前,请先审视一下自己以及周围的环境,然后自问:"这是一个好的方向吗?"只有方向正确,勇气和坚持不懈才会成为取得成功的有力武器。

受益一生的
北大人文课

9.将时间计划做得天衣无缝

北大箴言：

　　一个人只要能作出一天的计划、一个月的计划,并坚持原则按计划行事,那么在时间利用上,他就已经占据了自己都无法想象的优势。

　　如果今天没有为明天的任何事情作计划,那么明天将无法拥有任何成果。而如果你失去了精力,那么你将没办法把重要的任务做到尽善尽美。

　　首先,前天晚上就要做好计划。

　　生命图案就是由每一天拼凑而成的,成功者们往往从这样一个角度来看待每一天的生活,在它来临之际,或是在前一天晚上,把自己如何度过这一天的情形在头脑中过一遍,然后再迎接这一天的到来。有了一天的计划就能将一个人的注意力集中在"现在"。只要能将注意力集中在"现在",那么未来的大目标就会更加清晰,因为未来是被"现在"创造出来的。

　　把每天的时间都安排、计划好,这对你的成功是很重要的,这样你可以每时每刻集中精力处理要做的事。把一周、一个月、一年的时间安排好,也是同样重要的。这样做会给你一个整体方向,使你看到自己的宏图,有助于你达到目的。每个月开始,你可坐下来看本月的日历和本月主要任务计划表。然后把这些任务填入日历中, 再定出一个计划进度表。

　　其次,还要保持充沛的精力。

　　许多有巨大潜力的人们只盯着他们的目标和计划,而不去管其他的

242

小事,因为他们知道精力是需要保持和储蓄的。

快速行动就能全面生存,而旺盛的精力就是你快速行动的基础。

就像杰克·韦尔奇经常说得那样:"如果你的速度不是很快,而且不能适应变化,你将很脆弱。这对世界上每一个国家的每一个工商企业的每一个部门都是千真万确的。"

马克·吐温说过:"行动的秘诀,就在于把那些庞杂或棘手的任务,分割成一个个简单的小任务,然后从第一个开始下手。"

成功的人,并不能保证做对每一件事情,但是他永远有办法去做对最重要的事情,计划就是一个排列优先顺序的办法。他们都善于规划自己的人生,他们知道自己要实现哪些目标,并且拟订一个详细计划,把所有要做的事都列下来,并按照优先顺序排列,依照优先顺序来做。

当然,有的时候没有办法100%按照计划进行。但是,有了计划,便给一个人提供了做事的优先顺序,让他可以在固定的时间内,完成需要做的事情。不要轻易开始一天的活动,除非你在头脑里已经将它们一一落实。

很多著名的北大人,都非常重视自己的每一天的工作计划,因为只要做好了一天的计划,就能发挥自己的最大能力,制造惊奇。计划是为了提供一个按部就班的行动指南:从确立可行的目标,拟定计划并订出执行行动的方案,最后确认出你完成目标之后所能得到的回报。

他们总是一件事接着一件事去做,如果一件事没有完成,他是不会考虑去做第二件事的。凡事要有计划,有了计划再行动,成功的概率会大幅度提升。

第十课

论快乐

——心中若有桃花源，何处不是水云间

　　每朵花都有其独特的色彩，每颗星都有其璀璨的光芒，每缕清风都会送来凉爽，每滴甘露都会滋润原野，每个时代都会留下不朽的诗篇。让我们欢乐吧，喜悦吧！珍惜自己的生命，把握人生中的每一分每一秒！

1.生命在闪耀中现出绚烂,在平凡中现出真实

北大箴言:

生命的无常和短暂,不应当成为我们厌弃人生的理由,相反它激发我们用这样一种态度去生活,那就是:珍惜生命,热爱生命。

杰克·伦敦那篇著名的《热爱生命》的小说里,淘金人历尽苦难和艰辛,从死亡线上挣扎过来,使人们觉得人的生命力是多么强大,人的生存欲望是多么强烈,人在死亡的边沿才会深切感受到生的可贵。

只有失去过才知道拥有的可贵,然而生命不能作这样的游戏,因为生命只有一次。既然"人身难得",所以,我们更应当珍惜这永不复再的生命。我们应当用虔敬的、感激的、清醒的态度和最大的热情、最大的勇气,去过好生命的每时每刻。

有个叫阿巴格的人生活在草原上。有一次,年少的阿巴格和他爸爸在草原上迷了路,阿巴格又累又怕,到最后快走不动了。爸爸就从兜里掏出5枚硬币,把一枚硬币埋在草地里,把其余4枚放在阿巴格的手上,说:"人生有5枚金币,童年、少年、青年、中年、老年各有一枚,你现在才用了一枚,就是埋在草地里的那一枚,你不能把5枚都扔在草原里,你要一点点地用,每一次都用出不同来,这样才不枉人生一世。今天我们一定要走出草原,你将来也一定要走出草原。世界很大,人活着,就要多走些地方,多看看,不要让你的金币没有用就扔掉。"在父亲的鼓励下,那天阿巴格走出了草原。长大后,阿巴格离开了家乡,成了一名优秀的船长。

245

很多人很想热爱生命，却不得不向生命告别。所以，活着就是一种幸福。当你可以活着、笑着、哭着、吃着、睡着，真真实实地感受到生命的流动易逝，你的存在就是一种幸福。活着，就是一种幸运。幸运的是你可以看到那和煦的阳光，幸运的是你可以呼吸着新鲜空气，幸运的是你可以自由地行走于天地间。

大仲马在《基督山伯爵》末尾写道，人类的全部幸福就在于希望和等待之中。希望是幸福，等待是幸福，活着是最大的幸福。如果失去生命，伟大的理想，幸福的生活，快乐的人生，这只能是我们脑海中的宏伟蓝图而已，只有活着，珍惜生命，才能实现美好的愿望。

一位著名的演说家手里高举着一张20美元的钞票，问台下众人："谁要这20美元？"一只只手举了起来。他接着说："我打算把这20美元送给你们中的一位，但在这之前，请准许我做一件事。"他说着将钞票揉成一团，然后问："谁还要？"仍有人举起手来。他又说："那么，假如我这样做又会怎么样呢？"他把钞票扔到地上，又踏上一只脚，并且用脚碾它。之后，他拾起钞票，钞票已变得又脏又皱。"现在谁还要？"还是有人举起手来。"朋友们，你们已经上了一堂很有意义的课。无论我如何对待那张钞票，你们还是想要它，因为它并没贬值，它依旧值20美元。

人生路上，我们会无数次被自己的决定或碰到的逆境击倒、欺凌甚至碾得粉身碎骨，正如钞票被揉被碾一样，我们会觉得自己似乎一文不值。但无论发生什么，都要相信，我们的生命正如20美金一样，永远不会流失价值，我们要把自己的生命当成无价之宝。

生命是美好的，不在于每时每刻的美好，而是因为丰富多彩而美好。热爱生命，不仅爱美好的结果，也热爱艰辛曲折的过程。你要怀有健康而珍惜的目光善待自己的生命，你应该用自己的热情去维护、浇灌自己的生命之花，不要因生活中小小的不如意而私下掩盖生命的辉煌，更不能轻言放弃生命的脉搏。

生命在闪耀中现出绚烂，在平凡中现出真实。当你发现你所承担的角色有高低之分时，你要快乐、勇敢、自珍，不要因为职业的低微而轻放自己，不要因为些微的不如意而自卑自弃，更不要因生活中出现的某种小插曲而暗淡生命。

珍惜生命就要珍惜今天。昨天的太阳再也照不到今天的树叶，而今天的树叶再也不是昨天的那一片了。但我们要认真面对生命中的每一分钟，这样我们的年华才没有虚度。

2.阅读是最快乐的消遣

北大箴言：

读书是一种茶余饭后的消遣，是精神饥饿的快餐，是解脱疲劳的烈酒，也是驱逐寂寞的野曲，是在轻松阅读中产生的某种快感。

莎士比亚说过：生活里没有书籍，就好像天空没有阳光；智慧里没有书籍，就好像鸟儿没有翅膀。

英国著名浪漫主义诗人雪莱非常喜欢读书，树上的知识丰富了他的想象力，活跃了他的思维，使他看上去永远是那么朝气蓬勃，热情奔放，充满活力。他总是不停地看书，几乎到了废寝忘食的地步。他吃饭时面前也放着书，一边看一边吃，经常忘记喝茶吃面包，烤羊腿和马铃薯是常常冷了热、热了冷，热了好几遍才吃完。他外出散步时也总是手不释卷，经常自言自语地吟诵着名篇和诗文，令同行的朋友为之动容。雪莱

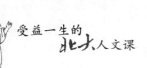

年仅29岁便去世了,他短暂的一生却留给后世宝贵的文学财富,他的抒情诗成为文学史上不朽的杰作。

培根说:孤独寂寞时,阅读可以消遣。人在独处时,就会心浮气躁,就会想入非非。但如果与书籍结缘,思想就会通达古今。做为社会中普通的一员,在独处时,与书为友,就会把生活的艰辛与磨难看得云淡风轻。

在社会生活中,激烈的市场竞争,沉重的生活压力,未来的变化莫测,以及升学、求职、待岗、疾病、安居、养老等现实问题已经让人们心力交瘁。在这种紧张的生活状态下,读几本消遣性读物,不啻也是一种精神的解脱,情绪的放松。

人们在阅读时,精神上没有疲劳的厌倦,没有沉重的负担,没有无形的压力,在轻松的阅读中走进作品,跟随作品精心铺排的事件和环境,在时而山穷水尽,时而柳暗花明中感受无限的惊奇和企盼,同时获得时而和风细雨,时而电闪雷鸣的大起大落、亦悲亦喜的阅读体验,使自己不由自主地忘却身边无尽忧愁和烦恼,从精湛的艺术魅力中得到精神上的享受。

王安忆说:阅读是需要修养的消遣,第一要识字、第二要有想象力。对她来说,没有任何娱乐可以代替阅读。

一次春节旅行中,王安忆偶然在斯洛伐克首都布拉迪斯拉发逗留两日。这个城市存在许多问题:粗暴的出租车司机、美国资本的无孔不入……但是最让她感动的是,这个城市里到处是书店和图书馆。"因为这样,你不可小视这个国家,这是个有希望的国家,阅读可能是个奢侈的消遣,但这也是一种民族性格。"

凡是读书多的人发展潜力一定是强大的。华人首富李嘉诚12岁就开始做学徒,还不到15岁就挑起了一家人的生活担子,再没有受到过正规的教育。当时李嘉诚非常清楚,只有努力工作和求取知识,才是他唯一的出路。他有一点钱都去买书，记在脑子里面，才去再换另外一本。直到现在，每一个晚上，在他睡觉之前，还是一定得看书。后来李嘉诚对人们讲："知识并不决定你一生是否有财富增加，但是你的机会就更加多了，你创造机会才是最好的途径。"

周树人说，"读书如打牌，天天打、夜夜打，连续地去打，有时被公安局捉去了，放出来以后还是打。真打牌的人并不在赢钱，而在有趣。它妙在一张一张地摸起来，永远变化无穷。嗜书也如此，每一页每一页里，都有着深厚的趣味。自然也可以扩大精神，增加知识的，但这不能计及，一计及，等于意在赢钱的赌徒了，这在赌徒中也是下品。"

周作人则鼓吹烟鬼式的读书，"有如抽纸烟的人，手嘴闲空，便觉无聊，书只一本本翻下去，如同烟一根根抽下去。"

周氏兄弟两人的比喻都道出了读书的趣味性与非功利性。这恰恰是"读书"的真谛所在。

真正的"读书"，不仅在读"书"，更在"读"所达到的"境界"，只要进入了，就会感到无穷的乐趣。人们常说的潜移默化、润物无声讲得就是这个道理。应该说任何读书都有功利性，古人曾有过"万般皆下品，唯有读书高"的说法，但我们可以把为功名利禄读书，变成为获取知识与获得艺术享受而读书，把功利变成轻松、愉悦的消遣。

把阅读当做是一种消遣，让阅读成为一种习惯，对于我们提高自己不无裨益。人的一生是有限的，直接向别人学习的经验也是有限的，但是通过读书间接向别人学习则是趋于无穷的。读书可以让我们突破时间、空间的限制，自由地驰骋我们的思绪，可以跟古今中外许许多多优秀的人对话、交流。所以芒格说："手里只要有一本书，我就不会觉得浪费时间"。

把阅读当作消遣是聪明的，把很多消遣的时间用来阅读是高明的。唯有知识无法贬值，一旦存在，它将被你长期拥有。所以，需要消遣的时候，不妨泡一杯茶，拿一本书，细细品味一番，你一定会有许多意想不到的收获。

3.扫除心底忧郁的那颗"地雷"

北大箴言：

有忧郁心理很正常,关键是你要找到治疗忧郁的办法。

汤先生所在的公司是一家外企,公司很有规模,而且氛围比较好。汤先生从一名业务员做起,一直干到了业务部副总经理,其中所付出的努力和艰辛也只有他自己知道! 经过如此长时间的奋斗,他终于坐上了自己梦寐以求的职位,但没有预料到复杂的职场关系网让他很是昏昏然,也正因为如此,他开始郁闷起来。

汤先生手下的一个部门经理是老板的亲信, 此人业务能力极差、为人尖酸刻薄,但偏偏巧舌如簧,把老板哄得服服贴贴。汤先生不仅要完成自己的销售业务,还得帮助这个人完成销售业务,有的时候明明是自己的功劳还要被那个无耻的家伙把功劳抢去! 再加上其他的副总在老板面前说一些不三不四的话,使老板对汤先生产生了戒备之心,对汤先生的权利作了一些限制。所有这些都让汤先生感到郁闷,甚至想辞职。

由于工作过于劳累,汤先生某日凌晨3点在办公室突觉两眼发黑,险些晕倒在地,后到医院检查,发现是由于压力过大所致。

接下来,汤先生因身体不适住进了医院,而当他在医院里一个人冷清地输液的时候,他想到了几年前自己喜欢的一个女孩,于是他拨通了这个女孩的手机。没想到女孩马上赶到了医院,于是,爱情在那一刻燃烧了两个人! 汤先生自己也没有想到,一直以来没敢挑明的爱情,在那一刻燃烧起来了! 这让他看到了希望,未来的一切都变得美好起来,至于工作中的那一点点压力,又算得了什么呢?没有必要让自己如此忧郁!

对于男性来讲,特别是处于领导阶层的男性,导致心情忧郁的主要元素在于工作的不确定性,如怕无预警地被解雇,非自愿的调动或外派,引入新技术而位置被取代,以及失去现职后很难再找到新工作等。始终缺乏安全感,重度忧郁的机会无形中也提高了两倍。而汤先生的情况属于中度忧郁。

当心情被这些事情弄得不堪重负的时候,可以试着转移注意力。

事实上,很多人会有忧郁的心理,可是谁的人生没有低潮?当身处在最低谷的时候,我们的眼光才更需要往上看,当云雾散开时,阳光会不偏不倚,洒在我们的眼底。

那么,什么样的职业最容易患职场忧郁症呢?

经验人士指出,某些特质的工作易引起较大的压力,相对的忧郁症也较常见。

(1)具有时间压迫性及人际竞争性的工作。例如,业务工作及定期有业绩汇报的工作。

(2)需频繁调动工作地点及改变工作内容的工作。不断地适应新环境及新同事会造成很大的生活压力。

(3)缺乏同僚伙伴的工作环境。压力及责任较少有人可以共同承担,一旦有事,只能独自承受,压力难以排解。

(4)缺乏社会认同感、社会价值评价较差的工作。这类工作易导致长期缺乏自我认同感、成就感,以及心理满足感,这也包括工作前瞻性等因素。

(5)作息时间不正常的工作。例如,轮班、熬夜、时差多等工作,容易影响生理时钟,造成人体内环境失调,相对的危险性也会增高许多。

从更广的角度来看,上班族群承受的压力来源除了外在工作,其自身认知系统如何去看待压力与处理压力才是情绪失调与忧郁挫折的关键因素。从这个切入点来看,我们可以再将压力来源分为数种、不同的层次与面向。

(1)自我人格特质。易焦虑、紧张、要求完美、缺乏弹性的人,容易感受到职场上较多的压力。

(2)支持系统强度。是否缺乏工作同事或上司体恤、家庭和谐与支持力量强弱、其他社交网络多寡,都将会威胁情绪,并有决定性的影响。

(3)压力累积频度。这指的是在某一段时间内累积的总压力事件。举例来说,若一个人在同一周内被降职、更换工作地点,加上身体微恙、老婆生产、小孩同时出车祸,可想而知在单位时间内的压力强度。

对于职场忧郁的心理,应做好相应的减压工作,如此就能降低忧郁心理对你的影响。

常见的做法有以下几种。

(1)修正不合宜的自我特质,加强和重视自我训练。

(2)设定"合理"的工作及人生目标,要求完美大多只会失败。

(3)以开阔、弹性的视角来看待人生中的挑战,危机也许会变成转机。

(4)建立自己足够的身心备转容量,以备不时之需。

(5)把压力说出来、唱出来、写下来,这就是减压治疗。心理倾吐、歌唱减压、写作治疗都是流行又有效的心灵疗法。

4.掌握好心情的法则

北大箴言:

　　学会控制情绪,是一个人生存所不能少的程序,当然这也是自然界的游戏法则。如果你不遵守,自然界将把你踢出这个游戏。到那个时候,你就很难在这个世界立足。

一个人要想掌握心情的法则，也就是要懂得自己的心情，并达到控制心情的目的，这是一种说简单也简单，说困难也困难的事情。关键要看这个人到底花了多少的心思，甚至下了多大的决心来做这件事情。

每天，当我们在晨光中醒来的时候，心情已经悄然声息地有了改变：昨日的快乐已变成今日的哀愁，或者是昨日的忧愁已经变成了今天的快乐，当然今日的坏心情也可能转化为明日的好心情，或者是今天的好心情转化成明天的坏心情。

在我们的心中，这种心情就像一个个转盘似的，不停在旋转，乐极而悲，喜极而忧。这就好比那多变的天气，阴晴不定。但是我们得知道，心情并不是不能控制的，即便它们会变化，只要我们懂得如何控制它，我们照样每天都能拥有一个好心情。我们都知道，情绪具有自然的本性，要想控制自己的情绪，除非以自制的力量驾驭它。否则，结果将会是失败的。就如同花草树木一样，也是自然的本性。要想改变这些，还得需要自然的力量来改变。花草树木随着气候的变化而生长，也随着气候的变化而凋零。因此我们要学会用自己的心灵来弥补情绪的不足。情绪是可以变化的，但人的心灵是不可能变的。也就是说，人的本性是不会变的。

那么我要怎样才能控制自己的情绪，让我们每天都充满幸福和欢乐呢？其实很简单，就是用好心情与坏心情对抗。比如说在你沮丧时，可以用兴奋的心情来与它对抗，你可以大声地歌唱或者是激烈地运动来驱赶自己沮丧的情绪；在你感觉到悲伤的时候，你可以用愉快的心情来消磨这种悲伤的情绪，你可以开怀大笑，可以多看一些轻松幽默的漫画或者影视剧。

由此及彼，在你恐惧时，你要勇往直前；在你自卑时，你要找到自信，比如说你换上新装，换个自信的发型；在你不安的时候，你要表现得勇敢，比如说提高嗓音，放慢脚步等。总之，我们不能任凭这种不好的情绪，在我们心里横冲直撞，肆意破坏我们的心情。要知道，这种情绪在破坏我们心情的同时，实际上也是在消耗我们的精力，让我们花很大的气

力,却做了很少的事,或者是做质量更差的事。不仅如此,它还是一个恶性循环,会导致我们的心情变得更差。

情绪是一把双刃剑,好的情绪能帮助我们。比如说当一个人的情绪高涨时,对待周围的人都是相当温和的,办事效率会有明显地提高。但当一个人情绪低落时,就会出现很多的差错。所以这把双刃剑如果用不好,就会出问题,会给我们的生活和工作带来很大的麻烦。

因此最好的办法是能保持我们情绪的稳定,尽量不使它大起大落。这样就可以保持一种平静的心境,然后加上理智的作用,定能将我们的情绪稳定在安全线以上。然而这种理智和情绪并不是完全孤立的,而是有联系的。比如说一份良好的情绪可以给我们的理智指明方向,使心理趋于更加成熟、更加完善。这样就让我们的思考更加顺利,心情也就更加愉快,成就感体现得更加强烈,前进的脚步也就相对加快。

总之,一个心情变化起伏很大或变化频率很高的人,无论他们的办事能力怎么样,他们总是会出些差错或者就是做一些连自己都难以理解的事情。有时候会丧失自己的选择判断能力。在这种情况下,这类人要想一直都处在优势的地位,就不得不学会控制自己的情绪。在控制情绪的时候,最大的障碍就是心情的浮躁。浮躁是现代人的一种通病,其中包括嫉妒、虚荣、目光短浅,甚至有不切合实际、好高骛远等一系列的心理状态。有的人光想干大事,幻想一夜成为百万富翁,却没有付诸任何行动。他们的心情根本就无法平静下来,心浮气躁,看什么都想去捞一把,犹如猴子掰玉米一样,掰一个丢一个,最终结果却是一无所获。

要想控制浮躁,静很重要。那么如何做到静呢?

(1)暗示自己

每天要多提醒自己,把心情放平和一点,千万不要急躁,尽量要使得自己的心情安静,保持心平气和。每当你稍有浮躁时,你就用这种暗示和自我鼓励来控制自己的心情,久而久之就会成为一种习惯。

(2)生活中形成规律

最好让自己的生活变得井井有条，让自己的生活充满规律。形成规律以后，你会发现，生活也并不是那么让你厌烦。因为生活有了规律之后，每天你都知道自己要做什么，也知道自己该做什么。这样心情自然就会好多了，而这种好心情最终也会有助于你以平静的心态去应付每天的生活和工作。

(3)多参加运动

实践证明，运动是能让自己的心情保持轻松愉快的一种很好的方法。因为运动能使人把身体里多余的精力给释放出来，而这些多余的精力也就像那些残渣一样经常堵住人们的情绪排放通道，最终导致情绪失控。而运动正好能给多余的情绪一个排放的方式，在流出汗液的时候，你的负面情绪也就跟着流出了人体外。

(4)回归自然

一般人都会有这种感觉，当我们在登山或去森林中漫步时，会很不自觉地将自己的身心投入到大自然之中，专心聆听大自然的声音，去呼吸清新的空气，这时我们会发现所有的烦恼都会随风而逝。原本郁闷的心情也会在顿时烟消云散。这时你会在回归自然的过程中，找到真实的自我。

5.看开人生20件事知足常乐

北大箴言：

　　幸福的人生需要忍耐多少无奈，需要看开多少浮云。贫穷、缺陷、压力、矛盾、误会、失意、孤独等，这些暂时会给你带来痛苦，但经历后、看开后，它们就是你曲折人生的财富！

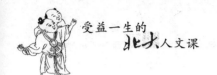
其实,生活中有些事情并不用太过在意,人一生的得失就像是手中握的沙子,只有以不计较的心态摊开手掌,才能获得更多。

吃亏

生活中有的人害怕吃亏,买东西生怕买贵了,发奖金总要打听自己的少不少。一般人认为吃亏是弱者和愚者的行为,但从长远来看,能吃亏的人表现出来的是诚实、善良的品质,更容易得到别人的信任。

"知足常乐,吃亏是福"还是保持心脏、身体健康的诀窍。吃了亏但不计较,这种乐观、放松的心态是让自己远离紧张、压力的"缓冲剂"。

放弃

走在人生的十字路口,往往需要做选择,每做出一个选择就意味着你要放弃另外一个。所谓"有舍才有得",不必耿耿于怀放弃得是否正确,敢于放弃就是一种勇气。

与那些不达目的誓不罢休的人相比,懂得放弃的人身心更健康。

漂泊

春运在成为中国过年一道独特风景的同时,也让我们知道,有多少人远离家乡在外漂泊。没有归属感的漂泊看上去是一种不幸,实际上也是一种资格和资本。走走停停时,能获得更多的人生阅历。

漂泊与稳定,无所谓好坏和对错,它们只是两种不同的生活方式。人生的重点是回归,生活在哪里都是驿站。

失业

将失业看成人生中新的机会。而失业也能让自己有时间重新整理自己,轻装上阵。

评价

很多人太顾及别人的看法,在意别人的评价,结果把自己搞得很紧张,畏首畏尾,总好像为别人活着一样。实际上,把自己看得太重,就无法专注到事情本身,很难成大事。

一个人应该有坚持自己独立判断的能力,并能经受起批评,包容他

人不同的看法。

幼稚

被人说幼稚，换一种眼光看，其实是人家对你年轻、充满活力的肯定。成熟代表着稳重、圆滑，但也失去了单纯和冲劲。所以不要过于介意被人说幼稚，因为等你到了某一天被生活压得老气横秋、暮气沉沉的时候，肯定会怀念当年的幼稚。

失败

一次失败并不代表有个失败的人生，你应该清楚地认识到，失败并不是一件坏事，有了这次的经验，可以换来以后无数次成功。人们不应该过多关注失败本身，而更应关注如何处理失败带来的消极情绪，从而不断提高自己。

孤独

孤独并不是一件悲哀的事，电影《梅兰芳》里说："谁毁了梅兰芳的孤单，谁就毁了梅兰芳。"人生其实是一场孤独的盛宴，守得住孤独的人能拥有更纯粹的灵魂，守不住孤独则会陷入这个社会的浮躁之中。

独处时就像冷眼看一场绚烂的焰火，只有这时才能深刻地自我反省，也才能更清楚地享受人生的真谛。

失意

失意往往伴随着困境存在。"人生如大海，无日不风浪。"人生的逆境就像大海上的浪花起伏不定。失意时先要辩证地看到，人生的多难、多艰、多变才是常态，一帆风顺只是美好的愿景。

所以，面对失意一定要保持一种"不计得失"的心态，了解所有困境都是暂时的。同时也要明白，"美好的人生需要苦难"，把握好逆境带来的机会，在坚持中寻求突破。

薪水

在年轻的时候，特别是大学刚毕业，薪水并不是最重要的，因为给人打工薪水高也高不到哪里去。此时，机会远比薪水重要。对于大多数人

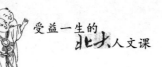

来说,30岁之前最好去做想做的事,而不是因为盲目追求过高的薪水放弃了自己的梦想。

存款

很多人都爱攀比积蓄,你存了30万元,我就要存100万元。实际上,拥有大额存款对于年轻人来说不太现实;相反,他们拥有的青春和机会却无价。而对于中老年人来说,存上一部分养老的钱,其他的完全可以去做一些投资和娱乐,丰富生活。

误会

生活中的误会很多,或多或少都会给自己带来伤害和不便。误会发生后,最好先以客观的标准来衡量事情本身,然后以坚持的态度找出误会发生的原因,并选择通过第三者去解释。

如果不想解释,也可以选择沉默,对其泰然处之。总之,不要因太看重误会而增加自己的心理负担。

生活中的小矛盾

生活中充满了鸡毛蒜皮的小矛盾,婚姻、婆媳、邻里之间,任何事情都可能演变为一场大战,究其原因,可能不过是多说了一句话,办错了一件小事。

面对生活中的矛盾,首先应该克制住自己的脾气,想发火的先避一避,可以吃块糖解解怒气;然后找个信任的人一起理性地分析症结所在;最后以平和或幽默的方式将其化解。小矛盾就像是生活调节剂,出现就应该解决,但不必太过在意。

除了以上这13件事,还有7件事也是生活中不必太过计较的——
贫穷、缺陷、压力、谣言、房子、年龄和麻烦。

人生在给你安排这些小问题的时候,同样会安排无数机会。如果沉迷在这些事情中无法自拔,就容易处处受挫。不计较、不在意的人生应该像《幽窗小记》中的这副对联一样,做到"宠辱不惊,看庭前花开花落;去留无意,望天空云卷云舒"。

6.随时创造一种"我很快乐"的心境

：

无论我们的命运是痛苦还是愉快，都是上苍赐予我们最珍贵的财富。我们要学会接受，学会包容，学会慈爱，学会珍惜，学会豁达，知足于恬淡的生活，让心灵有一种内在极致的朴素美，让我们的人生更加光彩照人。

快乐是生命追求的永恒主题，每个人都渴望能够拥有更多的快乐。然而，有些人却活得很累，快乐不起来，他们常常怨天尤人，怪上天不偏爱自己，怪命运多舛，抱怨事业不顺、家庭不和……其实，这些都不是影响快乐的决定因素，真正决定你快乐与否的只有你自己——自己的胸怀、自己的豁达。

生活中的无奈和烦恼总会悄无声息地跟随着我们，虽然我们不能改变生活本身，但我们可以改变心情。调整好我们的心情，重新审视身边的人、周遭的风景，你会得到意想不到的收获和惊喜。

很多时候，我们不快乐，是因为我们总对自己的拥有不满意。快乐其实无处不在，只要我们用心去寻找，大胆地用不同的形式使自己快乐，不让心累，活出风姿，活出精彩。

快乐其实是一种心境，一种精神状态。快乐发自你的内心，你可以随时创造一种"我很快乐"的心境：

微笑：如果你一直使自己的情绪处于低落的状态，例如你肩膀下垂，走起路来双腿仿佛有千斤重似的，那么你就真的会觉得情绪很差。一脸

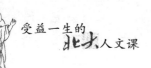

哭相的你,没有人愿意理睬。那么,要怎样改变呢?很简单,你只要深吸一口气,抬起头,挺起胸,脸上露出微笑,微笑和打哈欠一样,也是会传染的,如果你真诚地对一个人展颜而笑,他一定无法对你生气。

放松:快乐的人总是这样对自己说:我觉得快乐,我会在各方面干得越来越好,我会越来越快乐。你反复地对自己说一些话,如"我很放松"、"我很平静"等,时间久了,这些话就会进入你潜意识中。

忆趣:现在,我们一起来尝试一下幻想愉快的心理图像。首先,放松下巴,抬起脸颊,张开嘴唇,向上翘起嘴角,对自己说"忆些趣事"。把快乐图像化,像一部电视剧一样对自己播放,这就是愉快的心理图像法。

"向快乐出发,世界那么大。任风吹雨打,梦总会到达。"一首普通的歌曲唱出了我们的心声。生命的道路曲曲折折,一路上有鲜花,也有荆棘,但无论是什么样的艰难险阻,都不应该成为我们退缩逃避的理由。因为挫折是成功的先导,快乐的背后蕴含的是坚强,是无可比拟的力量。

境由心生,境随心转。看不开,想不透,做不到,是我们的通病。我们容易将别人的事看得如水中倒影般清澈,而一旦涉及自己,就会有老眼昏花之态。

其实,笑是过一天,哭也是过一天!明天的痛苦还没有真正发生,我们为什么要为此忧心而皱起眉头呢?

做人需要向前看,即使前面充满了各种未知的危险;做人也需要向后看,感谢命运为你提供的一切帮助和关怀。

想要告别不幸,任何人的帮助和安慰都是无效的。因为你的所有情绪都是由自己控制的,只有自己想通了,并珍惜身边所拥有的,才能坦然地消化并接受所谓的不幸,让自己开怀起来。

快乐需要自己去培植,更需要用心去体会。如果我们用心去体会,濛濛细雨会给我们欣喜,习习凉风会给我们惬意,万里晴空会给我们舒畅,一句简单而朴实的问候传递的是友好,一个无言而坚定的眼神传递

260

的是鼓励，一次有力而温暖的握手传递的是支持，哪怕递给我们的只是一杯白开水，这里面也蕴含了浓浓的关爱。生活其实一直是被幸福包围着的，只要我们用心去体会，其实快乐时常与我们相伴。

7.把光明放进去，黑暗自然就会逃走

北大箴言：

我们之所以沉溺于悲伤，看不见光明，是因为我们忘记了打开窗户，光线自然照不进来；我们之所以时常茫然，时常丢失自己，是因为忘记了享受阳光。

我们虽然不能赶走室内的黑暗，但我们只需把光明放进去，黑暗自然就会逃走！

我们的消极心态也是如此。只需点亮心灯，一切都会慢慢好起来。

黄祯一直和丈夫一起过着拮据的生活，他们有两个孩子。可是，丈夫忽然患了癌症，为了支付昂贵的治疗费用，她不仅花光了家里仅有的一点存款，而且还借了许多外债，但最终仍然没能挽回丈夫的生命。丈夫去世后，家里已经是一贫如洗，黄祯不得不努力赚钱养活自己和两个孩子。她以分期付款的方式买了一辆旧车，去为一家出版公司推销图书，没有固定薪水，全靠业务提成，收入毫无保障。

黄祯觉得孤独、沮丧，每天都有无数个担心：怕付不起购车贷款，怕交不起房租，怕没有足够的东西吃，怕付不起孩子的学费，怕突然生病而无钱看医生……她觉得生活毫无希望，想自杀以寻求解脱，但又怕孩子沦为可怜的孤儿。她真不知道如何熬过每天了无生趣的日子。

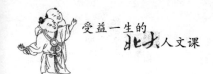

有一天,黄祯在一本书上看到了后来改变她命运的一句话:"对一个聪明人来说,主动打开窗让阳光照进来,那么每天都会有一个新的生命。"她忽然醒悟,原来自己一直活在昨天的不幸和明天的恐惧中,反而忽略了今天。

黄祯因为这句话激动了半天,她将其打印出来,一份贴在床头,一份贴在车子前面的挡风玻璃上。每天起床的时候,她对自己说:"今天又是一个新的生命!"每天开车上路的时候,她也会对自己说:"今天是多么美好的一天。"然后满怀希望地上路。

渐渐地,黄祯学会了忘记过去,不想未来,只想如何干好眼前的每一件事情。她的心情逐渐开朗了起来,她的笑容和乐观也感染了她的客户,销售业绩和个人收入成倍增长。她还清了债,经济状况得到了很好的改善。后来,她还遇到了一个好男人,重新披上了婚纱,过上了幸福的生活。

人生如四季,有严寒与酷暑;人生如天气,有晴朗与风雨;人生如道路,有平坦与崎岖。但无论何时,把光线放进心中,就不会感觉伤悲抑郁。

一个悲观的女士去拜访一个乐观的女士。快走到那位女士家时,悲观的女士看到了一扇漂亮的旋转门。她轻轻一推,门就旋转了起来。她随着玻璃门转进去,见乐观的女士正站在那里等她。

悲观的女士虔诚地问:"我今天来是想向您请教,快乐有什么窍门。"乐观的女士用手指了指她的身后:"就是你身后这扇门。"

悲观的女士回过头去,看见刚才自己走过的那扇旋转门正慢慢地旋转着,把外面的人带进来,把里面的人送出去。两边的人都顺着同一个方向进进出出,谁也不影响谁。

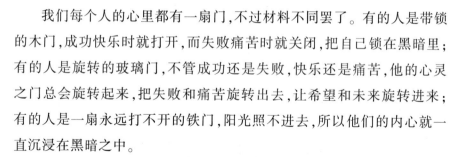

我们每个人的心里都有一扇门,不过材料不同罢了。有的人是带锁的木门,成功快乐时就打开,而失败痛苦时就关闭,把自己锁在黑暗里;有的人是旋转的玻璃门,不管成功还是失败,快乐还是痛苦,他的心灵之门总会旋转起来,把失败和痛苦旋转出去,让希望和未来旋转进来;有的人是一扇永远打不开的铁门,阳光照不进去,所以他们的内心就一直沉浸在黑暗之中。

人需要自由和向上的生活,需要阳光给我们带来生命的气息。不要再去思考人活着究竟有何意义,不要再因烦琐的工作而耽误你享受阳光的时间。生活需要阳光!请把窗户打开,让阳光洒进来!

8.快乐是心中的桃花源

北大箴言:

快乐,其实是一种境界,一种追求,一种憧憬,也是一种心态。懂得了控制情绪的方法,你就已经站在快乐的一方了。

也许有的人会说,生活对我来说充满曲折和坎坷,磨难一个接着一个,幸福于我总是遥不可及,我怎么可能拥有快乐,怎么能不发脾气呢?

其实快乐与人生的顺境和逆境无关,只与人的愿望和努力的方向有关。

也许你有一个不幸的童年:幼年丧父或丧母,甚至是一个父母双亡的孤儿,可是你幼小的心灵里充满了不甘示弱的倔强,你当哭就哭,当笑就笑,用勤奋和韧性代替了心中的幽怨和委屈,就像磐石底下拱出的一棵嫩芽,不停地将弯弯曲曲的细长身体顽强地向上伸展着,去竭力争取得到阳光雨露的滋润。于是,它的根在挣扎着生长的过程中深深地植入大地的胸膛,饱饮泉水和养分;它的躯干和枝叶迎着灿烂的阳光茁壮而蓬勃地繁茂着;即便是在风雨中,它也在不停地歌唱。所以,童年不幸的你完全可以像这棵嫩芽一样,用坚强和乐观洗去脸上的阴郁和眼中的泪光,一步一步扎实地向前走,最后长成一棵参天的大树。

也许你在情感的道路上突然遭受了一场严重的伤害,你的心被摧残得支离破碎,你觉得就像灵魂已经飞走了一般。但只要你心中还有一丝快乐残存,它就会慢慢治愈你心头的创伤,使你那颗被情爱迷惑的心重新复苏,让你感觉到天涯处处有芳草,助你重新找到属于你的爱。

也许健康的你突然遇到一场飞来横祸,变成了残疾;也许原本家财万贯的你突然破产,一夜间变成了一个一贫如洗的穷光蛋;也许聪明好学的你竟然高考失利……总之,世事无常,命运多舛,任何人都可能在任何时间和任何地点,遭受到不同的打击和挫折。但是,任何事情的本身都没有快乐和痛苦之分,那只是我们对这件事情的感受。同一件事情,你从不同角度来看待,就会有不同的感受。

比如,兢兢业业工作着的你突然失业了,你可以抱怨命运的不公平,可以痛恨上司的无情,可以忧伤得一筹莫展,但你也可以这样想:命运又成就了我一次选择职业的机会,也许我的生活从此会变得比以前更充实、更富裕。于是,你心情轻松地踏上了求职的道路。

再比如,你不小心丢失了一件价格不菲的皮大衣,你可以对自己的粗心懊悔不已,可以对拾金而昧者耿耿于怀。但是,你也可以这样宽慰自己:从此,一个衣衫褴褛的穷人不必再惧怕冬天的严寒,你也因此有了一种助人为乐后的快慰。既然一切都不会失而复得,那就财去人安吧!

再比如,孩子拆坏了你精心收藏的一块钟表,你可以痛心疾首地揍孩子一顿,于是孩子哭,大人骂,家里顿时硝烟弥漫。可是,你是不是也可以在片刻的痛心之后,马上这样想:孩子在实践中又长了见识。于是,你亲切地摸摸孩子的头:"孩子,你能把它再重新装起来吗?"笑一笑,自己乐,孩子乐,何乐而不为?

事本无异,异的是心情。

迈克和汤普森几年前跟人合伙做生意,运货船突遇风浪,他们所有的财产包括梦想都沉入了海底。迈克经不起这个打击,从此一蹶不振,整天失魂落魄、神思恍惚;可是汤普森却活得有滋有味,他每天白天去码头做搬卸工,晚上还要去图书馆看营销方面的书籍,生活得很充实、很快乐。于是迈克就去问汤普森,为什么经历了这么大的磨难,他还能乐得起来?汤普森说:"你咒骂、伤心,日子一天天地过去;你快活、高兴,日子也一天天地过去。你选择哪一种呢?"他还劝迈克说:"你每天早晨起床前、晚上睡觉前,都花一些时间重温当天发生的美好事情,这样坚持下去试试。"

果然,通过这种方式,迈克很快就培养起了对生活的积极态度,从而变得日益快乐起来。不久,他在家人和朋友的帮助下,又开始从小生意做起。现在,他已经是一个成功的商人了。

一个人快乐与否,与物质和社会环境无关,生活在和平、繁荣国度里的人不一定就更快乐。大量资料表明,第二次世界大战以来,人们的生活质量在诸多方面都有所提高,然而自认为生活快乐的人并没有增加。相反,现代人拥有坏心情的几率却增加了10倍。金钱和财富似乎能够带来快乐,然而,当收入能够满足基本需求之后,金钱就不再是快乐的源泉了。

谁都无法"平安无事、无忧无虑"地过一辈子,都可能遇到不是那么尽如人意的事。有的人能从挫折中了解人生的真谛,从困难中取得生存的经验,从而欢乐常有,勇于奋进,最终到达成功的彼岸;而有的人则把苦难和忧愁闷在心上,整日里阴云愁雨,烦恼不尽,不能自拔,不仅难点

照旧,事业无成,而且累及身心健康。

因此,可以说,一个人快乐与否,不在于他是否遇到了困境,而在于他怎样看待困境。也就是说,消极心态与快乐是无缘的。

星期天,你本来约好和朋友出去玩,可是早晨起来往窗外一看,下雨了。这时候,你怎么想? 你也许想:糟糕! 下雨天,哪儿也去不成了,闷在家里真没劲;如果你想:下雨了,也好,今天在家里好好读读书、听听音乐,也很不错。这两种不同的心理暗示,会给你带来两种不同的思考方式和行为。

鱼在水里游来游去,那么从容,那么自在,它的快乐全部弥漫在水中,而我们人类的快乐却全部藏匿在生活的各个角落。它们是那样的简单,简单到只需人们用心去细细地品味。只要我们有一颗细细品味幸福的心,快乐自会萦绕在我们身旁。

9.握住自己快乐的钥匙

北大箴言:

有人说,快乐是一把钥匙,它可以打开所有的心结。的确如此,一个理智的人应该掌握这把钥匙,并运用自如。但是在现实生活中,很多人却总是将这把钥匙交给他人保管。

一位老师抱怨道:"我很不快乐,因为班上有几个学生很调皮,总是不好好学习。"他把快乐的钥匙交给自己的学生;一位女人士抱怨道:"我很不快乐,因为我丈夫经常出差,家里总是空荡荡的。"她把快乐的钥匙交到丈夫的手里;一个年轻人说道:"我很不快乐,因为我的老板要求十分苛刻,一点也不体谅下属。"他把快乐的钥匙交到了老板的手里。

其实,这些人都犯了同一个错误,那就是:让别人来掌控自己的心情!

让别人掌握我们的心情,是极为悲哀的一件事情,我们似乎什么也不能做,抱怨成为唯一的选择。况且,世人还爱将这一责任推到他人的身上:"之所以这么痛苦,都是你造成的!"这样的人岂不是很可怜吗?生活中的你,是否也总是将快乐的钥匙交给他人保管呢? 如果是的话,不妨赶快拿回来吧!

一个年轻人去拜访一位公司的高层领导, 来到这位领导的办公室时,他看到了两幅漫画,两幅画画了两个不同的人,一个满脸都是笑,眼睛、鼻子、嘴角都往上翘,而上面正在掉元宝,这些元宝都一个不落地掉进了这个人的嘴中;而另外一个人则满脸不高兴,嘴巴撅的能挂一个油瓶,像个斗笠,上面掉下的元宝一个也没接住,全部掉在了地上。年轻人看后忍不住笑了,他开玩笑地说道:"这两幅漫画真有意思。"

领导微笑着说:"以前你不是总问我成功的秘诀是什么呢?其实如果说真的有秘诀,那么就在这两幅漫画中。"年轻人有些疑惑,问道:"就这个? 我不太明白……"

领导说:"对,就这个。我每天走进办公室的时候,我遇到难题或是麻烦的时候,都会看着这两幅画,对自己说:任何时候,都选择快乐! "

年轻人若有所思,接着问:"任何时候? 可是总会有不如意的事情发生,那个时候你如何选择?"

领导语众心重地说:"其实事情本身是没有快乐与痛苦的,这只是我们自身对事情有的感受而已。同样一件事情,从不同的角度来看,就会有不同的感受。"

每个人的世界里，都难免会遭到一些烦心事、苦恼事，倘若此时能够正确面对，挖掘出积极因素，便能将忧转化为喜，从"山穷水尽"直入"柳暗花明"。

世界上的许多事本来就无所谓好坏，面对一件事情，你是保持乐观豁达的心境还是自寻烦恼，全在你的一念之间。选择自己认为正确的，并且尽自己最大的努力将其实现，那么，你永远都是快乐的。